「海上丝绸之路」视域下的广西汉代造物艺术

Creation Art of Han Dynasty in Guangxi from the Perspective of "Maritime Silk Road"

陈建勋 著

广西美术出版社
GUANGXI FINE ARTS PUBLISHING HOUSE

图书在版编目（CIP）数据

“海上丝绸之路”视域下的广西汉代造物艺术 / 陈建勋著. — 南宁：广西美术出版社，2021.12
ISBN 978-7-5494-2306-4

Ⅰ. ①海… Ⅱ. ①陈… Ⅲ. ①古器物—研究—广西—汉代 Ⅳ. ①K875.04

中国版本图书馆CIP数据核字（2021）第239167号

“海上丝绸之路”
视域下的广西汉代造物艺术
HAI SHANG SICHOU ZHI LU
SHIYU XIA DE GUANGXI HANDAI ZAOWU YISHU

著　　者：陈建勋
出 版 人：陈　明
终　　审：杨　勇
策划编辑：吴　雅
责任编辑：吴　雅
责任校对：李桂云
审　　读：马　琳
装帧设计：谭　宇
美术编辑：蔡向明
责任监印：莫明杰
出版发行：广西美术出版社
地　　址：南宁市望园路9号（邮编：530023）
网　　址：http://www.gxmscbs.com
印　　刷：广西壮族自治区地质印刷厂
版　　次：2021年12月第1版
印　　次：2021年12月第1版第1次印刷
开　　本：787 mm × 1092 mm　1/16
印　　张：12
字　　数：290千字
书　　号：ISBN 978-7-5494-2306-4
定　　价：120.00元

前　言

用设计人类学视野研究广西汉代造物艺术的意义

广西地处亚热带，位于中国西南沿海边陲，山川秀丽，物产丰富，气候宜居，距今80多万年前就有人类在此区域内活动。秦汉时期并入中央政府版图后，汉武帝开辟了海上丝绸之路，使广西北部、东部、东南部沿线地区的政治、经济、文化等各方面都有很大的发展。汉代海港所在地合浦郡的经济、文化成果更是令人瞩目。

近年来，国家高度重视海上丝绸之路始发港及相关问题的研究。2012年10月，国家文物局将福州、南京、宁波、广西北海等9个城市列入“海上丝绸之路”申遗预备名单。2017年4月19日，习近平总书记到广西考察调研，首站来到北海市，在合浦汉代文化博物馆进行了考察参观，肯定了合浦有深厚的文化底蕴。很多考古学家从海上丝绸之路的视角对广西沿海地区、城市进行了考古和发掘，出版和发表了不少考古学报告。汉代海上丝绸之路的开辟的深远意义绝不仅仅在于沿海港口，其对内陆水运沿线地区、城市的政治、文化、经济发展的推动也是直接的。对此方面的研究，需要人类学角度的全面视野。

人类学（Anthropology）是从生物和文化的角度对人类进行全面研究的学科群，包括社会文化人类学、考古人类学、体质人类学、语言人类学四大分支学科，综合了考古学、文化学、经济学、政治学、宗教学、伦理学、艺术学、语言学等分属多门不同学科的研究结果，其为人们所熟知的研究方法之一是实证论。人类学与艺术学的跨学科交叉融合产生了艺术人类学。从古典时期的泰勒到后现代时期的格尔茨，人类学家概莫能外地先是将艺术视为文化的一个组成部分。但艺术是一种高度复杂的文化现象，可以从多个角度多个层面切入进行研究，它与哲学、社会学、考古学、民族学等学科都有关联。当代西方的人类学家正是将艺术人类学视为艺术学与人类学的交叉学科。

艺术人类学研究的对象及内容是艺术学的，但研究的方法和视角却是人类学的，这种视角和方法给艺术学提供了新的研究范式。“艺术人类学”这个名词在十几年前的中国还是一个比较陌生的词。近年来，由于国家综合实力的增强，对文化等软实力的重视，民族学、人类学、艺术学、文化学等各个领域得到了强劲的发展。得力于这些学科的助推，以及国家对非物质文化遗产保护的力度加大，中国的艺术人类学也得到了较快的发展。艺术人类学不仅仅是对艺术品及其形式的一种保护和研究，更重要的是以艺术人类学的视角和方法关注艺术家、艺术群体背后的意义世界、价值观念以及相关的经济、文化活动。

中国现代艺术研究一直以来比较重视理论层面的探讨，由于政治意识主导及历史的原因，经由苏俄引入，以德国古典哲学为基础衍生的马克思主义在意识形态领域占据了绝对的主导位置，艺术学在国内的研究一度从属于哲学学科下的美学研究。在此学科基础上建立的研究方法重视逻辑辩证，用思辨的方法探讨艺术本体，以概念和范畴为核心进行抽象的、概括的、具有普遍意义的艺术理论辩证与分析，具有大陆型国家的逻辑思辨特点。由于政治上的原因，以英美为代表的海洋型国家的经验主义、直觉主义传统模式受到排斥、批判。中国本土的传统艺术研究理论由于其较多的玄学和迷信的成分而受到排斥，也没有得到应有的重视。

人类自从进入有思想意识的阶段起就自觉地对美产生了原始逻辑的思辨，产生了各种原始艺术，并发展为现在世界各地的艺术。然而，艺术史并不仅仅是艺术志，艺术学也并非只是美学，在意识形态中起主导地位的政治理论学说本身也在不断的发展完善之中。改革开放以后，政治意识形态僵化、教条的苏俄理论体系逐渐丧失了其独断的地位，文艺界为了突破旧的艺术理论体系引进了许多新的思想与观念。然而艺术学的研究体系的更新转换并没有同步完成，改革开放之初引进的理论仍需在中国本土进行实证研究以更好地理解吸收。缺乏实证验证直接套用国外无论是德俄还是英美的理论体系，都不能解决中国艺术学研究的问题，过分强调民粹也无疑会有回到过去停滞不前的危险。而人类学由于其田野调查对第一手资料的重视，以及其实证论传统，为艺术学的研究提供了新的更加科学的视角和方法。在人类学的视野下，艺术不仅仅是艺术，还是一门社会人文科学。

人类学研究的基本方法和路径是田野调查和实证论，人类学家通过实地调查、撰写民族志，深度描述不同国家、地区、族群、行业的人如何理解这个世界，如何按照这个理解去实施社会和生活行为。今天的人类学已经远非对原始族群的异域情调式的调查，其研究内容已经涵盖现代社会的新现象、新议题，包括AI智能技术、信息产业等有关科学技术的现实问题，但实地的田野调查法仍然是人类学的基本方法。人类学家伊芙琳·佩恩（Evelyn Payne）特别关注艺术的语境研究，她在《作为文化的艺术：艺术人类学导论》一书中，考察了艺术所具有的一些问题。如果从伊芙琳·佩恩提出这些问题的角度来思考设计学，应是：设计师工作的自然与商业环境；民间手工艺人工作的媒介、所用材料及技术；设计师的个性及其在社会中的角色；设计在社会中的用途及功能；设计师所使用的设计语言的本质；设计师在与本民族历史以及外民族的接触史中所接触到的设计形式；对创造过程进行引导和评判所依据的审美标准的属性；等等。英国人类学家阿尔弗雷德·盖尔（Alfred Gell）则对艺术的社会语境表现出了密切的关注，对艺术人类学所关注的要点、艺术人类学的界定都有了明确的定义。如果将其观点延伸于设计学，设计人类学应该集中研究设计生产、流通和被接受的社会语境，设计人类学应被界定为与设计相关的社会关系的理论研究，设计应被视为有自主能动性的社会媒介。通过将伊芙琳·佩恩和阿尔弗雷德·盖尔的艺术人类学观点延伸分析到设计学，我们可以看出人类学研究方法对设计学研究的价值意义。

设计学应属工程学科还是艺术学科有不同的观点与实践。与欧美许多设计专业属于理工院系的情况不同，设计学在我国学科分类属于艺术学科下的子学科，因此也就产生了“艺术设计”这一名词。近年来，为了适应新的时代哲学、社会科学发展要求，推进哲学社会科学与新一轮科技革命和产业变革交叉融合，教育部高教司提出了“新文科建设”指导意见。设计学发展到今天，学科的定义与概念已经非常清晰。从设计学科的要求来说，还是应该以其本身的要求为首要目标，其中的艺术成分无论其重要程度如何，都或许应称之为“设计艺术”或者“设计中的艺术”比较确切。因此“艺术设计”一词容易产生给人以误导的嫌疑。设计关注人的感受和体验，是“为人的设计”。因而，设计学与人类学融合，设计学运用人类学的方法和路径去“为人设计”而产生一个新的学科——设计人类学，是自然合理的结果。

也正如学术史上先产生了艺术学而后产生设计学，设计人类学的出现是晚于艺术人类学的。目前国内外研究已有设计人类学这一方面的论著，但尚未完全形成比较完整的、完善的、体系化的学科构架。2010年英国设计史学家艾立森·克拉克（Alison J. Clarke）出版了首部名为《设计人类学》的著作合集。同年，在欧洲第十一届社会人类学家协会双年会（11th Biennial European Association of Social Anthropologists Conference）上，人类学界也正式提出“设计人类学”的概念和议题，会后随即出版了与艾立森·克拉克《设计人类学》同名的论文集。耿涵认为该年是设计人类学的理论元年。

人类学关注“人”本身，而设计学聚焦于“人”与“物”之间的关系研究，强调“为人而设计”。设计学与人类学都以人文主义精神作为学科支点，二者有基本的共性。在此基础上，人类学的关注视角、实践形式与研究方法，也给设计学研究提供了新的范式。“人类学的工作方法可以借鉴用于设计调研，甚至其深入参与观察的实践模式可以直接用于用户参与式设计的整个设计流程。因此，将人类学与设计的理论研究与实践探索结合，意味着从现代日常生活角度去研究设计带给人的种种影响，包括浅层次的与衣食住行相联系的产品问题和深层次的思维方式等精神问题”。设计人类学为设计学提供了人类学的整体性视野。设计人类学的研究不再是以“物”为中心，而是以“人”为中心，从“人”的角度出发，通过以实证的调研方式，为设计师提供了更好的设计思路。传统人类学民族志的研究方法排斥创新，但其在分析具体人群和文化的作用的研究却为设计创新带来了新的驱动的源泉。

设计人类学的学科体系目前尚在形成和完善之中，浙江传媒学院的李清华老师在《中央民族大学学报》（ 哲学社会科学版）发表的《设计人类学学科基础与研究范式》一文中介绍了英国伦敦大学学院（UCL）的“文化·材料&设计”专业（ culture·materials &design）所列出的学科研究范围作为参考，李清华认为：“处于核心层面的人类文化语境，总是源源不断地向外辐射出其自身强大的影响力量，才使得人类一切设计实践和设计行为，其风格和整体风貌归根结底总要受到位于核心层面的文化语境层广泛而深远的影响与制约。”“……但是归根结底，设计人类学研究的最终旨归，还是要指向对于核心文化语境层的系统理解、呈现、描述和阐发。”在此的“语境”是借用语言学的名词，指情景或情境，其内容包括语言中的各级单位在语言体系中出现的影响语言使用的各种因素，以及不同语言的文化背景。从宏观的角度来说，可以指某一民族的某个时期的社会、政治、经济、文化等方面的大环境，其对设计的语意、内核的形成具有重要的作用。

从设计人类学视野研究广西汉代造物艺术，应从其时代的特征入手，把握其核心层面的历史文化语境，分析广西汉代工艺匠人所处的自然与商业环境、工艺匠人工作的媒介、工艺匠人所用材料及技术、工艺匠人的个性及其在社会中的角色、工艺器具在社会中的用途及功能、工艺匠人所使用的工艺语言的本质、工艺匠人在本民族工艺史以及对外接触史中所接触到的设计形式、对创造过程进行引导和评判所依据的审美标准的属性等。但是由于客观原因，宏观方面的社会情境与语境调查尚可查阅历史文献，而汉代的工艺匠人第一手的详情资料是十分罕见的，更多的是从文化的大角度查阅文献资料入手，其可能造成的后果就是所涉及的范围过于宽泛。因此，许多观点仍然只能是假设和推断。

考古文献证实了广西海上丝绸之路经济带是汉代南方沿海新兴的区域经济带。该区域的原住民是瓯骆土著民族居民，中原等地的汉人迁徙于此，与当地的土著居民杂居融合，一度创造了以处于北部湾畔的合浦郡为代表的经济、文化等方面的繁荣。汉代海上丝绸之路的开辟加快了广西境内水运沿线地区的经济文化发展，目前在这一沿线区域内发现了大量的汉代遗址和墓葬，出土了数量可观的相关文物器物。

广西汉代器物最为集中的出土地区是合浦，合浦港是汉代海上丝绸之路最重要的始发港之一。近40年来，以合浦为中心的汉代考古研究取得了丰硕的成果，在合浦县城附近约68平方公里的范围发现地下埋着大量的汉墓，约有万座，地面依稀可见的封土堆并做标号的有1056座，是目前国内沿海地区最大的汉代墓葬群之一，1996年被国务院公布为全国重点文物保护单位。历年来发掘出土随葬品近两万件（套），尤其是望牛岭、风门岭的汉墓出土了大量的铜器、铁器、陶器、黄金串饰、玻璃器、琥珀等文物。合浦汉墓发掘出土的文物种类多样，工艺精致，华美瑰丽，其丰富程度超过广州汉墓，是西汉开辟的海上丝绸之路和两汉时期合浦繁荣昌盛的见证，具有重要的历史和艺术价值。

自合浦沿“海上丝绸之路”的广西内陆水运沿线从南流江逆流而上，过桂（鬼）门分水坳，入浔江转桂江，越灵渠入湘江直达湖南至中原，广西汉文化遗址与墓葬在此沿线均有分布。贵港、北流、贺州、梧州、桂林、来宾等地均有汉文化器物出土，其中以北海市、桂林市和贵港市发现最多，贺州市、梧州市、来宾市及南宁市为次。这些地级市位于桂东北、桂东、桂南及桂中地区，桂西地区发现的汉文化器物甚少，这就证实了汉代开辟的海上丝绸之路与流传入广西的汉文化之间有不可分割的关系。汉代海上丝绸之路的开辟促进中原等地的文化在广西的进一步加速传播，不仅改变了古代桂北、桂东北、桂东、桂南及桂中地区的文化面貌，还深刻影响了古代广西本土少数民族文化的发展方向。汉文化是孕育成熟广西各族文化的重要因子。

器物造型与纹样是造物活动中紧密联系的，处于同一审美整体下的观照。考古学界的研究者们对这些古代器物的出土发掘以及展开的相关研究为设计学科的研究提供了基本的保障并奠定了很好的基础。从设计学的角度研究这些器物造型与纹样，一方面，其精神内涵、社会文化、民间信仰和神话崇拜是研究的重要内容；另一方面，其造物范式、艺术规范、审美心理等也是设计学研究需要厘清的内容，而且要把这些范畴置于人类造物史中进行纵横的、共时与历时的对比，考察其特征与意义。这一个很宽广的领域，值得投入一定的精力和时间去研究。

因现有考古文献的限制，难以对广西汉代造物工艺技术进行详尽的考证。本书着重从设计学中的文化艺术角度考证广西汉代造物与装饰设计，因此不可避免带有较多的主观性。本书专业方向是设计艺术学科而非考古学，也并非资料性的文献图书，因此未将在设计、审美方面研究价值不高的器物列入。现今对广西汉代器物的考古学研究早已有非常详细的资料，有兴趣深入了解的读者可以查阅相关的考古学文献。

田野调查法同样是设计人类学研究的重要方法。对于本书来说，提供器物和其装饰纹样的照片给读者观赏是必不可少的。但是一方面，按国家文物保护的相关法规，国家文物局对文物拍摄有专门管理条例。除考古发掘现场原则上不批准拍摄以外，相应等级的文物拍摄也需要相应等级的文物管理部门审批。由于文物保护的原因，非考古专业人员无法直接接触实物和对文物进行拍摄。文物的造型与纹样虽是课题研究的内容，但非考古保护的拍摄有可能对文物造成不良的影响。另一方面，以文物保护为目的，得到批准的考古研究活动已经公开出版了大量的文献资料，这些考古文献所提供的图片足以支持设计学方面的研究。况且，社会人类学发展到现今也分化出了许多学派，原始的田野调查法已不是唯一的研究路径。因此，本书论证观点所需的器物、纹样图片只能在国家政策许可学术引用的范围内，从公开出版的考古文献中引用提供给读者查看，但毕竟本书不是资料图册，所摘录的图片有限。读者如果需要更详细深入的研究，或想真实地感受实物的艺术效果，只能到博物馆亲自观赏或亲自查阅这些文献。在此衷心感谢考古学方向的研究者们，正是考古学者们付出辛劳和汗水所得到的成果奠定了其他学科研究的基础，使传统文化的当代艺术设计应用研究成为可能。

最后，需要澄清的是，尽管本书十分强调文化对于设计的作用，但无论设计承载了多么丰富的精神内涵，它的基本功能首先还是要满足于实用，在满足实用的基础上才可能达到设计者所预期的精神文化价值高度。我们研究古代文化，从精神内涵的发掘和对社会政治、文化的参考来说很有必要。对于设计学，能够满足于实用需要，能够给当前的设计实践提供现实的设计思想参考才是研究这些古代器物造型和装饰纹样的最终意义。

目　录

I

『海上丝绸之路』视域下的社会因素综述

马克思认为，不同的公社在各自的自然环境中，找到不同的生产资料和不同的生活资料。因此他们的生产方式、生活方式和产品，也就各不相同。法国史学家丹纳认为，作品的产生取决于时代精神和周围的风俗。因此，研究广西汉代器物造型与装饰纹样设计，要将这些研究对象放入当时当地的社会文化大背景下，置于当时当地的精神信仰的境域下综合分析其各要素以寻找探究其内核的最终路径。精神内核、设计生产、流通和被接受的社会语境是设计学研究的重要内容，设计艺术学研究的最终旨归，还是要指向于核心文化语境层的系统理解、呈现、描述和阐发。

汉代广西是一个社会经济、文化迅速发展的时代，在远古华夏文化的基础上并由此发展而来的中原、荆楚等地的汉文化是广西汉代造物和装饰设计思想的主体。这些来源于各地域的汉文化，有不同的风土人情条件，受该地区的地理环境、文化精神、科学技术等多方面的影响。广西汉代的器物造型设计思想与装饰文化，是传入广西的汉文化与广西本土地域文化结合的产物。汉代广西由于各地区的汉化影响和开发程度不同而呈现出经济、文化发展不平衡的状况，这种状况一直延续到后世，造物和装饰艺术也因此有所差异。

本章用了大篇幅对汉代帝国中心地区与广西地区的政治、经济、文化内容进行叙述与比较，并非只是作为背景式的铺垫，而是因为这是物态文化形成的动机与根源，决定了造物与装饰活动的潜在规律和内在结构。

1. 先秦广西本土政治、经济、文化

汉之前的秦代时间很短，在文化建设上未留下较深刻的影响，历史学上秦汉为同一时代。考古资料表明，秦汉之前距今80多万年前，广西就有人类活动。原始社会的柳江人，骨骼、体型构造已经基本和现代人一致。广西地区北至桂林、南到灵山、西到隆林范围内的南宁、柳州、桂林、钦州、河池、百色、崇左等市辖县内，石灰岩岩洞地貌发育较好的地区，几乎都有旧石器时期的人类活动化石发现和出土，新石器时代文化遗址在广西东、南、北、西、中各地都有发现。新石器时代晚期（约中原的夏、商之间），广西地区已有人类定居。顶蛳山文化遗址是新石器时代的早期人类遗址，距今约6000~10000年左右，主要分布在邕江及其上游的左江、右江两岸的台地上。当时这些聚居点人口稠密，考古人类学家估计每个主要聚居点的人口在200人以上。广西已经发现的新石器时期文化遗址有60多处，遍及广西南部19个县市，估计新石器时期广西的人口在万人以上。人口主要分布在广西东北部和中部，西部仅有零星分布，其后人口逐渐增长。商周时期人口分布范围扩大到南部，春秋战国时期则几乎覆盖整个广西地区。

广西原始社会旧石器时代晚期的打制石器有以下特征：石器原料是易于打制磨平的砾石；打制方法是锤击法直接打击；不修理台面；多为单向打击加工，只有极个别使用了碰砧法和交互打击法；制出的石器以石核石器为主，石片较少，石器的背面和手握处未精细加工而普遍保留砾石糙面；以大型石器为主。新石器时代的制作方式、器物种类都有所发展，并开始制作使用陶器。从平南石脚山遗址采集到的彩陶片，考古学家推算是迄今广西发现的最早年代的彩陶片，其制作已经具有一定规模，纹

饰精美，烧制温度高，表明广西新石器时代的制陶技术已经比较发达。

广西新石器时期的农业已经有了一定的发展。钦州独料遗址是广西首次发现的一处典型的以农业为主的新石器时期遗址。那坡县感驮岩遗址、资源县晓锦遗址分别出土了生产工具、人类食用后丢弃的动物遗骸、炭化稻米等，表明当时人们不仅懂得了种植水稻，还懂得了水稻育种。

广西各地发现的秦代之前含汉文化因素的墓葬群有700余处，经考古清理发掘的约572处。这些墓葬和遗址从地域分布来看，东部地区点多面广，比较分散；西部地区则点少面窄，比较集中。出土的器物中商周以前多以石器和陶器为典型，到商周时期夹有少量的青铜物。春秋战国时期的瓯骆本土文化最具代表性，青铜器铸造技术在此时传入岭南地区，经考证多为出土器物本土铸造，器物的地域特征鲜明。出现了錾刻花纹工艺的青铜器，在薄胎青铜器上用坚硬而精细的金属工具，錾凿镂刻出繁缛精致的几何纹样和动植物图案，使器皿显得特别精美华丽。制陶业则继承了新石器时代以来的几何印纹陶器的传统，战国时期制作水平达到了顶峰，在形制、装饰方面形成了具有地方特色的风格，并一直延续到两汉时期。位于中越边境的东兴出土的几何印纹陶器是早期瓯骆文化的典型器类之一。春秋战国时期除了出土大量的铜器，还夹有少量的铁器，且这些铁器集中在广西东北部。这反映了先秦时期广西使用铁器的情况呈现出地区分布不均匀的状态，说明了广西所在的“楚越之地，地广人稀，饭稻羹鱼，或火耕而水耨……”（司马迁），“相习以鼻饮，与禽兽无异”（班固）。比较落后的社会生产力状况，社会文化也比较落后。

《汉书·地理志》颜师古注引臣瓒曰：“自交趾至会稽七八千里，百越杂处，各有种姓，不得尽云少康之后也。”百越是汉代中国南方许多土著民族的统称，往往以聚居地命名自己的族群，这些族群很多处于“相习以鼻饮，与禽兽无异”“不知有父母”的半原始社会状况。

《淮南子·人间训》记载了秦始皇统一岭南之战：秦始皇派遣“尉屠睢发卒五十万为五军……三年不解甲弛弩，使监禄无以转饷；又以卒凿渠而通粮道，以与越人战，杀西瓯君译吁宋；而越人皆入丛薄中与禽兽处，莫肯为秦虏，相置桀骏以为将，而夜攻秦人，大破之，杀尉屠睢，伏尸流血数十万，乃发适戍以备之”。从这一段记载中，可知汉代广西有个西瓯国，国君为“译吁宋”，“桀骏”为将军。而“越人皆入丛薄中与禽兽处”，说明处于半原始社会状态，这个西瓯国国君“译吁宋”很可能是一个部落联盟首领。《汉书·西南夷两粤朝鲜传第六十五》“且南方卑湿，蛮夷中西有西瓯，其众半羸，南面称王”的记载也证明了这一点。

广西乃至整个南越地区从新石器时代后一直到秦代，长期处于刀耕火种、原始半原始社会的落后状况，并持续了较长的时期，在秦始皇统一岭南，汉武帝在岭南设置郡县开发岭南地区后这种状况开始有所改变，人口也逐渐增多。考古学研究者认为，汉代广西东部、南部人口的增加证实了汉代开辟了经由广西东部、南部的海上丝绸之路对社会发展的促进作用。

由于中央政府设置郡县和海上丝绸之路的开辟，中原先进汉文化的加速传入，推动了广西本土相对落后的半原始社会文化直接向封建农耕社会文化发展。在两汉400多年的时间内，广西经济、文化得到迅速的发展，但这种发展是不平衡的。交通不便的广西西部山区，一直到近代仍有一些地方处于生产技术、社会文化都比较落后的半原始半农业社会状态。

图1-1　绘制年代最早可追溯到春秋战国时期的花山崖壁画所记录的广西左江地区人类活动（黄洛华拍摄）

2. 汉代中华文化共同体的形成

在广西许多地区尚处于刀耕火种的半原始社会状态的时候，中原地区已经完成了封建社会的君主集权制国家统一，经秦末短暂的战乱后进入了中国封建社会的第一个高峰——两汉时期。

我国历史悠久，拥有世界唯一从未中断而完整传承到现代的传统文化。中国封建社会的第一个盛世是大汉帝国，确立了以伦理道德为核心的中国传统文化，造就了中华民族高尚的道德人格和仁爱大众、兼济天下的价值观，为后世多次出现领先于世界的太平盛世奠定了基础。汉帝国在当时世界不仅是经济发达，文化也高度发达，对中华两千多年的传统文化起到了主导与基本范式的作用。

汉代在经济文化上的特点首先是大一统，是思想、法度、文化的统一，其形成的前提是政治上的统一。汉王朝不仅继承了秦的大一统帝制，也具备了文化大一统的政治前提。中华民族大一统的王朝制度由夏代开始萌芽，西周在夏、商的基础上加强了中央王权，春秋战国时期诸侯争霸，周天子名存实亡，但是大一统的观念始终保留在人们心中。秦始皇统一六国后实行书同文、车同轨的标准体系，创立了高度中央集权的皇权制度，大一统的政治、经济基础形成。汉继承了秦的大一统政体，但总结了强秦速亡的历史教训，以“武力”和“文化”兼施的方法，礼法兼治，王霸并用，进一步规范和系统化了中央集权制的行政、吏制、律令等，巩固了封建地主中央集权制，开创了中国封建中央集权制度下的第一个盛世，建立了真正意义的封建大一统的社会文化。春秋时期形成的比较稳定的民族多元体，在秦代被确立为以华夏民族为主体的多民族统一国家，在汉代得到进一步的巩固和加强，以汉民族为主体的中华民族正式形成。

秦帝国开创了大一统的政治格局，也统一规范了文字，但未能进行统一的国家文化建设。汉王朝继承了夏商以来的历代文明，进行了空前的统一多民族文化的整合，形成了以儒家思想为核心的汉文化。这种汉文化是对以往长期积累的传统文化的总结和改造，是对传统文化的推陈出新，符合中国封建社会的礼法秩序和宗法血缘关系，既适应了大一统的中央集权的政治需要，又是维护大一统、凝聚全民族的强大思想武器。它既具有很强的开放性，善于融合一切外来文化，又具有很强的稳定性，能同化一切外来文化，体现了当时领先世界的水平和气魄。

汉代封建大一统文化具有反对暴政的仁义特征而具有人文气息。汉初以强秦行暴而亡为前车之鉴，陆贾、贾谊大力倡导仁义之说，统治者也倡导和施行“仁政”，为后来的汉武帝“独尊儒术”作了舆论铺垫。汉武帝的“罢黜百家，独尊儒术”并没有废止、禁止百家学说，而是使儒家所继承的周礼文化和由此发展而来的仁义学说取得正统的地位。被秦代一时中断的以周文化为代表的礼仪德治文化得以继承，并融合其他学说、文化，初步形成了中华文化共同体。

汉代中华文化共同体的形成，经历了漫长的孕育时期。春秋战国时期诸侯割据，地域文化并峙，百家流派争鸣。战国末期，随着诸侯国数量的减少，地域文化、诸子百家思想逐渐趋于融合，《吕氏春秋》为集百家之大成者，在哲学、伦理、政治等方面都提出了融汇百家的观点。代秦而兴的汉王朝，建立初期在经济上采取休养生息的政策，在政治思想上选择了鼓吹清净无为、无为而治的道家思想。经文景之治以后的汉武帝时代国力强盛，汉武帝雄才大略，具有开疆辟土的政治抱负，随着窦太后的去世，汉武帝得以亲政，从政治上的清净无为迅速转变为大有作为，国家的主体文化也就由主张无为的黄老道学转变为主张积极有为的儒家学说。经孔、孟等几代学者的发展到汉武帝时期，在董仲舒建议下确立的主体文化“儒术”，已是融入阴阳、道、法等思想而组成的“新儒学”。“罢黜百家，独尊儒术”实质上是以儒家思想为主体对众家学说的吸纳，是以尊崇儒家学说为前提、以新儒家学说为主体建立的多学说、多地域文化相融合的中华文化。

中国疆土辽阔，人口众多，在这样一个大空间的封建社会，要巩固政治统一的成果，使数千万甚至几亿的小农人心凝聚，除政治上的中央集权制以外，文化和思想信仰上只能选择提倡忠君爱国，主张“修身、齐家、治国、平天下”的儒家思想。汉武帝对儒家思想主体地位的确立，也确定了以后中国二千多年封建文化价值及基本趋向，标志着以中原文化为主体的中华文化共同体的形成和基本定型，并随着中央政府对岭南的开发，逐渐传播深入到古代广西地区。

在大一统的文化语境下，汉代装饰艺术具有“自觉”创新的艺术特征。所谓艺术的自觉指的是艺术的本体意识。艺术的起源和产生有巫术说等各种说法，但无论是巫术或其他，艺术最初产生的时候都不是为了艺术本身而产生的，而是出于各种实用的目的。所谓自觉，是独立于实用目的本身，发展成为独立的艺术种类，超越实用目的而表现出对审美特征的独立追求。装饰艺术一直以来都不是最具影响的主流艺术，由于古代装饰艺术家基本是社会地位不高的工艺人，故流传下来的直接文字记录很少，因而缺乏人类学意义上的第一手资料。但是装饰艺术一直都主要存在于社会上层，主要服务于社会上层阶级。因此，研究装饰艺术的文化内核，不能绕开对决定社会走向起重要作用、对工艺品的审美趣味有决定作用的统治阶级的思想文化及趣味的研究。要研究那些处于设计学核心层面的文化语境，也不能绕开对主流文化、主流艺术种类的研究。

汉文化自形成始就是多地域、开放的文化。汉文化是在华夏文化的基础上发展而来，华夏文化以商周时期中原文化为基础整合楚、越、齐、鲁等地域文化而来，因而汉文化自形成阶段即具有开放性。这种整合了多地域的文化一方面向国内落后地区传播与渗透，另一方面向域外其他国家交流与传播。这两个方面的开放与传播，体现在北方陆地丝绸之路和南方海上丝绸之路两个主要方向。国内的落后地区，指中原以外的广大地区，当时有匈奴、乌桓、鲜卑、百越、蛮、夷等部族地区；域外国家有今天的中亚、西亚诸国，印度、东南亚国家，以及地中海诸国。这些国家、地区直接或间接与汉王朝通过陆地丝绸之路和海上丝绸之路沿线相联系。汉代南北陆海两条丝绸之路的开通，不仅加速了境内各民族各地域的文化交流与融合，而且把开拓的眼光扩大至世界，与世界各国进行了文化与经济上的交流。

在此认为值得一提的是，在许多人的眼里，一提到对外开放就想到海外、异域文化。不少未真正投入的研究者总是希望从文物堆中找到更多的海外异域文化的器物。这种心理其实是一种猎奇和缺乏文化自信的心理。汉王朝的确是对外开放并开辟了南北两条丝绸之路，并输入了一些异域器物和文化，但是封建制农耕社会的大陆型国家不可能改变其本土文化的绝对主导地位，猎奇和缺乏自信的心理对于认清文化本体的研究无益。关于外来文化的地位和作用，我们将在后面的章节具体论述。

由于汉文化初始形成的多地域特色，其形成后仍具备有容乃大的开放精神与气魄，具有强大的生命力，大胆开放，吸纳外来文化为自己增添了新的生命活力。同时，汉文化在具有开放性的同时也具有极强的稳定性，这是由其先进性决定的，在当时的世界处于先进的地位。

汉文化是创新的文化。汉武帝具有开拓创新的精神，董仲舒在儒学上提出“更化”的主张，王充则跳出经学的圈子，提出朴素唯物主义的元气论，郑玄则汇融各学。汉代的文学，也是创新硕果累累。政论文、传记、五言诗、七言诗、辞赋等，都是汉人创新的结果。张衡创造出世界先进水平的浑天仪、候风地动仪，张仲景的《伤寒杂病论》体现的医学水平达到当时世界先进水平。创新精神是汉代特有的时代精神，其充溢着昂扬进取的魅力，创造了汉代辉煌的文明。

文学艺术在中国历来都属于主流艺术，对中国历史的发展起到非常重要的作用，处于社会上层、代表统治阶级意志的文人士大夫创作的文学作品，直接反映了社会文化的主流精神。鲁迅认为文学艺术的自觉始于魏晋，其实是始于汉代。汉以前的文学艺术以实用目的为主，《诗经》算是一部独立的文学著作。至西汉，“助人伦，成教化”仍是艺术创作的主要目的。但是所谓的“助人伦，成教化”的“功利艺术”，不仅在汉代，在魏晋南北朝乃至清朝莫不如此，直至今天我们还提倡艺术“为人民服务”。汉大赋是汉代文学的代表，主要宣扬汉王朝大一统帝业的功德，其辞藻华丽，风格恢宏靡丽铺张扬厉，“修饰夸张穷极声貌之能事，铺陈文辞曲尽万物之形态”，明显看出汉人极力追求艺术美的意识。六朝骈文注重艺术美，其源头还在于汉大赋。因此，文学的自觉始于汉。汉代文学已经“从广义的学术中分化出来，成为独立的一个门类”，各种文学体裁有了比较详细的区分，汉人对文学的审美特征有了自觉的要求。“我认为，如果说中国文学有一个自觉时代的起点，这个起点也应该是在汉代，而不应该是在魏晋”。汉代散文、赋、诗、传记、小说等文学，全部超越了前代。史学、哲学亦成果辉煌，社会经济全面发展，纺织、铜器、漆器、陶瓷制作等手工艺发达，汉代装饰正是在这样一个社会全面走向繁荣的时代背景下，超越了前代，取得辉煌的成就。

汉代从中央到地方都设立了手工管理机构，有专门的官吏负责管理。在政府财政的支持下，有些产业的规模很大。纺织业是关系民生的手工艺产业，官营作坊人数常达几千。长沙马王堆汉墓出土的西汉纺织品，种类繁多，制作精美，充分反映了当时手工纺织业的高超水平。青铜器在铁器发明之前作为生产器具和礼仪器普遍流行，汉代铁器的进一步发展，人文意识的觉醒，使铜器的生产由礼器、生产器、兵器转向日用器皿，除传统鼎、壶等产品外，盘、灯、炉、镜等日常生活用品流行。漆器制作工艺、陶瓷生产也得到了很大的发展。建筑营造和厚葬之风的兴盛，使画像砖、画像石成为汉代独特的装饰艺术。

汉代相对于商周，政治礼仪在产品中的重要性减弱而与现实生活密切相关。由于政治礼仪功能的减弱，造物艺术得以更多地关注本身的美，因而对审美特征有了更为自觉的追求。汉代装饰艺术“助人伦，成教化”的政治功能虽仍存在，但题材大量反映现实生活的场景，如宴饮、舞乐、狩猎、攻占、耕种、冶炼等，多用平面剪影的装饰手法，注重构图和造型美，装饰艺术本体具有的审美特征得到自觉的关注，也因此推动了艺术形式的创新，汉代装饰艺术发展到了一个新的里程。

汉代中原等地的文化成果，在汉武帝于岭南设置郡县后，沿“海上丝绸之路”内陆水运线路传播到广西，对广西地区的文化和造物艺术产生了直接的影响，推动了广西地区生产力的发展，并使广西本土原始文化融为中华文化共同体的一部分。

3. 汉代民间信仰的重要地位

汉代民间信仰在意识形态中占据了重要的地位。民间信仰和神灵崇拜是民间文化的重要组成部分，是“俗文化”。历史唯物主义的观点认为：上层文化是在吸取了丰富的民间文化的养料，并在民间文化的孕育下才逐步发展起来的。余英时说，大传统或精英文化是属于上层知识阶级的，而小传统或通俗文化则属于没有受过正式教育的一般人民。他又同时指出，中国大、小传统之间的交流非常畅通，秦汉时代尤其如此。民众信仰的公共行为需要获得统治阶层的认可才具有合法性，而统治阶级欲加强统治输出的政治意识形态内容，又往往需借助于民间信仰的力量，以便为下层民众所接受。艺术人类学研究强调下层艺术，即与民间信仰相关的艺术。

民间信仰并非只是属于社会下层的庶民百姓，李秋香说：“中国古代从秦汉以后，社会阶层之间的流动性较强，除个别时期如魏晋，人们社会身份的凝固化特征并不突出。作为一种社会文化现象的民间信仰，其影响是遍及社会各个阶层成员的（当然上下阶层还是有文化上的‘雅’‘俗’区分的），故对民和民间的理解不能过于狭窄，认为只属于引车卖浆者流的劳动民众，那就不准确了。”

因此她认为，秦汉时期的民间信仰受众不但包括普通民众，也包括长期熏染其中的官僚阶层及受俗文化影响的帝王及贵族成员等。装饰艺术的器物造型和纹样的创作与设计来源，亦深受社会意识形态的影响。汉文化对于广西本土文化而言属于外来文化，由朝廷派驻的官员、移民、流民等从中原和荆楚等已经开发的地区传入，因此有必要窥其源头。

汉之后由于宗教形成，民间信仰在政治意识形态中的地位下降，但一直在民间生活中发挥着重要的影响作用，在少数民族地区的生活中更为显要。汉文化中的神灵崇拜与民间信仰和广西本土百越居民的原始神灵崇拜在古代广西的土地上交汇融合，塑成了广西汉代造物思想。

3.1 汉代神话传说

人类社会早期，原始先民主要崇拜自然神，神的原始特征明显。原始人类由于无法解释自然现象，对自然规律感到不可测度，于是在敬畏中奉为神明。《礼记·祭法》云："山林川谷丘陵，能出云，为风雨，见怪物，皆曰神。"从而有对山林、川谷、丘陵、日月、星辰、土地、风雨、水火等变化莫测的自然景象或自然力、自然物的敬畏和崇拜，这就是神灵崇拜的由来。在原始人看来，天地间有一种超自然的力量在控制着一切，"最初并不以为有神，后来才将自然力神化"。大约在旧石器时代的中晚期，这种对自然的神灵崇拜产生了神话。

鲁迅对神话做了较深入的研究，他在《中国小说史略》和《中国小说的历史变迁》中对神话问题做了具体的论述。他把中国神话纳入中国文学系统并对其本质、起源、发展、演变、分期、消解原因，以及它与后世文学的关系等基本问题做出系统探讨与阐释，并且提出了神话产生于原始先民对自然异常现象的敬畏与崇拜神话"不特为宗教之萌芽，美术所由起，且实为文章之渊源"，小说来源于神话等观点。这些观点对中国神话研究产生着深远的影响，也说明了神话对于装饰艺术的意义。神话传说是装饰艺术的重要题材和灵感来源。

汉代是中国政治和文化大一统形成的时代，也是中华文化共同体形成的时代。神话传说在中华文化共同体形成的背景下，在社会上下阶层的广泛范围内对文化的梳理中得到了一次全国性的整合和梳理。社会文化现象相互之间往往有着某种内在联系，从汉代神话传说的变化与规律中可以看出汉代人们的文化、思想意识等方面的变化状况，反映出造物与装饰艺术的精神内涵。

a. 汉代神话传说的盛行

汉代的神话传说十分活跃，汉代是神话生存与传播的黄金时代。在经历了短暂的秦代文化断层之后，神话传说在汉代再度活跃。秦末陈胜、吴广起义时就借助了神话号召民众揭竿而起，刘邦身世的编造也是借助了民间流行的神话传说为其君权神授提供合理性说明。"汉代神话不仅渗透到汉代社会的各个层面，而且以汉代神话自身的物质影响着汉人的人格和灵魂，对文学艺术的发展与繁荣以及汉代文人的文化人格的形成起到了重要作用。就上古神话生存与传播的深度和广度而言，汉代远在春秋战国之上。"汉代神话传说大量留存于各种文献典籍、装饰艺术纹样、墓葬石、砖画像等。在文字记载的各类神话材料中，有的是对前代神话传说的直接记录，有的是对前代神话传说的进一步丰富，还有的是汉代人新编造的神话。总之，神话在汉代呈现出丰富多彩的状态。

在意识形态方面，汉初统治者尊崇的是黄老之说，对社会的经济、文化恢复起到了积极的作用。汉武帝开始推崇儒术，因此汉王朝主流文化思想是儒家思想和早期道家思想。顾颉刚先生说："汉代人的思想的骨干，是阴阳五行。无论在宗教上，在政治上，在学术上，没有不用这套方式的。"余英时先生在谈到汉代的思想时也说："阴阳五行的观念则尤其如水银湾地，无所不在……不过阴阳五行说所提供的主要是一个宇宙的间架：儒、道、法三家虽都采用其间架，基本上却并未改变它们关于文化、政治、社会的理论内容。"阴阳五行思想经邹衍、董仲舒等的消纳、吸收，成为儒家和道家思想的一部分，失去了原来的独立性，依附于儒家和道家思想而存在。由于儒、道两大思想流派是汉王朝的主流文化思想，研究者多认为，对汉代神话的发展产生影响的主要是儒家的"天人感应"学说、神权政治思想和道家的神仙方术思想。

儒家思想被确立为主体思想促进了神话的盛行，君权神授的观点需要大量的神话故事作为材料支持。"因此，在汉代神话中出现的帝王感生神话、受命符瑞神话特别突出，在《史记》《汉书》等历史文献中出现了大量的帝王感生和受命符瑞神话。……这或许就是汉代文人对儒家思想中的天人感应和神权政治的接纳、吸收和利用：在汉代神话中通过帝王感生神话、受命符瑞神话表现出来。"在汉代，不仅开国的帝王将相有相关的神话传说，甚至许多在历史中并不重要的人物都有相关的神话传说。如刘邦妃子戚夫人在历史中并无功绩和地位，仍被后世传说为花神。有功绩和地位的历史名人，有关的神话传说则更多。

除了儒家思想上需要从神学角度论证封建秩序和伦理道德的合理性与必要性的原因，在科学未能深入人心、上下阶层普遍信仰神仙方术的社会环境下，也促成了汉代神话的盛行。

神仙方术的不死思想最早萌芽于春秋时代。秦统一后，在稳定的社会环境下神仙方术兴盛起来。雄才大略的秦始皇在统一六国并号称皇帝以后，希望秦的统治万世一系，喜欢寻仙求神，还常不称朕而自称真人，且封禅泰山以乞神佑。司马迁《史记·孝武本纪》记载："上（秦始皇）遂东巡海上……令言海中神山者数千人求蓬莱神人。"秦始皇还建立了许多巍峨高大如仙境般的宫殿。虽然秦末社会一度动乱，但到了社会稳定、经济恢复以后的汉代，神仙方术再度空前流行。西汉早中期，长生不死是社会上下阶层普遍的信仰和追求。开辟海上丝绸之路的汉武帝既有开疆辟土的雄心，也喜欢鬼神，求神拜仙，同样希望长生不老。汉武帝下令在全国各地建造许多高耸入云的宫殿楼宇，以祈求和迎接神仙的降临。此后的皇帝们，大多大力倡导长生不老的神仙观念，热衷于寻仙，使神仙方术观念深入人心。汉代神话在这些神仙方术观念的影响下，出现了大量有关神仙的故事。神话的仙话化是汉代神话的一大特色，也是汉代神话发展的一种趋势。

神仙方术等各种民间信仰中的一部分发展成为早期的民间道教活动，到西汉汉哀帝时，民间道教已形成较大的影响。早期道教活动多为民间预言凶吉、进行歌舞祭祀等，到东汉中期形成太平道、天师道等各种各样的道派民间组织，各种道术活动旨在借助神力，帮助人们除凶迎吉、延年益寿。

西汉哀、平之际谶纬神学兴起。它利用神话，把神话当作图谶说经的工具和材料，把谶纬和神话相结合。谶纬神学兴起后迅速发展为主流社会思潮，这是汉代思想文化的一种特殊的现象，是当时思想文化的发展与社会经济政治状况相互作用的结果，对汉代神话产生了深远影响。

谶纬神学兴起的作用除以帝王感生神话、受命符瑞神话来神化帝王而达到封建统治者对民众的心理控制目的外，也为神话的文学创作提供了瑰丽浪漫而丰富多彩的想象空间。南朝文学理论家刘勰在《文心雕龙·正纬第四》中十分肯定谶纬神学中的积极因素对文学产生的正面影响："若乃羲农轩皞之源，山渎钟律之要，白鱼赤鸟之符，黄银紫玉之瑞，事丰奇伟，辞富膏腴，无益经典，而有助文章。"用数量众多的谶纬神话去宣扬汉德，为帝王的统治制造合法性，从中可以看到谶纬神话作家的良苦用心。但谶纬神学为文学艺术创作提供了独特而鲜活的题材，对于发展和培育神话和文学艺术创作的浪漫主义精神起到了积极作用。这种可操作性较强的浪漫主义情怀深入地影响到了汉大赋的创作，也直接成为汉代装饰造型艺术的设计与创作的思想源头。

在儒家、道家思想的影响下，在谶纬神学的渲染中，汉代神话拥有了自身独特的题材、内容和特点。汉代的这种思想潮流也为汉代神话的兴盛提供了广阔的舞台和丰沃的土壤。中央政府所在的国家中心地区的神学潮流，也鼓动和刺激了边疆、山区等边远地区民间神话的发展。

b. 汉代神话和儒、道、谶纬思想

儒家思想体系中的天人感应、天命理论和神权政治理论，道教思想中的长生不老思想和神道理论，谶纬中和神话有关联的神学思想形成了活跃的汉代神话独特的世界观、人生观、价值观。

董仲舒在孔子"天命"学说的基础上建立起新的关于"天"的哲学，并以此作为儒家伦常观念的基石。天人感应，指天意与人事的交感相应。《尚书·洪范》从人身为一小宇宙的观点出发，认为：天和人同类相通，相互感应，天能干预人事，人亦能感应上天。如果天子违背了天意，不仁不义，天就会出现灾异进行谴责和警告；如果政通人和，天就会降下祥瑞以鼓励。董仲舒继承这一观点和《公羊传》中的灾异说，并吸收了墨子的天罚理念，建构了儒学理论体系，将其树立为儒学思想的核心，在答汉武帝策问中做了具体阐述。在他的儒教哲学体系内有着神学的内容，同时也存在神学与非神论的矛盾。他在《春秋繁露·必仁且知》中说："天地之物有不常之变者，谓之异，小者谓之灾。……灾者天之谴也；异者，天之威也。……凡灾异之本，尽生于国家之失。国家之失乃始萌芽，而天出灾害以谴告之。谴告之而不知变，乃见怪异以惊骇之。惊骇之尚不知畏恐，其殃咎乃至。"这段文字是董仲舒以灾异谴告形式出现的"天人感应"的论述，在这里，"天"有意志、有感情、全知全能，是主宰一切自然变化和人世祸福凶吉的至高权威和力量。

董仲舒在应汉武帝之对策时说："臣谨案春秋之中，视前世已行之事，以观天人相与之际，甚可畏也。国家将有失道之败，而天乃先出灾害以谴告之，不知自省，又出怪异以警惧之，尚不知变，而伤败乃至。以此见天心之仁爱人君而欲止其乱也。……及至后世，淫佚衰微，不能统理群生，诸侯背畔，残贼良民以争壤土，废德教而任刑罚。刑罚不中，则生邪气；邪气积于下，怨恶畜于上。上下不和，则阴阳缪盭而妖孽生矣。此灾异所缘而起也。"

为了进一步说明天人感应的原因，董仲舒还提出了气化学说。他认为，天地宇宙唯气化而成，人生活在天地之间阴阳之气的包融中，就像鱼生活在水的包涵中一样，只是水有实物可见，而气化之宇宙浩浩然难见而已。因此，天地之间，宇宙之中，虽虚而实（实即谓充满着气，由气化而成）。在这一由气化成的宇宙中，人之气与天地宇宙之气相互流通，相互渗入，因而人之气会影响到整个天地宇宙之气。如果人之气调和顺适，此气与天地宇宙之气相肴（相混合），天地之化即美，祥瑞乃现；如果人之气邪乱乖谬，此气与天地宇宙之气相肴，天地之序即乱，灾异乃出。因此董仲舒是以气化之宇宙来作为天人感应的基础，以人天之气相数来说明灾异的产生。天人类应之迹虽无形而不可见，但气化宇宙中人天之气相肴实有因果关系可寻。董仲舒在此是以气化说试图证明儒家神学说并非虚构，实有理据可依。

董仲舒借当时流行的阴阳五行学发展了《春秋》的“天人感应”思想，并继承了儒家传统中《尚书·洪范》的五行思想，将之发扬光大，建立了一套囊括天人的宇宙学说，建立其儒家的阴阳五行思想体系，认为天和人相互感应的基础是天人同类。他沿袭了孔子的“天命”思想，但摒弃了孔子“生死有命，富贵在天”的命定观，认为人的道德品质和形体是与天同类的，但人的生死、富贵贫贱不是“天命”决定的，人只要按照“天人感应”的规律，依照天意办事，就可以获得最好的结果。

董仲舒观点的积极性在于：表面看来好像是一切由天意决定的，但实质上是可以通过人的行为进行“天人感应”来决定的，这不再把天的力量绝对化，而是相对缩小了它的作用；把人的行为造成的“感应”的作用提高，也就把人的主观能动性提高了。所以在董仲舒的“天人感应”中，对人的力量、作用、地位较为重视和强调，认可人“参天”的智慧与能力。

在董仲舒的儒家学说中，“天人感应”的观点认为天具有自由意志并能以对人的赏罚来体现这种意志。虽然这种观点在唯物主义者看来是荒诞的，但董仲舒的灾异谴告形式还是抓住了统治者祈福避祸的心理，也符合当时统治阶级造神运动的需要。同时，董仲舒对人的力量的肯定，也反映出读书人积极有为的精神状态和士大夫建功立业的心态。

董仲舒以神学说明了封建政治的合理性，以“天志”和“人副天数”为理论依据，论证了封建秩序、儒家的施政方针以及伦理道德的神圣性，认为既然有天地阴阳之分，那么人类社会就应该有上下尊卑之别。他特别强调君主制的神圣性，认为“天子”是名副其实的皇天之子。人类社会的君臣、父子和夫妇，相当于天的阴阳。君为阳，臣为阴；父为阳，子为阴；夫为阳，妇为阴。由于天注重阳，阴只处于阳的辅助地位，所以臣、子、妻应该服从于君、父、夫。天的根本德行是仁，那么人也应该顺应天，效法天来行仁义。人应该效法天地、阴阳、五行的关系，做一个忠臣、孝子和礼义之士。董仲舒就这样用对“天”的解释和五行阴阳学说的复杂神学方法，论证了封建秩序和伦理道德的合理性与必要性。

董仲舒的儒家思想是以天人关系为其哲学思想探讨的基本问题，他“一方面以‘天志’和‘人副天数’为理论依据，论证了封建秩序、儒家的施政方针以及伦理道德的神圣性……另一方面用‘天意’论证了以‘德教’为主刑罚为辅的政策”。董仲舒的思想符合统治者的利益且协调了社会矛盾，应该说是具有积极的意义的。

首先，他用儒家的神学方法论证了封建秩序及伦理道德，认为既然有天地阴阳之分，那么人类社会就应该有上下尊卑之别，人类社会的君臣、父子和夫妇相当于天地的阴阳。“君为阳，臣为阴；

父为阳，子为阴；夫为阳，妇为阴。”由于天“贵阳而贱阴”，阴只处于阳的辅助地位而“不得专起”“不得分功”，所以，臣、子、妻应该服从于君、父、夫。他特别强调君权神授的神圣性，认为“天子”是名副其实的皇天之子，“皇天佑而子之，号称天子”，“天立王，以为民也，故其德足以安乐民者，天予之”。天的根本德行是仁，那么人就应该遵循“天道”，即天地、阴阳、五行的规则，应该“化天志而仁”，变天志为己志而行仁。为“忠臣之义，孝子之行”，“有忠信慈惠之心，有礼义廉让之行，有是非顺逆之治”。他的纲常理论，对维护封建社会的稳定有积极的意义。

其次，他用“天意”论证以“德教”为主刑罚为辅的“仁政”政策，有利于民众，也有利于缓和与协调封建社会矛盾。

所谓“德教”是用封建道德对人民进行教育和感化，实行“渐民以仁，摩民以义，节民以礼”。“仁政”则是在经济上采取措施，反对对农民的横征暴敛来缓和阶级矛盾。要求抑制土地兼并和侵夺，防止土地兼并的恶性发展和财富的过分集中造成封建统治危机。这种认识是深刻的，尽管这些主张是在官僚大地主占统治地位的情况下，为整个统治阶级的长远利益着想的，但事实上在一定程度上维护了中小农民的利益。

董仲舒虽然主张“德教”和“仁政”，但并没有放弃暴力镇压农民反抗的刑罚手段。不过，他反对统治者滥用刑罚，他以“天道”为根据，要求作为“天子”的封建君主遵循天意，在运用刑罚手段时避免感情用事，力求得当。他借用四季轮替解说“天道”：“春者，天之和也；夏者，天之德也；秋者，天之平也；冬者，天之威也。天之序，必先和然后发德，必先平然后发威。”因此，君主“虽有所愉而喜，必先和心以求其当，然后发庆赏以立其德；虽有所忿而怒，必先平心以求其政，然后发刑罚以立其威。”

董仲舒提出的儒家思想神化的作用在于对人的行为有所规范与约束，“比如天人合一、天人感应、君权天授、尊君敬长、内圣外王等这些思想，就帝王统治者而言，能够使其为稳固统治地位更加加强内心的修为；对群臣和一般平民来说，使他们能够充满对圣人、圣道的崇拜和敬畏，有利于人们顺应天命，自觉遵从君尊臣卑的政治秩序和三纲五常的伦理规范”。董仲舒用至上的“天”为君权制造了至高无上的权威，又用“天道”“天人感应”论来制约君权，使君王不敢为所欲为，一定程度上保护了中下阶层民众的权利而又对维护封建君主统治有积极的意义，因而受到社会上下各阶层的欢迎。

虽然儒家思想没有被认为是宗教，但实际上已经具备许多宗教的主要特点。虽然宗教本身具有许多消极的因素，但即使是在今天的现代社会，宗教仍然具有引导民众向善而积极的一面。宗教的受众面广，包括了上至帝王下至普通百姓广泛的社会各个阶层，而儒家思想是属于文人士大夫这个社会管理阶层的思想，仅属于中国封建时代的社会精英，对帝王来说只是统治社会所需要的工具，对下层民间的农民百姓来说不接地气，和宗教还是有所区别。因此也不难理解为什么广西等西南偏远地区少数民族图像中少见儒家思想的直接影响。但是社会精英的思想往往会直接或间接影响到社会各阶层，因此儒家思想和民间神话传说难免有着千丝万缕的联系。

除主体儒家思想的影响外，神话和道教有共同的长生不老思想，两者相互影响与联系较多，道教的神道理论对神话产生了较多的影响。《左传》记载：“（昭公二十年）公曰：‘古而无死，其乐若何？晏子对曰：‘古而无死，则古之乐也，君何得焉’？”这是春秋时期关于人不死思想的最早记载。人都希望能不死，希望长生不老，因而长生不老思想吸引了无数的信徒，上至君主下至庶民百姓，无不对此顶礼膜拜。活着的时候过着奢侈生活的统治者相比庶民更为迷恋人生的享受，因此也更为狂热地追仙问道。在统治者的倡导下，追求长生不死的风气迅速蔓延，神仙方士队伍剧烈膨胀。秦统一后，在秦始皇的鼓励下，追仙求不死的风气更盛。到西汉早中期，在统治者的倡导下，频繁的求仙活动和一大批传说成仙者的出现，使得汉代神仙方士队伍空前庞大，营造了浓厚的求仙气氛，长生不死成为上至君主下至庶民百姓的普遍信仰。史料记载汉武帝一生在位54年，求仙时间就有50余年。他还下令建造了模仿仙境的宫殿，并在各地修建了许多高耸入云的楼馆，以求神仙的降临。此后，汉王朝这种寻仙求不死的风气一直盛而不衰。由于汉代这种寻仙求不死的风气实在昌盛，方士队伍的影响实在庞大，后世的范晔特在《后汉书》中的“传”部分下著写《方术列传》，以记载之。

道教经典著作《太平经》阐述的核心是道教的神道理论，阐述了一个以天为最高神的神学系统。《太平经》专“以奉天地、顺五行为本”，阴阳刑德学说占有重要地位。其内容博大，涉及天地、阴阳、五行、十支、灾异、神仙等。它“重新构筑了早期道教的‘天人合一’思想；以阴阳五行学说勾勒了一个理想社会图景，提出了一套‘无为而无不为’统治术；提出了修道的教徒的修身养性术；提出了财产共有、自食其力的善恶报应观念，指出只有人们信修正道，方可断除灾异而得道成仙；也反映了平均主义和平等理想的朴素民本思想”。

《太平经》的经义构筑了早期道教的神学思想及体系，为帝王治太平提出了一套统治术，提出了教徒的修养方法主要是守一之道。书中包含有浓重的劝善思想，如认为万物乐德畏刑，好生厌杀，因此君王的政治也应该尚德，等等。《太平经》在传统的报应思想之上，提出“承负”之说，谴责恶行。经书中指出的犯错神仙会被贬下凡，成为后世许多神话传说中谪仙传说的源头。

谶纬是汉代经学政治化并和汉代神学迷信相结合而孕育的思想意识畸变，其有关神灵的内容也对汉代神话的发展和演变有着重要影响。谶或谶语，是指借神预示人间吉凶祸福的启示性隐语，但主要是政治性的隐语预言，《史记》中记载在春秋时期秦穆公时代就存在；纬是对经而言。经为竖线，纬为横线，是对儒家六经等典籍的解释。谶纬是对儒家经学作神学的解释并预言政治。西汉后期，谶纬泛滥，取代了今文经学在意识形态领域中的主导地位。“谶纬的内容庞杂繁琐。谶纬是今文经学政治化并和汉代神学迷信相结合而孕育的怪胎。……谶纬书的出现其中的一项作用就是，使西汉的所有学问、所有的神话都归纳到六经的旗帜之下，使得孔子成为教主，六经成为天书，借此维持皇帝的地位。在两汉民神杂糅的社会中，谶纬的出现是必然的。”

谶纬的篇名众多，有：易纬《稽览图》《乾凿度》《坤灵图》《通卦验》《是类谋》《辨终备》；书纬《璇玑钤》《考灵曜》《刑德放》《帝命验》《运期授》；诗纬《推度灾》《氾历枢》《含神雾》；礼纬《含文嘉》《稽命征》《斗威仪》；乐纬《动声仪》《稽耀嘉》《叶图征》；春秋纬《演孔图》《元命包》《保乾图》《运斗枢》等。有神化刘氏政权所编造的谶语和符命《河图稽命征》：“刘受纪，昌光出轸，五星聚井。帝刘秀，日角载北斗，胸龟背龙，身长七尺八寸，明圣而宽仁，好任主。”也有评论反映皇权和后权及外戚之间政治斗争的《春秋运斗枢》：“后族专权，地动摇宫。主势集于后族，群妃之党横潜为害，则月盈。”还有关于月象灾异记载的《河图帝览嬉》：“月行轩辕中，女主失势。月行太阳，天下乱。月光太阴，天下兵悉起。月生而黄，主人受映。”，等等。神化色彩浓厚，神化孔子，把孔子推到史无前例的崇高地位；神化儒家经学，更加强调三纲五常，以巩固封建伦常统治。

谶纬的这些特点，对于汉代神话的发展和演变有着重要的影响。谶纬的过度泛滥，也引起了扬雄、桓谭和王充等无神论者的批驳，将古代的唯物主义和无神论推进到新的阶段。在扬雄、桓谭和王充等无神论者的批驳下，汉代神话的发展出现了新的特点，出现了神性逐渐淡化的迹象，帝王将相们的传说神化色彩逐步减弱而更为历史现实化。

综上，汉代神话中的崇拜成分是相当复杂的，各种来源不同的神学因素糅合在以强调“天人合一”和谐观的儒学为主体的文化综合体内，以神秘而含蓄的风格塑造了均衡和谐、二元对称的装饰造像构图格局和“藏礼于器”“制器尚象”的造物风格。田自秉评论说：“汉代儒学的宗教化，谶纬神学的兴起，厚葬之风的流行，反映在工艺美术的题材上，羽化成仙，祥瑞迷信等一类内容占有极大比重。而画像石、画像砖，以及陶塑明器等，得到突出的发展，反映了这一时期的时代特点。”

c. 广西本土神话

相对于儒、道、谶纬思想相糅合的中原等地的汉代神话，广西本土神话则显得原始、单纯得多。广西境内居住着壮、汉、瑶、苗、侗、仫佬、毛南、回、京、彝、水、仡佬12个世居民族。根据现在的统计数据，其中人数最多的为汉族，约占广西总人口的62.48%，壮族约占31.36%，瑶族约占3%，苗族约占1%，侗族约占0.66%，其后是仫佬族、毛南族、回族、京族、水族、彝族、仡佬族。广西是全国瑶族、壮族人口最多的地区。

每个少数民族都有自己的许多神话故事，一个民族的创世和人类形成的神话对于民族信仰有着重要的指示性作用。在广西各少数民族中，人口较多的壮、瑶、苗、侗民族都有自己的创世纪和人类形成的神话。

由于中华人民共和国成立以前的许多少数民族没有文字记载历史，这些神话故事产生于何时，在流传过程中发生了哪些变化，许多已经不可考证。这些现代整理下来的神话故事内容相似，主要叙述了古代各少数民族先民所想象的天地日月的形成、人类的产生、家畜和各种农作物的来源以及早期人类社会的生活。从文学艺术的角度来说在文学水平和造诣上，少数民族的神话故事与汉族神话故事不在一个水平线上，二者没有可比之处。因为历史的原因，少数民族文学长期处于童年发展时期。这些神话，“它们共同的、最突出的特点是：十分真切地反映了‘人类社会的童年’所特有的‘天真’”。

这些神话充满了各种奇特美妙的幻想和幼稚天真的解释，各少数民族先民们生活在原始大自然里，天地日月、山川湖泊、风雨雷电、飞禽走兽、花草树木等都吸引着他们儿童般的注意，引起他们原始淳朴的思考——这包括人类在内的一切是怎么来的？

壮族《布洛陀经诗》是壮族巫教的经文，是诗歌体裁的神话故事。它是颂唱壮族祖神布洛陀创造天地万物、规范人间伦理、祈愿幸福美好生活的诗篇。因其相当多的内容是创造天地万物的，所以被视为壮族的创世史诗，据考证认为可能起源于壮族的母系氏族社会向父系氏族社会转变的时期。其至今还流传于广西的红水河流域、右江流域、龙江流域、左江流域及云贵南、北盘江流域的广大壮族、布依族地区。广西少数民族古籍整理出版者用田野调查的方法，自20世纪50年代起，从桂西各县收集到流传于各地的原始散文体文本、手抄本、壮族师公吟唱记录等资料中整理出文本，其序一、序二是壮族巫师做各种法事的开篇吟唱，序之后的第一篇《造天地》这样吟唱：

“三样是三王安置/四样是四王创造/第一造出樟树/第二造出檀树/那时门口还没见红光/那时城门还没现光亮/那时王还没造屋桩/那时三宝神还没确立/那时庙宇没有盖/那时不懂月头和月尾/不知黎明和傍晚/不懂高与低/不知横和直/世上没有皇帝/古老世界还没有安置/太上老君造了天地/太上老君安置阴阳/太上老君巡山谷国/天不成天地不成地……”

在这些当代整理出来的被今人视为比较原生态的壮族创世史诗《布洛陀经诗》中，虽然有佛教的影响，但起源于中国本土的道教因素显然比佛教更多。“太上老君”“三王”“四王”等许多道教因素在其中有着深深的烙印。“三宝神”来源于佛教的“三宝”。佛教的三个重要因素，即佛、法、僧“三宝”的具备，标志着佛教的创立。在这里则是佛教的神，是佛、道融合的产物。宝轮、三宝标是佛、法、僧“三宝”的标志，传入壮族地区后则演变为“三宝神”。

瑶族创世纪的神话故事是民众口头流传的盘古神话，故事梗概是：开天辟地以前只有空气，没有人，后来天上的云凝聚成人，此人踩过须弥山，抬着一棵草，便有孕，生下盘古，盘古造了天、地、人民。

瑶族关于人类的来源，据广西师范大学文学院王函整理的有关资料记载，广西瑶族民间流传的《伏羲兄妹神话》的情节大致是：伏羲、女娲兄妹俩自幼丧母，跟着父亲张天师生活，他们靠种庄稼为生，生活很贫困。一日，玉皇大帝派雷王巡视民间，谁知雷王竟向人间洒下倾盆大雨，张天师被浇成了落汤鸡，于是便跟雷王起了争执，雷王逃回了天上。张天师料想雷王还会回来，于是便在家门口挖了一个大坑，又盖上芭蕉叶。雷王不甘心，果然又偷偷从天上杀到了张天师家，却正中圈套，跌落到了陷阱里，于是张天师便将其抓了起来，关到了谷仓里。雷王趁张天师不在家时，骗伏羲、女娲将他放了出来，随后，他给了兄妹俩一颗牙叫他们拿去种。雷王重回天庭，降下七日大雨于人间，洪水滔天，人类都被淹死了，只剩兄妹俩靠那颗牙种出来的葫芦躲过一劫。玉皇大帝得知此事，立刻退了洪水，与盘古一同巡查，知道了兄妹二人的事，便让二人成婚，两人不肯。兄妹俩在路上遇到了竹子，竹子叫两人结婚，两人不肯，遂将竹子劈成两段，竹子又合二为一，只是多了疤。两人又各抬一方石磨上山，从山顶滚下，竟重合到了一起。两人又各烧一炷香，烟雾相互缠绕成为一缕。于是，两人成婚，却生下一颗大肉球。他们向盘古哭诉，盘古拿刀将肉球切碎，让二人撒出去。哥哥撒得多又远，于是这些肉块便成了汉族人，妹妹力气小，撒了一把在附近的山上，于是变成了瑶族人和其他民族的人。

在这里，道教中的张天师居然成为伏羲兄妹的父亲，天地间神力最高的神灵是玉皇大帝和盘古，道教神仙掌控了整个世界的一切，兄妹俩再造人类，是在玉皇大帝、盘古的许可、指导和帮助下才得以完成的。

苗族应该说是来源于远古中厚地区而非广西本土民族，其起源于黄帝时期黄河流域的九黎族，传说是尧舜时期的三苗，蚩尤的后裔。蚩尤在涿鹿之战中被黄帝所杀，其后裔部族迁徙到西南山区等偏远地区，为今天的苗族人。大致迁徙路线是由黄河流域到湖南、贵州、云南、广西，苗族在南方许多省份均有分布，苗族人口最多的省份也不是广西。苗族民间口耳相传，流传着许多神话传说。《苗族古歌》有多个版本，大致分为四个部分：《开天辟地》《枫木歌》《洪水滔天》《跋山涉水》。由于苗族大多生活在封闭的地区，许多神话得以流传保存，其开天辟地的神话故事也多与盘古相关。

侗族创世纪诗主要有《开天辟地》《洪水滔天》《兄妹开亲》等，这是一组连接的诗歌体裁的神话，讲述了侗族先民对万物起源以及人类来源的看法。侗族创世纪诗《开天辟地》中说，天地起源于混沌朦胧的大雾。后来大雾发生了变化，发展为天地万物，轻者为天，重者为地。还有的说盘古开天辟地，盘古创造万物。他们生下了天王十二兄弟、地王十二兄弟、人王九兄弟这些道教诸神。

侗族关于人类起源的神话以《洪水滔天》、《棉婆孵蛋》（或叫《龟婆孵蛋》）、《章良章妹》流传较为广泛，也都是诗歌体裁的神话。侗族《起源之歌》讲述的大致意思是：开天辟地之后，有四个龟婆来孵蛋，孵出诵摁（男性，亦译松恩）和诵藏（女性，亦译松桑）。他们不仅是人类的祖先，也是动物的祖先，其中只有章良和章妹是人类。为了改变人兽相居的状况，章良和章妹放火烧山，赶走了其他动物，也惹怒了他们的姐妹雷婆。雷婆与章良和章妹进行了大争斗，后来雷婆上天发洪水，淹没了大地，章良、章妹躲到葫芦里，避开了洪水。当洪水退后，大地一片荒凉。章良和章妹为了繁衍人类，只得隔山滚磨石相婚，没想到生下了一个肉团。气急的章良和章妹将肉团砍碎，丢到了山林里，结果被砍碎的肉团变成了汉、侗、苗等民族，人类从此繁盛起来。这些诗歌体裁的神话，在侗族民众间多有流传。

由于少数民族文字记载资料的缺乏，现得到的都是根据当地少数民族民间口头流传整理出来的资料。从这些神话资料看，普遍有较深的道教因素的影响。而道教在东汉末年才发展壮大起来，因此很显然这些神话故事都是在汉代以后经过改编的。

3.2 民间信仰和宗教

神话起源于自然崇拜，而自然崇拜“至汉代达到高峰，在万物有灵观念的支配下，人们对先秦时期的各种神灵兼收并蓄，广泛吸收；同时又根据需要创造出大量更加贴近百姓生活的神灵，形成多神崇拜。这一时期，神灵崇拜的实用性和世俗性大大增强”。即对自然的神灵崇拜产生了神话，神话在民间流传逐渐发展形成民间信仰和早期宗教。

信仰是对某种宗教或某种主义极度信服和尊重，并以此为行为的准则。因此，信仰往往是与“某种宗教或某种主义”相联系的，较为系统化而成为一个体系。崇拜则不然，它是一个比较宽泛的概念，包括崇信、崇敬、崇尚等的含义在内。民间神灵崇拜往往没有形成完整的体系，还没能够达到“某种宗教或某种主义”的高度，但它是宗教的来源，在它的基础上孕育了宗教。

吕洪年认为，“人类进入文明时代以后，原始神话发生了分化，一部分被人为宗教所吸取，变成统治阶级的御用工具；一部分却在民间保留下来，成为民间信仰的核心内容”。贺西林则认为，中国古代仙山的传说至战国秦汉形成两大系统，即西部的昆仑山和东部的蓬莱。蓬莱神话主要活跃于秦皇汉武时代，其信仰集中于社会上层，而昆仑神话至东汉已成为一种广泛的民间宗教信仰，成为中国早期信仰的主流。

李秋香认为秦汉民间信仰具有传统神祇与新造神灵并存、信仰对象等级性限制的减弱与世俗化特征的加强、神灵地域性特色的相对减弱与一统性特色的凸显、异地神灵与宗教神灵影响的逐渐扩大等特征。

民间信仰的内容广泛，包括民间所流行的图腾、神鬼、灵物、前兆、占卜、禁忌、祭祀和崇拜等信仰形式。它有早期宗教的特征，是民族文化的重要组成部分，在民众的心目中有着特殊的地位，是民间文化中具有主导性、支配性和凝聚性的重要文化因素。汉代民间信仰不仅是下层庶民百姓的神灵信仰，它的受众范围也不仅是普通民众，也包括长期受神仙思想熏染的君主和贵族官僚。

a. 汉代民间信仰的主神崇拜

西汉初期因为刚刚经历了国家动乱，需要的是休养生息，统治者尊崇的是黄老之说。从汉武帝开始，儒家思想占领了意识形态的主导地位。随着佛教的渐入，道教的兴衰，“早期中国”的思想观念在一定程度上受到了冲击，但带有浓厚的本土原始宗教色彩的民间信仰始终贯穿其中，是汉代人们思想的重要组成部分。贾艳红认为，汉代民间的主体性神祇是由社神、灶神、门神、西王母、四灵、司命等小神构成的。除本土的神灵信仰外，传统神话的始祖伏羲、女娲，西方不死仙境的西王母、东王公等都是汉代人信奉的主神。

①始祖神崇拜

后人把那些对部落、氏族、家族、民族等的诞生做出重大贡献、有功德的先人奉为神灵祭拜，为祖先神崇拜。部落内的家庭众多，也就有众多的祖先神。人们将生育或假想为生育本氏族、本部落、本民族等族群群体的第一代祖先视为神灵并加以崇拜，是为始祖神崇拜。

汉代民间信仰的主神有中国本土的伏羲和女娲，他们被华夏族视为始祖的身份而被赋予了护佑子孙的功能，因而受到广大民众的敬奉。汉族对于伏羲和女娲两位先祖的崇拜，构成了汉代民间信仰的重要内容。

女娲的神话传说来源于人类早期对母性的崇拜，在秦汉之前的文献中已有记载。《楚辞·天问》记：“女娲有体，孰制匠之？”《山海经·大荒西经》载：“有神十人，名曰女娲之肠，化为神，处栗广之野，横道而处。”秦汉时期关于女娲化生人类的神话有了不同程度的变化。《淮南子》把先秦时期女娲独自化生人类的神话解说成是在黄帝、上骈、桑林等众神的帮助下完成的壮举。《淮南子·说林训》云：“黄帝生阴阳，上骈生耳目，桑林生臂手，此女娲所以七十化也。”东汉高诱批注：“黄帝，古天神也。始造人之时，化生阴阳。上骈、桑林，皆神名。女娲，王天下者也，七十变造化，此言造化治世非一人之功也。”

在汉代的相关文献中，女娲炼石补天的伟业被当作历史真实事件记载了下来。如《淮南子·览冥训》记载："往古之时，四极废，九州裂，天不兼覆，地不周载。火爁炎而不灭，水浩洋而不息，猛兽食颛民，鸷鸟攫老弱。于是女娲炼五色石以补苍天，断鳌足以立四极，杀黑龙以济冀州，积芦灰以止淫水。苍天补，四极正，淫水涸，冀州平，狡虫死，颛民生。"《列子·汤问》篇中记载："然则天地亦物也。物有不足，故昔者女娲氏炼五色石以补其阙，断鳌之足以立四极。其后共工氏与颛顼争为帝，怒而触不周之山，折天柱，绝地维。故天倾西北，日月辰星就焉；地不满东南，故百川水潦归焉。"神话传说只有在民间广为流传后，才有可能被文人等知识阶层记录保存下来。根据《淮南子》《列子》等文献资料判断，女娲补天的事迹至少在西汉初期已经广为流传。

《论衡》是东汉思想家王充的代表作品，也是中国历史上一部不朽的无神论著作。在此书的《谈天篇》中，王充直接陈述了儒书的传言并做了评论："儒书言：'共工与颛顼争为天子不胜，怒而触不周之山，使天柱折，地维绝。女娲销炼五色石以补苍天，断鳌足以立四极。天不足西北，故日月移焉；地不足东南，故百川注焉。'此久远之文，世间是之言也。文雅之人，怪而无以非，若非而无以夺，又恐其实然，不敢正议。"在《顺鼓篇》先说："伏羲、女娲，俱圣者也。"后再说："传又言：'共工与颛顼争为天子，不胜，怒而触不周之山，使天柱折，地维绝。女娲消炼五色石以补苍天，断鳌之足以立四极'。"

王充的评论和记载说明，在汉代，关于女娲炼石补天的原因及其事迹的远古神话传说在民众口头广为流传，"此久远之文，世间是之言也"。但文人雅士对这个民间传说的态度有不同之处，"怪而无以非，若非而无以夺，又恐其实然，不敢正议"，即不大理解，但其真实性即使是当时的无神论者也不敢持怀疑的态度。

《列子》则把伏羲、女娲的蛇身人面的外形当作具有大圣之德的象征。《列子·黄帝》："庖牺氏、女娲氏、神农氏、夏后氏，蛇身人面，牛首虎鼻，此有非人之状，而有大圣之德。"东汉时期王符所著《潜夫论·五德志》是利用"五行学说"来传述古代帝王兴废更替的文章："世传三皇五帝，多以为伏羲、神农为二皇；其一者或曰燧人，或曰祝融，或曰女娲。其是与非，未可知也。"东汉泰山太守应劭著的《风俗通义·皇霸·三皇》引《春秋运斗枢》："伏羲、女娲、神农是三皇也。"《论衡·顺鼓篇》言："伏羲、女娲，俱圣者也。"根据这些材料判断，伏羲、女娲是古圣王、三皇之一的神话传说在汉代官方和民间都已经普遍流传。

东汉的女娲还具有高禖（媒）的身份，应劭著的《风俗通义·佚文·阴教》说："女娲祷祠神祈而为女媒，因置昏姻，行媒始行明矣。"《后汉书·礼仪志》云："仲春之月，立高禖祠于城南，祀以特牲。"注引蔡邕《月令章句》说："高，尊也，禖，祀也。吉事先见之象也。盖为人所以祈子孙之祀。"又引卢植注："玄鸟至时，阴阳中，万物生，故于是以三牲请子于高禖之神。居明显之处，故谓之高。因其求子，故谓之禖。"又引晋博士束皙曰："高禖者，人之先也。"

《淮南子·览冥训》称女娲的功德"上际九天，下契黄垆，名声被后世，光晖重万物"，即可与日月同辉，与天地比美。刘安下令撰写《淮南子》的目的显然有其政治动机，因而应该是利用早已流传在江淮一带民众口头上的神话传说而不是凭空杜撰，由此可以说明在西汉中期人们的心目中，女娲是创造了人类、为人类社会战胜自然灾害做出了突出贡献、功德无量、与日月同辉的祖先神；是为后

图1-2　汉砖、石画像中的伏羲、女娲交尾图

图1-3　山东沂南北寨村汉墓出土的伏羲、女娲画像

裔子孙改变恶劣的生存环境从而使其生活得更加美好而做出了不懈努力和斗争，有至上的神力可以改变天地的保护神。不仅如此，高禖（媒）的身份说明女娲还是保佑人间婚姻幸福美满、促成人类子孙繁衍不息的神灵。

伏羲、女娲的神话和崇拜内容自形成之后就在不断变化，汉代的阴阳五行思想和神仙思想为汉画像中的伏羲、女娲形象注入了日月、嘉禾、灵芝、羽化等文化新元素。东汉中期以后，伏羲、女娲成了仙界西王母、东王公的陪侍。这也多少说明了中国人对信仰的实用主义态度：虽然汉代人对伏羲、女娲始祖神的崇拜不能说不真诚，但来自西方的神灵既然可以保长生不死，或者即使死了也可以保在西方仙境快活享受，于是赶紧就拜了，而且还要尊为主神，现在和未来毕竟要比过去重要。

汉人的始祖神崇拜也奠定了一些少数民族始祖神崇拜的基调，如壮族认为人类是伏依（或伏羲）兄妹结婚繁衍的后代。

②西王母崇拜

汉代的西王母崇拜信仰具有宗教的一些特征。汉代民间巫风盛行，整个社会都不同程度地沉浸在巫信仰之中，各种迷信活动充斥了人们的日常生活，包括气运、图谶、占候、占龟、看相、风角等。各种神仙的信仰也非常盛行。田桂民认为，中国早期哲学思想中天人合一的宇宙观和强调现实生命价值的实在性，才促成了先民们不死愿望的产生及由此人生欲望而引发出来的神仙信仰萌芽。

汉代民间信仰的主神之一西王母，是作为仙界的领袖被崇拜的。汉代初期，人们崇拜的是来源于本土神话的神灵，其主要特点是多神崇拜，信仰的是来源于本土神灵崇拜的民间信仰。在儒家观念的推动下，“天”具有无比崇高的地位，“天”是自然的天象，是终极的境界，是至上的神祇，而在这个代表了宇宙的“天”的范围内，有无数的神祇按照某种规则运转。汉人所崇拜的原始神灵有商周以来的神话传说中的诸神和《山海经》系统中的诸神。

无论是西王母信仰还是伏羲、女娲信仰，对其起源与地域特色的研究都有不同的观点。关于西王母信仰的起源地，有西来说和本土说两种说法，其中本土说又可分为中国西部说和东部说两种观点。饶宗颐先生从性别角度把西王母出现的时间上限推到了红山文化时期，并做了清晰的分期描述，认为西王母信仰的第一期是红山文化期的女神系统。学术界的传统主流观点认为，在汉代受到普遍崇拜的西王母，是来自西方神秘世界的一种典型象征。主流观点认同西来说，认为西王母是关于西方世界的神话。另一些研究者则认为，西王母原为长江上游地区某些民族的神话传说，西王母应该属于中国西部的本土神，早期蜀人居住的地区可能就是昆仑仙山神话产生和流传的核心地区。但这个观点在证据提供上尚未周全。贾艳红则根据《竹书纪年》所载周穆王西征昆仑丘会见西王母之事，以及《尔雅・释地》和《汉书・地理志下》等文献的相关记载认为，西王母原是居于西方的氏族部落女首领，在战国始被神化。

西汉之前的典籍就多有关于西王母的记载，主要有《庄子》《荀子》《尔雅》和《山海经》等所记载的一些神话文字。《山海经》传世版本共计18卷，包括《山经》5卷、《海经》13卷，各卷著作年代无从定论，其中14卷为战国时的作品，4卷为西汉初年的作品。《山海经・西山经》记载：“又西三百五十里，曰玉山，是西王母所居也。西王母其状如人，豹尾虎齿而善啸，蓬发戴胜，是司天之厉及五残。”《山海经・海内北经》则记载：“西王母梯几而戴胜（杖），其南有三青鸟，为西王母取食。在昆仑虚北。”《山海经・大荒西经》记：“西海之南，流沙之滨，赤水之后，黑水之前，有大山，名曰昆仑之丘。有神人面虎身，有文有尾，皆白处之。其下有弱水之渊环之，其外有炎火之山，投物辄然。有人，戴胜虎齿，有豹尾，穴处，名曰西王母，此山万物尽有。”

《山海经》是先秦时期的重要古籍，是一部记载中国古代神话、地理、植物、动物、矿物、物产、巫术、宗教、医药、民俗、民族的著作，是一部富于神话传说的最古老的奇书。其重要的价值之一在于它保存了包括夸父逐日、精卫填海、大禹治水等相关内容在内的不少脍炙人口的远古神话传说和寓言故事神话传说。汉代神仙思想流行，中国原始宗教的魂魄二元论、鬼神观以及对生前死后世界的理解观念到汉代有了进一步的发展。在汉人的想象中，“昆仑山”是《山海经》中记录的继“黄泉”“幽都”“蒿里”及“泰山”之后的另一个人类死亡后的世界。西王母是佛教信仰之前，在一个大范围、长时段流行的主神。

大约成书于战国时期的《穆天子传》前4卷详细记载了周穆王驾八骏西巡天下，行程三万五千里，会见西王母的故事：（周穆王）乃遂西征。癸亥，至于西王母之邦。……吉日甲子，天子宾于西王母。乃执白圭玄璧，以见西王母。……西王母再拜受之。☐乙丑，天子觞西王母于瑶池之上。西王母为天子谣，曰：“白云在天，……将子无死，尚能复来。”……西王母又为天子吟曰：“徂彼西土，爰居其野。虎豹为群……我惟帝女……”

辞书之祖《尔雅》成书于战国或西汉文帝之前，其第九篇《释地》曰：“觚竹、北户、西王母、日下，谓之四荒。”晋代郭璞作注：“觚竹在北，北户在南，西王母在西，日下在东，皆四方昏荒之国，次四极者。” 从西汉之前的典籍记载可以看出，西王母是西部昆仑山的一个母系氏族女首领，其部族尚处于人类社会早期的穴居阶段，而“蓬发戴胜”“虎齿，有豹尾”的人物形象则进一步说明该部族尚处于图腾崇拜的氏族部落发展阶段。但从《穆天子传》所记载的西王母在与周穆王会面时“再拜受之”“为天子谣”的情况来看，该部族已经进入原始文明阶段，具备了一定的礼仪。“根据先秦时期传世文献的记载和后世学者的缜密考证，西王母信仰的起源地应为先秦时期的西北方，后来随着族群中一些成员的迁徙和不同族群间的交流，西王母信仰圈不断扩大，而与其相关的神话传说等也不断得到传承和加工，进而形成了影响深远的民间信仰事象。”

汉王朝的皇帝们和秦始皇一样对寻仙追求长生不死颇为热衷，在皇帝们的热情感染下，汉代神仙思想也在民间盛行起来。在上至皇帝下至庶民百姓的求仙热潮影响下，原本只是《山海经》中诸神祇的一员、地位寻常的西王母，由于其与不死神话相关联，地位逐渐提高，在西汉中期成为人们所崇拜的对象。东汉中期后，西王母被塑造成集多种神职于一身、主宰死亡世界的大神，在民间信仰中的地位不断上升，地位高于伏羲、女娲。东汉晚期，西王母成为死后世界的主神，掌管着昆仑仙境和不死药，受到全体民众的热情膜拜。《汉书・哀帝纪》中有民众大规模祭拜西王母的记录，到东汉则有“万民皆付西王母”的说法。虽然东汉人为她想象出了配偶东王公，但东王公在民众心目中的地位远不如西王母。

在此时期，西王母所在的“昆仑山”是凌驾于凡人的死亡世界“黄泉”和“幽都”之上的神山，是得道成仙后的魂归之处。“黄泉”和“幽都”的观念在汉代曾一度被“西王母——昆仑山”的信仰所遮蔽，直到佛教传入后与其带来的地狱观念相结合，后成为中国民间信仰中影响最大的死亡观念。汉代人形成了这样一种观念：人死亡后，“魂”脱离身体，飞往仙境；“魄”则随着人的死去逐渐消散，或者与身体一起留在亲属为逝者建造的地下阴宅中，享受与人间一样的生活。汉代因此盛行厚葬之风，对逝者的葬仪极为重视。汉代人确信，逝者会到达一个真实存在的彼岸世界，陪葬死者的物件能如同现实世界一样供逝者享受。这些墓葬品埋于地下较大程度上避免了受到社会动乱的影响，许多墓葬器物保存完好，给后世提供了较好的研究资料。

汉代典籍关于西王母传说的记载与前代相比数量更多，西王母依然是西方世界的神灵。《史记·大宛列传》称："条枝在安息西数千里……安息长老传闻条枝有弱水、西王母，而未尝见。"《后汉书·西域传》则曰："大秦国，一名犁，以在海西，亦云海西国。……至桓帝延熹九年，大秦王安敦遣使自日南徼外献象牙、犀角、玳瑁，始乃一通焉。其所表贡，并无珍异，疑传者过焉。或云其国西有弱水、流沙，近西王母所居处，几于日所入也。"南朝裴松之注释的《三国志·魏书·乌丸鲜卑东夷传》引《魏略·西戎传》云："大秦西有海水，海水西有河水，河水西南北行有大山，西有赤水，赤水西有白玉山，白玉山西有西王母，西王母西有修流沙……"从这些典籍的记载可以看出，直到汉末三国时期，西王母依然是汉代人思想中西方神秘世界的神，但其形象在人们心目中已经发生了较大的变化。

这时的西王母信仰的形象已经发生了变化：首先，已经没有兽形的外表掌管着昆仑仙境和不死药；其次，具有长生、不死、接引死者灵魂成仙的济世神格；《穆天子传》大约成书于战国时期，许多学者认为其经过了汉代人的整理、补充，如果是这样，书中记载的西王母与周穆王会面则更加强调了与帝王的直接联系。

《淮南子·览冥训》说："譬若羿请不死之药于西王母，嫦娥窃以奔月。"在这里，不死药的功能还有可以飞天成仙，西王母和嫦娥两个本不相关的神仙有了联系。司马相如的《大人赋》说："低回阴山翔以纡曲兮，吾乃今目睹西王母。皓然白首戴胜而穴处兮，亦幸有三足乌为之使。必长生若此而不死兮，虽济万世不足以喜。"在此，"皓然白首戴胜"说明西王母已经不是吓人的兽形外表，而是一个慈祥的老妇人形象了。汉代天文学家张衡在《灵宪》中说："羿请无死之药于西王母，嫦娥窃之以奔月。将往，枚筮之于有黄。有黄筮之，曰：'吉。翩翩归妹，独将西行，逢天晦芒，毋惊毋恐，后且大昌。'嫦娥遂托身于月，是为蟾蜍。"此时本互不相关的西王母和后羿、嫦娥，在神话故事中发生了粘连。

汉代文献典籍还有多处提到西汉末年"祠西王母"。"祠"是中国信众祭拜神灵接受的地方，祠堂的建立，表明西王母信仰在中原地区已具有宗教的一些特征。如《汉书·哀帝纪》曰："（哀帝）四年春，大旱。关东民传行西王母筹，经历郡国，西入关至京师。民又会聚祠西王母，或夜持火上屋，击鼓号呼相惊恐。"唐代颜师古注释的《汉书》版本则有更为详细的记录，在其中的《五行志》中说："哀帝建平四年正月，民惊走，持稿（注：禾秆也）或（注：麻秆也）一枚，传相付与，曰行诏筹。道中相过逢多至千数，或被发徒践，或夜折关，或逾墙入，或乘车骑奔驰，以置驿传行，经历郡国二十六，至京师。其夏，京师郡国民聚会里巷阡陌，设张博具，歌舞祠西王母。又传书曰：'母告百姓，佩此书者不死。不信我言，视门枢下，当有白发。'至秋止。"

《汉书·哀帝纪》《汉书·五行志》记录了对西王母的信仰有"传行西王母筹""会聚祠西王母""夜持火上屋""设张博具""歌舞祠西王母""传书相告"等。东汉时赵晔著《吴越春秋·勾践阴谋外传》则称越王"尊天事鬼神以求福"，"立东郊以祭阳，名曰东皇公；立西郊以祭阴，名曰西王母。"由此可以看到，东汉的西王母信仰中已经具备了早期宗教的一些因素。

商代人的亡灵还有等级差别，到了东汉时期的死亡观似乎有了平等意识，此时人们无论生时地位如何，无论是贵族统治者还是平民，灵魂都是平等的。西王母和昆仑仙境所在的那个彼岸世界，向所有的逝者敞开大门。所有到达死后世界的亡灵，与在世时的身份地位和行为已经没有任何关系，贵族的亡灵没有特殊的照顾，贫民的亡灵也不会受到歧视，民众也无需像后世虔诚拜佛那样用生时的努力去换取死后的平安，都可以到达西王母所在的那个西方仙境。

除文字典籍外，中原及其周边地区的汉代墓室画像石为了解西王母信仰在汉代的发展脉络提供了图像依据。文献记载主要突出的是西王母长生、不死的济世神格，画像材料凸显的则是西王母的仙界领袖地位。

牛天伟、金爱秀在《汉画神灵图像考述》中，将汉代画像石中的神祇分为伏羲女娲图像、西王母图像、气象神灵图像、镇宅守墓神灵图像、桑蚕农事神灵图像、兵神蚩尤图像、祥禽瑞兽图像和天体神灵图像八大类，呈现了一个庞大的神祇队伍。虽然“原始时代的神祇，很少组成一个系统，相互之间的关系，也是不明确的”，但可以从其出现的频率及在画像中的位置看出汉代人西王母信仰的观念变化。

山东、南阳和徐州地区汉代早期墓室画像石中常见星象图、“土伯食蛇”及“风、雨、雷诸神出行”之类图像。“土伯”是春秋时期形成的死亡观念中掌管地下“幽都”的神灵，“风、雨、雷诸神”则居住在星象图所描绘的“天界”。无论是“幽都”或是“天界”，都是人死后亡灵可能去的地方。然而，由于当时人们对世界尚未足够了解，对未知的另一个世界更是充满了恐惧，认为无论是上天还是入地都是危险重重，在墓室画像中刻画天上地下各种神灵，就是祈祷神祇们能够庇佑死者的灵魂。

东汉时期，由于西王母成为民间信仰的主神，在陕北、晋西北地区的墓葬画像石上，“西王母——昆仑山”图像成为画面构图的绝对中心，西王母所在的昆仑仙境也毫无疑问成为逝者灵魂的去处。“土伯”“风、雨、雷诸神出行”及星象图之类图像极为少见，甚至完全消失了。

“在汉画像石中，西王母图像的构图一般都有三层以上，西王母端坐于最上层，旁边是瑞兽和伏羲女娲，这些构图元素是现实世界中所没有的，寓示的是一个彼岸世界。在她的下方，往往是演绎着历史事件的历史人物和携带着财富的墓主人，以及他身边的亲人、朋友和佣人。这些构图元素是现实世界中存在的，寓示着此岸世界。此岸世界有一个运动的状态，方向是上方的西王母世界。在所有的汉画像石墓中，似乎只存在着这一个单一的矢量。联系文献材料，流民‘传行西王母筹’的简洁文字记载，几乎是所有学者都要引用的珍贵材料，而在画像石中，比比皆是的西王母世界图像，表现的内容也是要为此岸解决问题的故事。”

东汉中末期到魏晋、五代十国时期，政治腐败，外戚和宦官轮流专政导致长期军阀混战，社会动荡、民众多难，华夏族一度处于濒临灭种灭族的危险境地。昆仑山上极乐享受的仙境和可保未来长生不死的西王母在现实中已遥不可及，其在频繁遭遇战乱的民众心目中的地位逐渐下降乃至最后绝望放弃。能拯救、普度多灾多难的芸芸众生的佛教、道教渐兴。

与中原等地不同的是，虽然汉代广西制陶也取得了一定的成就，但汉代画像砖、石在广西发现较少，所发现的砖、石刻纹几乎为简单抽象的几何线刻纹，没有西王母图像出现。这说明高水准的艺术技艺未传入南方边疆地区，具有高水平技艺的工匠可能首先要满足帝国中心地区贵族的需求，但与西王母崇拜相关的题材内容，在广西汉代器物錾刻花纹铜器的装饰纹样图像上常有表现。

b. 民间信仰和早期道教

汉代民间信仰在汉武帝以后逐渐成为汉王朝一般知识、思想与信仰的重要组成部分。张文安认为，它同时与黄老道学、宗天神学、谶纬神学相结合，并且借鉴佛教的经验与思想，还与精英思想互动，吸收儒家伦理纲常思想，结合当时社会实际情况，形成一个兼收并蓄、面向社会各阶层的信仰体系，使神仙信仰逐渐理论化、宗教化、政治化，并最终促成了早期道教的形成。

道教是将中国早期互不相干、纷繁复杂的哲理、神话、民间信仰、巫术等多种思想融汇吸收，并系统化成为一个独立体系的宗教。胡孚琛曾给道教下了一个比较详细的定义："所谓'道教'，是中国母系氏族社会自发的以女性生殖崇拜为特征的原始宗教在演变过程中，综合进古老的巫史文化、鬼神信仰、民俗传统、各类方技术数，以道家黄老之学为旗帜和理论支柱，囊括儒、道、墨、医、阴阳、神仙诸家学说中的修炼思想、功夫境界、信仰成分和伦理观念，在度世救人、长生成仙进而追求体道合真的总目标下神学化、方术化为多层次的宗教体系。它是在汉代及以后特定的历史条件下不断汲取佛教的宗教形式，从中华民族传统文化的母体中孕育和成熟的以'道'为最高信仰的具有中国民众文化特色的宗教。"

虽然佛教是汉代就已经存在的宗教，有史学观点认为其在西汉末年已传入中国，但汉人对佛教的理解、接纳与吸收还需要时间，其在汉代思想领域里影响还比较小，早期道教的阴阳五行思想在汉代影响较深。

道教吸收综合了民间信仰和巫术、神仙传说与方士方术、老庄哲学和黄老之学、儒家阴阳五行思想以及医术与体育卫生知识等多种思想学说和信仰，它是一个善于实行"拿来主义"的宗教。汉代民间信仰的内容丰富繁杂，东汉末期出现的原始道教就是在对本土民间信仰的借鉴和改造基础上，借鉴外来的佛教的教义、教规以及教团形式产生的。

汉代民间信仰的内容丰富，民间盛行浓厚的巫术文化。汉高祖刘邦君臣多出自社会下层，深受民间风气的影响，对方术、巫术信之不疑。他们执掌政权后随即将这些民间信仰带入朝堂，因而使朝廷上下、乡村内外方术巫风弥漫。刘邦在政府机构中正式设置了隶属太祝的"七巫"之职，主管各种祭礼。汉武帝刘彻"迷于鬼神，尤信越巫"。胡巫也活跃于汉武帝时期的朝廷上下，著名的"巫蛊之祸"就是江充利用胡巫造成的一场震动朝廷上下的政治动乱。而民间乡村巫风更浓，"街巷有巫，闾里有祝"。不少民间女子"不修中馈，休其蚕织，而起学巫祝，鼓舞事神"。疾病之家"或弃医药，更往事神，故至于死亡，不自知为巫所欺误，乃反恨事巫之晚"。由于社会上下崇拜鬼神的迷信思想泛滥，使得巫觋行术拥有盛行的广阔空间，降神、祝祷、解除、巫蛊、卜筮、驱疫除病、舞雩求雨等巫术活动成为民间化解灾厄、祈福避祸、消除迷茫的普遍方式。

由战国时期形成的方仙道和东汉产生的黄老道共同催生的早期道教，一开始就包含了大量的巫术因素。东汉末五斗米道和太平道已经具有一定规模，无论是教义著述还是宗教活动，都带有明显的

图1-4　山东微山县出土的伏羲、女娲交尾陪侍西王母图

图1-5　山东嘉祥宋山村出土的西王母所在的仙界图（局部）

巫术特点。《太平经》著作“其言以阴阳五行为家，而多巫觋杂语”。巫觋即女巫和男巫的合称，其法术有诸如符水疗疾、符咒驱鬼、祈祷降神等。东汉的五斗米道、太平道，以及后世的灵宝派、上清派，直至正一道都属于符箓派，以巫觋法术治病驱鬼为主要特征。《抱朴子·杂应》有云：“古之初为道者，莫不兼修医术，以救近祸焉。”因此，道士懂医术，也就拥有了符水疗疾之术。

东汉早期道教的代表人物都是靠符水疗疾吸引民众，由巫觋方士进而成为宗教领袖的。南朝宋范晔编撰《后汉书·皇甫嵩传》记载：太平道创始人张角“奉事黄老道，畜养弟子，跪拜首过，符水咒说以疗病，病者颇愈，百姓信向之。角因遣弟子八人使于四方，以善道教化天下，转相诳惑。”唐朝李贤注释《后汉书·刘焉传》引《典略》云：五斗米道的领袖张修“法略与角同，加施静室，使病人处其中思过。……为鬼吏，主为病者请祷”。陈寿《三国志》则说江东道士于吉“烧香读道书，制作符水以治病，吴会人多事之”，“甚得人心”。由于道教在形成过程中吸收了民间信仰中的巫术，因而道士常被人们看为巫觋。张角被官府蔑称为“妖巫”，五斗米道道徒则被称为“米巫”。

东汉太平道和五斗米道以符水咒说疗病，假借鬼神符箓来吸引信徒，以祷祝和驱鬼为宗教主要内容。在此后的千余年中，尽管教派众多，符箓始终是道教法术中不可或缺的重要内容。民间巫术中的禹步、解除、驱鬼、占卜、通神等法术也统统被道教所吸收。

民间信仰的一个来源是神话传说，具有多神的特点。汉代神话传说具有传承性和创新性的特点，被创造出来的神灵不断扩大、丰富，使民间神灵信仰呈现多元化发展趋势。不仅先秦时期许多神灵的神话故事流传下来，随着人们需要的增多，大量新的神祇，如灶神、社神等也被人们创造出来，与原有的神祇一起构成了庞杂的民间鬼神世界。民间信仰的多神特点也被道教所吸收。道教信奉的神很多，而且大部分是承袭民间信仰的神灵而来。因此，道教一开始就是多神宗教。汉代民间信仰的主神，掌管长生不死之药和西方昆仑仙境的西王母、东王公都被道教纳入神谱体系。西王母被称为九光元女，号太真西王母，尊为女仙之宗，是仅次于玉皇大帝的尊神；东王公被称为扶桑大帝，与西王母共为道教的尊神。

秦始皇封禅泰山之后，汉代泰山神被赋予了可以延长人的寿命、掌管生死大权的神格。泰山神被道教奉为东岳天齐仁圣大帝，是道教的重要神祇之一。

神话传说中“以正四方”的苍龙、白虎、朱雀、玄武，分别代表东、西、南、北四个方向，源于中国远古的星宿信仰。两汉时期，此“天之四灵”也被道教所吸收。《抱朴子·杂应》记道教祖师太上老君“从黄童百二十人，左有十二青龙，右有二十六白虎，前有二十四朱雀，后有七十二玄武”。“天之四灵”成为太上老君的护卫和仪从，到唐代，玄武被道士们升级为北方的大帝——真武大帝，青龙和白虎做了山庙的门神，朱雀成了九天玄女。

汉代民间信仰认为天上的斗星和人的生死有关，把北斗看作掌管人生死的神灵，认为北斗为司命之神。道教吸收了民间信仰的北斗神，《太上玄灵北斗本命长生妙经》认为：“北斗司生司杀，养物济人都会也。凡诸有情之人，既禀天地之气、阴阳之令，为男为女，可寿可夭，皆出其北斗之政命也。”向北斗祈禳以延寿是道教重要的传统宗教仪式之一。

汉代民间祭祀的文昌宫第四星司命神，是后世中国民间和道教尊奉的掌管士人功名禄位之神；六丁六甲神是民间神话传说中12个有名有姓的人物，道士用六丁之法招使六甲神察知远方人或物的吉凶；道教尊奉民间神话传说中开天辟地的创世神盘古为“元始天尊”；儒家学说相信“天人感应”，通过对日月星辰的观察，认为星体的光晕亮度改变、日月蚀以及星体的排列方式与运行方向都是事情发生的征兆，对应到人世间的吉凶祸福。这种思想在民间衍化为对星辰加以神格化的信仰，岁星亦在其中。民间传说“太岁”为凶星，道教中称之为“大将军”；民间信仰中的众多神灵，诸如日月星辰、风雨雷电、河岳山川、灶神门神等，皆被道教兼收并蓄，构成庞大的道教神谱体系。

缺乏教义等理论的民间信仰还不能说是宗教，这也是宗教与民间信仰的主要区别之一。道教实际上是中国民间各种信仰和多神崇拜整理后的宗教化。牟钟鉴等学者在论述道教诞生和发展时说：“道教是自发的自然宗教和人为的伦理宗教的结合体，它没有绝对唯一神的信仰……”道教除融汇吸收民间信仰的多神特点外，对基本教义的追求也和民间信仰是一致的。民间信仰的最终追求是长生不死；道教虽与民间信仰不同，作为宗教它是有至上神的，但道教教义的最终目标也是成仙，都是对个人的肉体和生命永恒不灭的追求。道教太平道和五斗米道吸收了民间信仰中的神仙思想，并把它与先秦道家哲学思想有机结合在一起，认为只要达到了人道合一的玄同境界，就可成仙。东汉的太平道把《太平经》奉为大道神人为拯救世人而传播到人间的圣经，信徒只要精学之即可成为神仙。《太平经》称："人无道之时，但人耳，得道则变易成神仙；而神上天，随天变化，即是其无不为也。"并提供了具体的修炼方法："三气共一，为神根也。一为精，一为神，一为气。此三者，共一位也……故人欲寿者，乃当爱气尊神重精也。"

道教是一个起源于民间，在中国古代社会底层民众之间流传的民间教派。道教的源头是先秦以上的荆楚文化、燕齐文化及巴蜀文化，而不是关中等政治中心，其对诸多神话、思想、巫术的整合和系统化在东汉时逐步显现。它与原来的民间信仰甚至当时传入的佛教之间往往相互渗透，许多情况下关系复杂难辨。它吸收了中国本土的诸多学说与信仰，包括古代神话传说和民间巫术、先秦老庄哲学和秦汉黄老之学、儒学与阴阳五行思想以及古代医学，同时，在教规、教义以及教团组织形式上借鉴了佛教。其在远离政治中心的边远地区，借助于人们对封建政府的反抗意识而更为深入到人们的内心，成为一种半入世的宗教。其许多宗教元素通过汉文化的流传，传播到了边陲的西南各地，对包括广西在内的西南地区各少数民族的原生文化产生了深刻的影响。

道教发展到魏晋以后出现了上下层的分化。上层道教被统治者所吸纳，成为御用工具，下层道教则继续流行于民间和远离政治中心的地区。因此，西南地区少数民族传统文化中汉文化的道教因素浓厚、影响甚广。

西南少数民族许多神话传说中都会有较多道教元素出现。在广西各少数民族中，人口较多的壮、瑶、苗、侗民族都有自己的创世纪和人类形成的神话，道教化的痕迹也愈发深刻。在许多少数民族聚集区，许多古老的神话故事仍在流传，但是这些经民间口耳流传的神话已经被道教信仰所渗透，甚至有些神话早已失去原有的寓意而完全道教化，广西等西南地区少数民族民间信仰被道教深刻改写。

西南地区少数民族民间信仰和道教的结合有其内在的原因。首先，道教是一个将民间早期互不相干、纷繁复杂的哲理、神话、民间信仰、巫术等多种思想融汇吸收，并系统化的多神崇拜的宗教。西南地区许多少数民族在历史上连文字都没有，处于原始社会向农耕社会过渡时期，或者是农耕社会早期的社会阶段。这个时期属于人类自然神灵崇拜的多神崇拜时期，因此，道教多神崇拜的信仰和许多少数民族民间信仰一拍即合。在广西壮族师公唱诵的《布洛陀经诗》中，"太上老君""三王""四王""盘古王"等许多道教的神灵纷纷登场。

其次，道教的符箓法术与少数民族民间信仰发展阶段以及民众功利性心理相契合。流传于民间的道教有许多神秘的法术，如炼丹、养生、符箓、斋醮等，它们是道教的实践活动。修仙学道，须借实践各种巫术般的方式来实现。而少数民族民间信仰正是发展到人类社会的多神崇拜和巫术崇拜阶段，且民间信仰具有一定的功利性，民众渴望趋吉避凶并能看到效果，常常向本民族、宗族、部落的巫师寻求帮助，使用一定手段来进行驱邪、祛病等活动。道教的这一特点与原始宗教中的巫术非常相似，因而少数民族民众比较能接受道教的理念。少数民族民众中的道教和相互融合的各种巫术、法术仪式，一方面使得民间信仰日渐道教化，与其原生态的原始神灵崇拜距离日渐增大而变得面目全非；另一方面对于形成了思想信仰的民众来说，在祭祀仪式、神像供奉中也能清楚地看到信奉、崇拜的内容，使得少数民族民间信仰以新的内容和形式承袭和发展。

一般的观点认为，广西乃至西南少数民族地区的民族文化吸收了太多的道教因素，破坏了其原始生态的许多特征。但另一方面，道教在少数民族地区的渗透和传播也丰富了少数民族民间神灵信仰的语言。艺术语言反映了宗教变化的现象，广西等西南地区的少数民族造物与装饰，在今天所采集到的样本中，体现出的是原始的民族图腾造像与农耕社会的汉族道教等诸多元素的造像相结合的特点，这种文化风貌特点是中华各民族在历史上长期共同发展，形成以汉文化为主体的中华文化共同体的各民族文化多彩多姿的表现。

c. 汉代民间信仰和佛教

佛教在1世纪左右从西域传入时，正是中国社会上下各阶层神仙信仰广为流行的时候。这时“佛作为来自西方世界‘外神’，又有助人不死之力，在汉代人心目中也就很自然地与东王公和西王母的形象发生了联系”。“佛教内容依附在原有的神仙形象中，外来的宗教图像就在与中国固有的传统艺术相结合的基础上，逐渐成长起来。”从中原等地区的汉代图像中可以看到佛教的这种影响，如徐州的僧侣骑象图和山东画像石中由立像变为飞翔的羽人，都是受到了佛教造型的影响。

但佛教毕竟是西汉末年，或东汉时期才从西域各国传到我国的于阗、龟兹、疏勒、莎车、高昌等地。龟兹国在今天的陕西榆林米脂县川堡偏北靠近下盐湾的地区，是印度佛教西北陆路传入中原必经的两道之一的要地。龟兹人内迁上郡带来了佛教信仰，佛教从西北慢慢渗入，穿过河西走廊进入关中地区和华北平原地区，佛教在汉代尚未形成大规模的影响。

佛教作为外来宗教，以古代的交通和信息传播条件，由西北到中原再传到西南是一个缓慢的过程，是在汉代以后逐渐扩散传播的。在中原等文化发达地区，消化和吸收佛教文化尚需要一段时间，再传到广西汉人聚居地区则需要更长时间。而广西等西南各偏僻落后的边陲省份的许多少数民族尚处于没有文字的社会阶段，少数民族民众更加难以读懂佛教的经文，也就更加难以理解和吸收佛教文化。相比而言，虽然广西本土的民族传统文化在后世的发展中吸收有佛教的因素，但道教的因素更多。

虽然道教、佛教和本土民间原始信仰的内容不同，“不同种类的信仰有时相互冲突，并且造成了很不相同的仪式，但是在同时从事几种不同类型的祭仪时，汉代人并没有觉得有什么困难。”吕洪年说：“中国是个多神崇拜的国家。大约因为神灵太多，一心一意虔诚信奉者反而不多。对神灵的崇拜往往取一种实用主义的态度，以致在总体上只能说处于‘半信半不信’的状态。‘宁可信其有，不可信其无。’似乎也信了，却又表示很超脱。这种状况可以追溯到原始崇拜的宽泛和复杂，但不管怎样，这种对神‘半信半不信’的特点，一直影响着中国人的生活习俗和行为取向。”费孝通先生也说：“我们对鬼神也很实际，供奉他们为的是风调雨顺，为的是免灾逃祸。我们的祭祀很有点像请客、疏通、贿赂。我们的祈祷是许愿、哀乞。鬼神在我们是权力，不是理想；是财源，不是公道。”

对于汉代人来说，不同来源的信仰能给他们不同的慰藉和畅想。基于趋利避害、致福避祸的现实主义和追求幸福的理想，汉代人对不同的宗教善于吸收对己有利的部分。

d. 越人原始神灵崇拜

广西乃至整个南越地区从新石器时代后一直到秦代，长期处于刀耕火种、原始及半原始社会的落后状况，在秦始皇统一岭南、汉武帝在岭南设置郡县后这种状况开始有所改变。而一直到近代，广西西部仍有某些交通不便的地方处于生产技术、社会文化都比较落后的半原始社会状态。这种社会状况的神灵崇拜特点是具有较多的原始社会特征，具有多神崇拜和自然崇拜的特点。

壮族是广西人口最多的少数民族。壮族名称的出现是在1965年，其先民主要是古代南方的越人中的西瓯和骆越部族，在商周时期就创造了刻划文字符号，后参考汉字构形，到唐代初步形成壮文字。而秦代始皇帝统一岭南以后，推行“书同文”政策，加上汉代中原先进汉文化的传入，岭南地区的社会经济、社会制度发生了巨大变革，越人认汉字，读汉书，说汉话，用汉姓。古老的骆越文字仅传于极少的资料中，仅在民间保留了一些模糊的记忆，在现实应用上逐步退出，被汉字所取代，成为一种死文字，因而基于汉代的文字记录较少。从现有的资料看，划分很清晰的古代年限有难度。对于广西本土的原始神灵崇拜，直至中华人民共和国成立前很少有人研究。20世纪30年代，作家田曙岚有过记录；1935年4月13日《南宁民国日报》有过记载；1949年2月17日《广西日报》（桂林版）也有记载。总的来说研究不多，改革开放以后才大量出现这方面的研究成果。

神灵崇拜包括人类早期的自然崇拜、图腾崇拜、祖先崇拜、生殖崇拜等。吕洪年认为中国民间的神灵崇拜可分为几个阶段或形态，图腾崇拜是自然崇拜的发展。学术界也多认为自然崇拜可演变为图腾崇拜。按班固《汉书》所述，汉代百越族群处于“相习以鼻饮，与禽兽无异”“皆人丛薄中与禽兽处”“不知有父母”的半原始社会状况，无详细的文字记载。图腾虽产生于母系氏族社会时期，但无论是在后来的部落联盟时期，还是在后来的农耕文化时期，其在文化、艺术等方面都产生着影响。图腾崇拜也为研究各民族的艺术起源提供了具体的例证，是研究一个民族的审美意识、审美情趣的具体资料。对于壮族图腾的研究现已经有较多的文献成果，因而，考证古代越人的神灵崇拜可先从图腾崇拜入手。

黄现璠、黄增庆、张一民编著的《壮族通史》通过对图腾的描述，对壮族的神灵崇拜做了以下叙述：“广西壮族某些地区，民间传说蚂蜗是天上的儿子，可以预告晴雨。解放前，宁明、崇左、扶绥等县有此种传说，因此这带地方的人们把蚂蜗、蟾蜍当作图腾崇拜。……云南文山古代的壮族以乌鸦为图腾……广西壮族的《蛇郎》传说故事，说的是一位年轻英俊的小伙子，在一位老人及其女儿将被老虎吃噬的时刻，挺身而出与猛虎搏斗，将老虎打死，救出了老人一家，这样他们就认为蛇郎是他们的保护神，便以蛇郎为崇拜的图腾。总之，古代壮族的图腾崇拜，各地方不尽相同，一个图腾崇拜物，不能被整个民族都作为图腾。”这段文字说明了壮族神灵崇拜具有多神崇拜、图腾崇拜特点。

周作秋、黄绍清、欧阳若修、曾庆全编著的《壮族文学史》也从图腾的角度描述了壮族神灵崇拜的一些特点：“壮族先民最初的图腾很多，不同的氏族有不同的图腾。从所搜集到的资料来看，如鸟、鸡、蛇、青蛙等等，都曾经被某些支系当作图腾来崇拜过。后来，大概是因为崇拜青蛙这一支系强盛起来并取得了支配地位，青蛙（包括蟾蜍在内）遂发展成为大家所承认的全民族的标志……正因为如此，作为壮民族图腾的青蛙，才被推崇到无比神圣的地位，人们不仅把它的形象浮雕式地铸在象征着权力的铜鼓上面，而且因它而立下许多禁忌，为它编歌传唱，每年还为它举行盛大的祭典。”《布伯》是流传于壮族地区的神话传说，以散文体在壮族民间口头流传，有多个标题，有的称《盘古》，有的叫《洪水的故事》，有的说《雷公的传说》，有的题为《伏依（或伏羲）兄妹》，等等。《壮族文学史》进一步描述：“在《布伯》这个神话里，布伯与雷王的斗争，不仅包含着人与自然的斗争，而且也掺有体现氏族之间的斗争，即崇奉鸟图腾的殷商和楚民族，联合了虎图腾和龙图腾的氏族组成的氏族部落联盟，向崇奉蛟龙（亦有理解为鳄鱼，壮话叫‘图额’）图腾的布伯这个氏族或氏族部落发动战争，而布伯这个氏族或氏族部落奋起抵抗，后以惨败告终。又如流行在东兰、凤山一带的《蚂蚜歌》，它叙说青蛙从天上下来帮助‘王’去打仗，把在‘西南’‘四川’‘外国’等地的敌人都打败了，立下了赫赫战功。可是，‘王’背信弃义，非但不实践他原来许愿的若青蛙获胜就将自己的女儿嫁给它的诺言，反而把青蛙脱下的蛙皮烧成灰，置青蛙于死地……这也是反映了崇奉蛙图腾的氏族与别个氏族部落的斗争。”

从这些有关图腾的描述，可以看出壮族先民由多个氏族部落组成，各部落崇拜的神灵各不一样，具有各部落多神并存的特点，并且相互之间经常发生斗争。

《壮族百科辞典》也从壮族图腾的角度阐述了壮族多神崇拜的事实。它写道：“从出土的和收藏的铜鼓上面的纹饰、浮雕以及民间故事、传说、歌谣来看，壮族崇拜的图腾有乌鸦、蛇、鸡、牛、鳄、青蛙等等，各地不尽相同。部分学者认为，壮族的一些姓氏，即来源于图腾。壮族姓氏虽与汉族的一样，然此乃借用汉字，其含义是不同的。如‘莫’姓乃黄牛氏族，‘陆’姓乃鸟氏族，‘潘’姓乃游猎氏族，‘区’姓乃蛙氏族，‘韦’姓乃水牛氏族，等等。”

袁少芬在《略论当代壮族特点》一文中指出，至今在壮族人中还存在多神崇拜，“有深刻的图腾崇拜观念，各地信仰的图腾很多，如雷王、蛙、蛇、牛、狗、鳄鱼等”。

梁庭望编著的《壮族风俗志》也从图腾角度说明了壮族先民神灵崇拜的多神特点：“壮人曾经崇拜过的图腾天象方面有太阳、月亮、星星、云彩、雷电、雾霭、暴雨等；动物最多，有鳄鱼、蛇、野鸡、鸟类、犬、蛙类、牛、犀牛、熊、虎、鹿、猴等；植物有森林、榕树、竹、木棉以及其他怪树；其他还有怪山、山泉、伏流、河流、深潭等。”

梁庭望在《“12”与壮侗语诸族的关系》一文中，根据壮族民间流传的神话传说和创世史诗《摩兵布洛陀》把天地分为12国，由祖先神布洛陀的子女号称12王分别掌管，从图腾的角度说明了壮族先人神灵崇拜的多神特征。这12种图腾是“鸟图腾、蛙图腾、水牛图腾、黄牛图腾、蛟龙图腾、鱼图腾、马蜂图腾、羊图腾、竹图腾、森林图腾（又称虎图腾）、黄（土地）图腾、潭图腾”。

此外，吴伟峰、梁旭达、凌树东、何新亮等人也都从图腾的角度说明了壮族先民原始神灵崇拜的多神特征，指出这些崇拜的对象有鳄鱼、鸡、鸟、蛙、牛、狗、蛇、鱼等。丘振声对壮族图腾成果做了里程碑式的学术整理，指出了壮族图腾崇拜的多样性，也说明了壮族先民原始神灵崇拜的多神特征。壮族先民原始神灵崇拜的这些特征，和世界各民族原始神灵崇拜的阶段特点是共同的。吕洪年把原始神灵崇拜划分为自然崇拜、图腾崇拜、生殖崇拜、祖先崇拜、鬼神崇拜几个阶段。

壮族的图腾崇拜从原生态角度说明了原始先民多神崇拜的特点。随着秦始皇统一岭南后设置郡县，汉代海上丝绸之路的开辟，中原先进汉文化的传入，岭南地区的社会经济、社会制度发生了巨大变革，壮族先民的原生态神灵崇拜也越来越多地打上了汉文化的烙印，特别是道教文化的影响尤为深刻。曾经信奉的原始先民的神灵崇拜或者被改写，或者被道教体系内的神灵所取代。

东汉顺帝（公元125—144年在位）时，张道陵在四川鹤鸣山创立五斗米道，所设教区覆盖云南西北部及川西等地，其中覆盖了许多少数民族聚集区。五斗米道创立不久便遭到中原王朝的挟制而被迫南迁。道教和西南地区少数民族原始神灵崇拜由于相通的因素较多，两者极易结合在一起。不仅仅是壮族的原始信仰受到了道教的影响和改写，其他少数民族也多是如此。

瑶族在广西是人数仅次于壮族的第二大少数民族，其原始信仰是自然的多神信仰，有自然崇拜、图腾崇拜、神灵崇拜和祖先崇拜等。道教渗入以后，瑶族民众既信仰原始巫教，又信仰道教，巫道结合，其信仰的主体和核心是经道教元素改写过的盘王崇拜。巫术在瑶族民间广泛存在，巫师成为神与瑶族民众之间的沟通者。瑶族信奉的道教派系为正一派，重视符箓禁咒、修斋打醮。在祖先崇拜的信仰主体和核心构成的信仰体系下，瑶族民间信仰所崇拜的神灵非常丰富，难以计数，其是一个多神崇拜的民族。各类神祇可先分为天神、地祇、人神几个大类。天神包括日神、月神、风神、雷神等；地神则是指山神、水神、树神、动物神、土地神、灶王神等；天神、地神具有浓厚的自然崇拜特点；人神则包括祖宗神、巫道神、祖师神等在内的诸神。这些众多的神祇共同构成了瑶族民间信仰的神灵体系。

4. 海上丝绸之路的开辟与汉文化的传播

汉代中原文化传入广西，是以人员的迁徙流动和商业贸易的流通，经由海上丝绸之路的内陆沿线传播到广西的。秦始皇统一六国后即把眼光投向岭南地区，派遣赵佗等率军统一岭南地区。秦统一岭南之战初期极为艰难，秦始皇意识到必须开通水运解决军队后勤补给问题。始皇帝三十三年（公元前214年），灵渠凿成，军队后勤运输补给问题得到解决，秦王朝迅速统一了岭南。秦王朝在岭南设立桂林、南海、象郡三郡，广西地区至此在中央政府辖下，东部及沿海地区大部属于桂林、象郡两郡。公元前111年，汉武帝派军队平定趁秦末中原大乱之机独立于中央政府的南越国，设立南海、苍梧、郁林、合浦、交趾、九真、日南、珠崖、儋耳九郡，把岭南百越地区直接置于中央政府辖下。其中属于今天越南北部的交趾、九真、日南三郡，自明代后不再属于中国中央政府管辖。

秦代灵渠的凿成，不仅便利了军队运输物资，也为在岭南地区创置郡县、移民拓殖西江流域的沿岸平原创造了良好的基础交通条件，并直接促成了汉代海上丝绸之路的开通。在当时的交通技术条件下，内陆物资从中原长安入沔水，跨洞庭，溯湘江，越灵渠，沿桂江转浔江，沿北流河逆流而上，到郁林郡境内跨越13公里的陆路进入南流江，顺流而下到达海边的合浦港，从合浦港出北部湾进入东南亚海洋，直至西亚。此线路是当时海上丝绸之路最为便捷的内陆出海通道。汉武帝在此沿线设置郡县，派遣中原汉族官僚进行直接管辖。汉王朝沿袭南越国“和辑百越”的政策，“以其故俗治，赋税”，大批中原汉族人或任职为官、或征战后留守、或迁居岭南“与越杂处”、或经商等而定居岭南。与此同时，随着水路交通的通畅和岭南社会的安定，中原汉族人不断迁居岭南，带来了先进的中原文化，促进了广西地区的开发，汉文化的传播也更加广泛、深入，古代广西地区由此日益封建化。中原的先进汉文化以空前的广度和深度传入并散布广西各个地区，成为广西东部、东南部等地区文化的主体，原生的瓯骆本土文化也融入了不少汉文化。

汉文化是在继承传统文化基础之上，不断吸收周边其他民族文化的优良成分，不断丰富、充实、提高、发展而形成的先进文化。两汉时期，汉文化对广西本土文化的影响不仅体现在物质层面，更是逐步进入了本土精神文化的深层结构中，并使后者发生了质的变化。

大规模的汉人迁入，最先为秦始皇在广西的三次派遣驻军。三次派遣驻军在《史记》《淮南子》《后汉书》等都有记录。清代屈大均曾评价秦始皇派驻军队在岭南地区：“自秦始皇发诸尝逋亡人、赘婿、贾人略取扬越，以谪徙民与越杂处。又适（谪）治狱吏不直者，筑南方越地。又以一军处番禺之都，一军戍台山之塞，而任嚣、尉佗所将率楼船士十余万，其后皆家于越，生长子孙，故嚣谓佗曰，颇有中国人相辅。今粤人大抵皆中国种，自秦汉以来，日滋月盛，不失中州清淑之气，其真𪕀发文身越人，则今之徭、僮、平鬃、狼、黎、岐、蛋诸族是也。夫以中国之人实方外，变其蛮俗，此始皇之大功也。……盖越至始皇而一变，至汉武而再变，中国之人，得蒙富教于兹土，以至今日，其可以不知所自乎哉？”广西是岭南地区的一部分，屈大均的评价部分说出了秦始皇在广西派驻军队对当地民族文化的促进意义。

两汉时期迁入广西的移民也是汉文化传入广西的载体。汉武帝为了改变边远地区落后的面貌，实行了“移民实边”政策，进行了移民“开九郡”。此外，将犯人流放到边远地区是中国封建王朝一贯的政策，这些流放到广西的犯人也带来了汉文化。《三国志》记载了东吴薛综上疏孙权的建议：“昔帝舜南巡，卒于苍梧。秦置桂林、南海、象郡，然则四国之内属也，有自来矣。赵佗起番禺，怀服百越之君，珠官之南是也。汉武帝诛吕嘉，开九郡，设交趾刺史以镇监之。山川长远，习俗不齐，言语同异，重译乃通，民如禽兽，长幼无别，椎结徒跣，贯头左衽，长吏之设，虽有若无。自斯以来，颇徙中国罪人杂居其间，稍使学书，粗知言语，使驿往来，观见礼化……”这段薛综的建议清楚地描述了汉武帝以来中央政府迁徙、流放罪人到越地以改变当地文化落后状况的政策。

南朝时期范晔著《后汉书·南蛮西南夷列传》记载：“光武中兴，锡光为交趾，任延守九真，于是教其耕稼，制为冠履，初设媒娉，始知姻娶，建立学校，导之礼义。”中原汉族移民南迁，“使杂居其间，乃稍知语言，渐见礼化”，记录了当时先进的中原汉文化在精神层面已经逐渐深入瓯骆文化当中。

合浦县城现今许多居民的祖先是从福建迁入。在封建时代合浦是流放犯人的地方，《汉书》《后汉书》《资治通鉴》等文献内都有“徙合浦”的记录。其地理位置之偏远，宋代苏轼被流放至此时曾有“天涯海角”的慨叹。汉代合浦郡的海港是海上丝绸之路的重要港口。“合浦”因其地理特点而得名，意为江河汇集入海的地方。当时的合浦郡管辖境域宽广，包括今天广东西南部的雷州、徐闻、阳江、阳春、电白、化州、吴川、新兴、开平，海南北部的琼山，广西东南部的容县、玉林、博白、北流、陆川、钦州、灵山、浦北、合浦、北海等县市。郡治所在地合浦县境则相当于今天的广东廉江和广西防城港、钦州、灵山、横州、浦北、北海、博白、北流、容县、陆川、玉林、邕宁的一部分或全部。后来汉武帝在全国设立十三刺史部时，将包括合浦、交趾在内的7个郡分为交趾刺史部，后世称为“交州”。东汉班固著的《汉书·地理志》记载：“合浦郡，武帝元鼎六年开，莽曰恒合，属交州，户万五千三百九十八，口七万八千九百八十。县五：徐闻、高凉、合浦、临允、朱卢。”合浦、九真等郡的设置，确立了中央政府对瓯骆沿海地区的主权管辖，为该地区的经济文化发展奠定了基础。

经文献调查和考古资料实证，当时的合浦是整个广西沿海地区经济最繁荣、文化最发达的县城，其在海上丝绸之路上的重要性在当时中国南方不亚于南海郡治所在地番禺，即现在的广州。合浦的南流江下游形成冲积平原，土地肥沃便于耕种，农业发展繁荣。考古文献资料证实，合浦汉墓出土了大量的粮仓模型，有陶仓、铜仓、滑石囷等。虽然无法考察当时的粮食产量，但是从合浦的地理环境、出土陶仓的数量、陶仓设计形式的多样和考究，可以推断县城周边粮食产量不低。合浦汉墓还有大量的陶厕、陶猪圈出土，此外，还有陶猪、陶牛、陶狗、陶鸡、陶鸭等模型，说明在汉代当地人已经懂得利用人和家禽、畜的粪便作为肥料。合浦汉墓还出土了陶井，上有盖子或凉亭，说明已经会利用地下水资源。此外还有锄、铲、凿等铁制生产工具出土，说明农业技术有了相当的发展。

农业的发展为手工业生产提供了物质基础，大批汉人从中原迁入也带来了先进的技术。汉代合浦郡的手工业有纺织业、制陶业、漆器业、冶铸业等，经考古学考证，这些手工业都有一段繁荣发展的时期。制陶手工业的水平较高，除房屋、灶、井等模板合制外，还掌握了轮制方法。器物的形状规整，表面光滑，或素面或刻几何纹样。除了常规的造型，还有颇具地方特色的“四联罐”“五联罐”，带盖凹形钮的“四耳罐”“五耳罐”。部分陶器上有青黄色的釉面。陶制器物类型多样。纺织品和漆器也有较多的地下遗物被发现。冶铸业以青铜业为代表，用铜、锡、铅三种金属元素冶炼成铜器，发展出了有特色的錾刻花纹铜器。

广西地区河流两侧平原大多狭长，以丘陵山地为主。从北部湾沿岸出发可直接与东南亚各国交往，进入内陆河道有南流江连接漓江、湘江、珠江水系进入中原水运网络。南流江水系流经合浦郡境入海形成的多个入海口，组成了极为便捷的出海水路系统，海上贸易发达。合浦港因为采珠、珠市贸易的拉动，港口功能早趋完备，又有以南流江为纽带而组成的出海通道水运网络，成为古代中国南方地区除番禺（今广州）外，唯一有内陆水路直通大海的港口要地，为瓯骆沿海地区较早吸收海外文化因素提供了地理上的优势。合浦成为我国同东南亚各国人民友好往来和进行贸易的重要港口，是汉代海上丝绸之路的重要始发港，与海外交流频繁。

合浦港作为有内陆水运系统支持的南方海港，以优越便利的交通条件成为汉代海上丝绸之路最重要的始发港。合浦郡通过北部湾与通往西亚、非洲和欧洲的航线相接，与北方内陆丝绸之路遥相呼应，和东南亚、南亚、欧洲等地直接或间接进行贸易，促进了经济的发展。今天越南北部的河内市所在的交趾郡，以及今天福建泉州等地所在的闽中郡等地，虽有内陆河流出海但未能像凿通灵渠那样形成便捷的连接内陆的水运系统，因而在当时未成为主要物资出海港口。具备同样便利水陆条件的只有番禺，因而两汉时期番禺也是海上丝绸之路始发港之一。古代由于造船技术的原因，航海船只能近岸航行，由于合浦港的地理位置，因而在当时海上丝绸之路贸易线上的重要性不亚于番禺。合浦县城附近大规模的汉墓发掘，大量的汉代文物出土，证实了海上丝绸之路的存在及合浦港在当时的重要作用。

《汉书·地理志》（卷二十八）“粤地”条记载：

“自日南（今越南中部）障塞（今越南顺化灵江口）、徐闻（今广东徐闻）、合浦（今广西合浦）船行可五月，有都元国（今苏门答腊）；又船行可四月，有邑卢没国（今缅甸勃固附近）；又船行可二十余日，有谌离国（今缅甸伊洛瓦底江沿岸）；步行可十余日，有夫甘都卢国（今缅甸伊洛瓦底江中游卑谬附近）。自夫甘都卢国船行可二月余，有黄支国（今印度康契普腊姆），民俗略与珠崖相类。其州广大，户口多，多异物，自武帝以来皆献见。有译长，属黄门，与应募者俱入海市明珠、璧流离、奇石异物，赍黄金杂缯而往。所至国皆禀食为耦，蛮夷贾船，转送致之。亦利交易，剽杀人。又苦逢风波溺死，不者数年来还，大珠至围二寸以下。平帝元始中，王莽辅政，欲躍威德，厚遗黄支王，令遣使献生犀牛。自黄支船行可八月，到皮宗（今马来半岛克拉地峡的帕克强河口）；船行可一二月，到日南、象林（今越南广南潍川南）界云。黄支之南，有已程不国（今斯里兰卡），汉之译使自此还矣。”

这段文字记载了汉武帝时有一支官方的由“黄门”率领的船队，包括一些“应募者”，携带大批黄金和丝织品，从合浦郡的徐闻、合浦港出发，经今天的泰国、马来西亚、缅甸，远航到印度洋的印度半岛南部的黄支国去换取“明珠、璧流离、奇石异物”等物，然后从今天的斯里兰卡途经新加坡返航。它说明早在汉武帝时，瓯骆沿海的合浦已经是海上贸易的重要港口。可见西汉时期，随着海上丝绸之路的开辟，当时合浦、徐闻已经成为中国海上丝绸之路的重要海港，尤其是合浦，作为两汉时合浦郡治所在地、古代中西文化交流桥梁的海上丝绸之路的始发港，与东南亚、南亚等地交流频繁。在合浦汉墓中出土了大量的琉璃、玛瑙、琥珀、水晶，另外还有金珠、香料等物，据对这些遗物的分析，其产地或工艺均不在北部湾地区和中原，而是舶来品，又一次佐证了合浦港是中国古代最早的海上丝绸之路的始发港，也是研究我国海外贸易史不可或缺的资料。在望牛岭还出土了2件金饼，分别雕刻有“大”“阮”字样，可能是作为海上船货交易进行支付的货币，反映了合浦汉代时海外贸易的繁荣。

汉代合浦经济的繁荣，得益于其地理环境条件。南流江下游的冲积平原为其发展农业提供了良好的土地，农业的发展为其他经济的发展提供了物质基础。优良的港口，便利完整的与中原连接的内陆水运系统，带动了经贸的发展。中央政府对岭南百越地区的开发，中原移民也带来了先进的技术。唐代以后，由于航海和造船技术的发展，合浦港在海上丝绸之路中的重要性逐渐下降，至宋代后几乎废止。相对后世发展起来的中国南方沿海地域诸多港口城市，用人类学的视野来看，包括合浦在内的整个瓯骆沿海地区在漫长的历史中经济文化长期停滞不前，似乎成了漫漫历史中的“他者”。直至今天，广西的经济、文化等各方面仍落后于东部沿海地区，此现象值得人们对历史进行反思。

两汉时期对于合浦等丝绸之路要点的开发和经营，海上丝绸之路的开辟，使广西成为古代中国和东南亚、欧洲、非洲等地开展贸易的重要桥梁之一，形成了多文化的交融，维护了边疆地区的稳定，促进了多民族国家的统一。当时合浦是一座有内河依托、内联中原、外通西亚、商贸兴旺、人口稠密、繁荣昌盛的海港城市。

中原地区先进的技术传进广西地区，促进了农业、手工艺的发展，促进了社会经济的发展。汉文化以空前的深度和广度传入并成为广西东部、南部等地区文化的主体，面貌与中原文化渐趋一致。广西西部海上丝绸之路内陆水运没有经过的地区仍长期未得到开发，原生文化直至今天在许多地方依然存在。整个广西的地域特色也未消失，瓯骆本土文化的传承仍在持续。出土的汉陶器和铜器在器型及纹饰上虽以中原风格为主，但具有浓厚的地域特色。早期瓯骆文化的几何印纹陶器在这个时期仍是汉代出土器物中较具地方特色的器类，广泛分布于广西沿海地区。器型、纹饰传承明显，在合浦几乎所有汉墓中均可看到几何印纹陶器。在合浦出土的汉墓中还出现了干栏式结构的陶屋、陶仓等明器。干栏式结构建筑根据西南地区天气湿热的特点而设计，被广泛应用于西南各少数民族民居，具有透风防潮的特点及鲜明的地方特色。原生的瓯骆文化在先进的中原汉文化的冲击下逐渐式微，成为中华文化共同体的一部分，但仍保留着自己的地方特色。

5. 与地中海玻璃出产国的对比研究

今天的我国广西和越南北部，在其汉墓中发现了不少古代玻璃制品，一定程度上反映了当地的经济发展状况。对广西合浦汉墓中发现的玻璃珠、玻璃璧、玻璃耳珰、玻璃杯盘碗等玻璃制品，学者认为有不同的来源。经检测分析，其中有我国出产的铅钡玻璃和铅玻璃，也有经西亚传入、产于地中海沿岸的钠钙玻璃和钠钙铅玻璃。著名考古学家宿白说："最晚于公元前后，我国南方海港及其附近已有可能效仿罗马玻璃制造出压模玻璃器皿"。

和汉王朝同一时期，在地中海崛起的另一个超级大国——罗马帝国也取得了令人瞩目的文化成就，而且人类历史上的这两大帝国有诸多的共同之处。从公元前200年左右到公元200年左右，罗马经历了共和国晚期、朱里亚·克劳狄王朝、弗拉维王朝和安敦尼王朝四个时代，汉朝则经历了西汉和东汉两个时代。汉王朝与罗马帝国虽都先后灭亡，其文化都被后世所继承，但两者不同的是，古罗马文化发展成为西方现代文明的基础之一，汉文化却没有自然地发展成为现代文化，直到近代在西方列强的坚船利炮下才被迫走上了现代发展的道路。现今屹立于世界的两大国——中国和美国，则分别继承了汉文化和古罗马文化。东西方两种文化的发展路径有其复杂的原因，由于罗马帝国和中国汉王朝分别在欧洲文化和中国文化成型时期具有重要性，因此，与古代罗马文化相对比，客观分析汉文化乃至少数民族地域文化，进行"文明的互鉴"，对于当代民族文化的发展来说是有借鉴价值的。

汉代是中国历史上文化成就较高的时代，汉文化传入广西，也在广西地域内创造了颇有特色的装饰文化成就。但是在汉代以后，随着广西在海上丝绸之路中的地位衰落以及社会政治原因，广西地区的文化发展减速，直至民国时代再无汉代海上丝绸之路开辟时期的发展速度。汉代以后广西地区也没有进行更多的对外文化交流。这种民族、地域文化在世界文化发展历史中近似于“他者”的现象，与海上丝绸之路之广西路线的衰落有直接的关系，也与古代政治、文化的特质有一定的关系。

汉王朝和罗马帝国在晚期之前都没有形成普世性的宗教。罗马帝国最早的是万物有灵论的多神崇拜，在基督教之前被希腊神话宗教所影响和同化。汉代信仰与楚人巫祀有着一定的承继关联，儒学成为主体文化后又形成谶纬神学和道家的神仙系统相互交织。因此，汉代和罗马两者精神信仰的多神交混特征倒是有相似之处。汉帝国与罗马帝国两国的疆域面积相近。汉朝在公元前206年建立，当时的疆域面积约200万平方公里，其中藩国以外，中央政府实际控制的约一半。后经过“削藩”以及汉武帝的扩张，到公元前1世纪，汉帝国实际控制的疆域面积扩张了一倍多，达560万平方公里左右，是当时世界上面积最大的国家。东汉时期，汉朝对西域的控制下降，面积略为缩小，疆域在世界上仍排名前列。

罗马共和国从公元前264年开始向地中海扩张，发动了布匿战争、马其顿战争和叙利亚战争等，逐渐将地中海变成了内海。到公元前1世纪，罗马共和国已经拥有10多个行省，成为面积仅次于汉帝国的庞大国家。到帝国时代，罗马的疆域进一步扩张，陆地面积达到了500万平方公里，海域面积更加可观，总体超越汉朝成为世界面积最大的国家。图拉真时代的罗马帝国征服了两河流域，面积达到600万平方公里，被认为是罗马帝国疆域的巅峰时期。

总体而言，汉朝在西汉时期的疆域面积为世界第一，罗马帝国在东汉时期为世界第一。两国在疆域面积上不相上下，不过罗马拥有的海域面积是汉朝无法比拟的，汉帝国属于大陆文化国家，而罗马帝国属于海洋文化国家。地中海是罗马帝国内部交通的“内湖”，而汉帝国虽然开辟了海上丝绸之路进行对外贸易交流，但管辖仅限于陆地而没有对海域实施管治。

在政治体制上，汉帝国建立的是高度集中的中央集权和君主专制体制，君权至高无上且有专一的皇族，中央对地方郡、藩国的控制不断加强。中央政府设置了“三公九卿”“内外朝”，实行高官辅佐的君主独裁制度。罗马在共和国时代实行的是贵族民主制。国家最高权力掌握在元老院，而公民大会对元老院的决议有表决权。最高行政权掌握在执政官手中，执政官由选举产生。转变为帝制后，罗马帝国最高权力掌握在皇帝手中，元老院成为行政机构。但是罗马帝国皇帝的权力并非是无限的，仍有诸多限制，不如汉帝国的皇帝们有绝对的生杀予夺的权力，而且罗马帝国没有专一的皇族，从法律角度来说任何有能力的人担任皇帝都是合法的。罗马的法律有至高无上的权威，就连皇帝也必须服从，而汉朝的法律是维护皇帝统治的工具，对皇帝没有约束力。罗马帝国的法律比较完善，私法发达，对于维护个人的财产、解决个人纠纷有非常详尽的法律规范。汉帝国的法律主要是公法而没有私法，汉朝政府没有严谨的司法制度，行政长官同时兼任军事首长和司法审判官，审批过程人治主观色彩明显，而罗马帝国的司法制度健全，有律师制度，讲究证据。罗马帝国建立了西方法律制度的基础，目前全世界的法律仍在不同程度上学习、借鉴罗马帝国法律。

在经济方面，汉帝国历史上就是农耕文明国家，农业发达，有较高的农业文明成就。汉朝时期，中国的粮食产量位居世界第一，汉朝在初期就养活了1000万左右人口，到了西汉末期农业养活的人口达到6000万左右，位居世界第一。东汉的人口也有6000万左右。汉代国内形成几个自足分布的经济区，司马迁将全国分为山西、山东、江南和龙门碣石以北四大经济区，各大经济区的粮食自给自足。

在工商业方面，汉朝初期实行休养生息和尽少扰民的政策，汉武帝建立了以首都长安为中心的商业圈，工商业曾一度繁荣。但是到了汉武帝后期，为应对武力扩张带来的巨额国家财政开支，推行了“盐铁专卖”和“算缗”政策，工商业发展受到严重打击，大量的商人、私营作坊破产。汉武帝之后工商业发展虽然有所恢复，但是由于战争、重农抑商、国家垄断工艺作坊的经营等影响，使得工商业的发展始终无法达到汉初强盛时的水平。不过汉帝国开通了陆地和海洋两条丝绸之路，加强了中西经济文化的交流，在商业贸易上仍有一定的成就。在一些手工业技术方面，例如纺织、陶瓷制作、钢铁冶炼方面拥有世界领先水平的技术。

罗马帝国的农业和工商业都比较繁荣。罗马帝国的农业在耕作技术上并没有汉帝国精细，但由于征服了埃及，其拥有尼罗河中下游的肥沃土地，不需要精耕细作就能够高产粮食，源源不断地供给罗马。占据的西班牙和意大利本土广泛种植经济作物，为工商业繁荣提供了条件。罗马帝国繁荣时期人口也达到了6000万。罗马帝国形成分工性经济区域，粮食主要靠西西里、北非的埃及等地供应，其中部以产葡萄、橄榄等经济作物为主，南部则以畜牧业著称，这种分工性经济区域客观上促进了商业贸易的发展。

罗马帝国工商业全面领先于世界。罗马帝国的陶器、呢绒、橄榄油、葡萄酒、玻璃器皿等在世界上非常具有竞争力。其中先进的毛纺织工艺足以傲视世界，是最为发达的手工业。罗马帝国虽然没有古代中国引以为傲的瓷器制造技术，却拥有十分发达的玻璃制造产业，廉价的玻璃器皿成为陶瓷和金属器物的重要竞争产品，并通过海上贸易经西亚、印度流入中国。罗马帝国还拥有内海地中海，商业贸易交通十分便利。

总体而言，汉帝国与罗马帝国经济上不相上下，汉帝国的农业更为发达，而罗马帝国的工商业更加繁荣。汉帝国采取的“重农抑商”政策自大一统的国家建立后便为历代统治者所采用，始终贯穿于整个古代中国封建历史的历朝历代。而罗马从共和时代到帝国时代，始终没有压制、限制过某个行业的发展。

汉代的文学艺术具有大一统时代的恢宏气度，出现了辞藻华丽、风格恢宏靡丽铺张扬厉的汉赋；在史学方面，出现了司马迁和班固等伟大的史学家；在医学方面，出现了张仲景、华佗这样的“神医”；在科学方面，出现了张衡等。但是由于受到“罢黜百家，独尊儒术”的影响，思想文化的自由发展被限制，汉代中后期逐渐走向谶纬神学、宗教神论。

汉代文学的主要代表是汉赋和汉乐府诗歌，此外还有散文、传记文学等。小说与戏剧也得到一定的发展，文学批评也有发展。罗马的文学体裁则十分丰富，在诗歌方面，有维吉尔、贺拉斯、奥维德、卢肯这样的大师级别人物；在散文方面，西塞罗确立的拉丁语文学语言“准确、流畅、清新、雄浑”的原则，成为欧洲诸民族散文的楷模；在戏剧方面，出现了普劳图斯、泰伦提乌斯等大家，他们的作品一直影响到近代；在小说方面，出现了《金驴记》《萨蒂里卡》等著名的长篇小说。而中国“小说”字样最先出现在《庄子》的《外物》篇，汉代班固在《汉书·艺文志》中共列小说15家、1380篇，但都是以短文为主，到明清才出现长篇小说。在史学方面，汉代史学成就在中国历史上堪为圭臬，出现了《史记》《汉书》两部不朽的史学名著。司马迁等杰出的史著编写者的“究天人之际，通古今之变，成一家之言”的创作宗旨，使其他史著黯然失色。而罗马则出现了凯撒的《高卢战记》、撒路斯提乌斯的《喀提林阴谋》和《朱古特战争史》，李维开创了欧洲通史体例的《罗马建城以来的历史》、塔西坨的《罗马史》、普鲁塔克的《希腊罗马名人传》、阿庇安的24卷《罗马史》、苏托尼厄斯的《罗马十二帝王传》等作品。罗马史学的成就未必能够高于《史记》与《汉书》，但其丰富性超过了中国史学。

在思想哲学方面，罗马全面继承了古希腊的思想文化成就，有斯多葛派、犬儒学派、后柏拉图主义和基督教神学等思想学派。而汉帝国整合了春秋以来形成的百家流派，确立了以儒学为主体的思想学派，因而从哲学思想学派的丰富性来说，提倡“独尊儒术”的汉帝国不及罗马帝国，也不如分裂的春秋战国时期的思想流派丰富。从思想的理论层面来说，儒学和斯多葛学派都是以理论为基础，但斯多葛学派主要的原子论、逻各斯观点、人本主义及世界主义观点，其思辨性是强调经学、道德，服务于君主统治的儒家学派难以达到的。斯多葛学派把财富、地位、苦乐的感受都视为虚空，坚持努力奋斗为全人类谋取幸福的观点，和儒家“天下大同”的社会理想有共通性，在今天仍具有先进性，但儒家“天下大同”的社会理想实际上是一个阶级矛盾下想象的和谐社会，并没有提出具体可实现的措施。

汉武帝时期确立的儒学思想主导了中国两千年，对于国家的大一统和家国情怀的培养有不可忽视的贡献。但儒家思想以伦理为本，注重人的自身修养，注重人与人之间关系的和谐，所主张的“天人合一”“阴阳五行”是一个模糊的解释，缺乏科学的实证。儒家以“三纲五常”为核心的社会伦理，维护了封建制度的等级和秩序观念，但也压制了思想开放，导致思想僵化和缺乏思辨思维，阻碍了科学思想的产生和发展。政府“重农抑商”政策的实施，阻碍了市场经济的发展，使科学技术发展丧失了原动力，因此有国外学者的偏颇观点认为儒家思想对中国古代科学的发展毫无贡献。

在科学方面，中国汉代与罗马时代都是科学技术大发展的时代。中国汉代出现了张衡、张仲景等大家，他们的论著主要在技术运用、经验积累方面具有优势。罗马出现了地心学说的集大成者托勒密，开创了解剖学且在数学、哲学和逻辑学方面也颇有造诣的加仑，耗费一生精力写下37卷百科全书《自然史》的老普林尼。罗马的科学理论被运用在了冶金、建筑、纺织和农业等领域，出现了《农业论》《测地术》《机械术》《论建筑》等诸多学科的科学著作。汉帝国的科学在某些领域具有优势，但罗马的科学发展比汉王朝更为全面。

两者相对比，虽然在以后的发展中是否能够首先发展为现代社会有复杂的原因，不能简单下结论，但汉王朝在君主专制的政治体制下推行重农抑商、独尊儒术，学术研究脱离科学，钻进了经学、神学的死胡同，忽视科学与思辨精神的研究态度影响到后世是一个比较明显的原因，使得古代汉文化迟迟没有能够进入到发展现代科学的进程。而罗马帝国虽然后来也同样灭亡了，但其继承发展了古希腊的思想学说，其意识形态中的科学思想成为现代西方文明的源泉。

汉末的民间神灵崇拜十分严重，对社会生产造成了十分不利的影响，以致汉末的曹操不得不一再下令禁止淫祀。而在边疆地区的广西具有较多的多神崇拜和自然崇拜的原始社会特征，神灵崇拜思想

图1-6　继承了古罗马建筑风格的美国国会大厦（陈建勋拍摄）

主导一切，科学精神更是无从谈起。因此，古代广西文化发展缓慢，不仅仅是海上丝绸之路内陆线路改道所致。除了封建统治者无意发展边疆地区少数民族经济、文化，以及对工商业的一贯压制等政治原因，古代汉文化及少数民族把神灵崇拜置于过高的地位，对科学精神不够重视也是一个重要的原因。长期以来广西境内少数民族经济、文化落后，更是与半原始半农耕社会形成的自给自足、满足于偏安一隅的封闭习惯有直接的关系。这些思想意识也都在少数民族艺术中有所体现。一直到五四运动之前，民间信仰与神灵崇拜始终在中国的社会意识中占据过于重要的地位，科学、辩证的思想仍未在中国得到足够的重视。

中国两汉时代和罗马帝国时代在世界历史上具有典型的时代意义，分别是东、西方古典文化的定型时期。古罗马文化是西方文化的基础，汉代文化则奠定了中华文化的基础。东西方学者对此都有较多的研究，如国家文物局举办过“秦汉—罗马文物展”，潘岳先生著有《秦汉与罗马》，等等。艺术方面的对比研究也有一定成果。把中外文化进行客观理性的对比，无疑对促进民族文化艺术的发展具有积极的意义。继承了古希腊辩证思想的古罗马艺术形成的是写实主义的造型观，而以古代中国文化为基础的东方艺术产生的是意象艺术，由此形成了东、西方艺术体系的分野。

II

器物分布、类别与造物范式因素

本部分内容是对广西出土的汉代器物进行分类，分析其造型艺术和艺术风格，并对影响造物范式的因素进行梳理。从生产流程上来说，器物的基本造型要首先确定，才能在此基础上加工装饰。造物的外形如同人的躯体，是通过材料媒介，并依托可靠的技术手段展开的一系列设计创造实践和行为而形成。通过造型这一物质载体形成的外在形式，赋予了造物以某种可以通过视觉、触觉呈现的艺术情感来实现内在的精神内涵的传达。造型是精神内涵的视觉形式呈现，其内在意义通过外在的“形式”表现出来而构成“有意味的形式”，表达其内在的含义。在这个视觉层面之下，是核心层面的精神文化内核；在艺术形式的外沿，是依托可靠的技术手段所展开的一系列设计创造实践和行为。

1. 出土器物的分布和种类概况

广西处于南疆，与中原地区距离较远，秦汉之前以西瓯族、骆越族等少数民族土著居民为多，文化与中原地区有着较大的差别。秦始皇统一六国后平定岭南，设置郡县，派兵据守，将该地区归于中央政府的直接管辖之下。汉代中央政府对包括古代广西在内的岭南施行郡县制，实行移民，推行汉文化，并开辟了海上丝绸之路进行海外贸易。广西汉代海上丝绸之路沿线发掘出土了数量较多的文物器具，汉代造型设计思想以各种器物、器具实体作为载体在墓葬、遗址中记载留存至今，使人们得以对其进行研究了解，并得以了解当地当时的精神文化面貌。从对这些遗址、器物的研究看到，从秦汉时期起广西地区汉文化因素逐渐增多，中原等地汉文化的影响日渐加深。汉文化在广西的传播是一个漫长的历史过程。由于古代交通的不发达，广西汉文化的演变时间往往迟于中原地区一个时期。

秦汉时期的汉文化传入广西地区，已发现的汉代文化遗物遗址，基本沿“海上丝绸之路”的内陆河流水运沿线分布，其中以始发港合浦最为丰富，反映出该地西汉后期至东汉时期的繁荣。

1.1 器物分布概况

广西汉代器物发掘出土的地点类型有墓葬和遗址，已经发掘的秦汉墓葬有2000多座，绝大部分为两汉时代的墓葬，以现今的北海市、桂林市和贵港市发现最多，贺州市、梧州市、来宾市及南宁市为次。这些地级市位于桂东北、桂东、桂南及桂中地区，桂西的发现甚少。合浦汉墓群为全国规模最大的汉墓群，其发掘出的器物和纹样材料最为丰富，是了解广西汉代造型艺术与装饰风格的重要资源。

已经发现的汉时期遗址有城堡遗址、古建筑遗址、城内运河遗址、码头遗址、陶窑遗址、冶铁遗址、冶铜遗址等。全州永岁乡境内的洮阳城遗址，城内散布大量的陶器残片，上刻席纹、篮纹、方格纹和米字纹相组合的纹饰。全州凤凰乡的建安城址，在地表和城墙断面处可采集到刻有绳纹的筒瓦片、细方格纹陶片及云雷纹瓦当残片等汉代遗留物。灌阳县新街乡境内的观阳故城，地面散布大量的陶片、板、筒瓦、瓦当残片，上饰绳纹、印纹、米字纹和方格纹。兴安溶江镇境内大溶江和灵渠交汇处三角洲上的秦城遗址，是广西考古史上最为重要的汉代遗址之一。此外，桂林市兴安县界首镇、贺州市贺街镇、贺州市铺门镇、贵港市港北区、来宾市武宣县三里镇、南宁市宾阳县、北海市合浦县石湾镇、崇左市龙州县三江口等地都有城邑遗址发现。这些汉代遗留下的城邑，规模都不大，因“天材就地利，不中规矩”（蓝日勇语），普遍带有强烈的军事组垒色彩，城内大多发现刻有纹样的陶片、瓦当残片。

梧州市富民坊陶窑遗址，采集到的陶器、陶片多为以釜、锅为主的半成品或废品；器物口沿大多不平，陶质为夹砂灰陶，质地坚硬，烧制温度高；印纹较粗，多交叉印拍，器壁厚薄不均，但纹饰比战国时期的细致些，釜口宽大扁圆，胎体较薄，显然比前代有所进步。合浦县廉州镇草鞋村窑址，出土的瓦一般为背饰绳纹，内饰乳钉纹；陶罐为方格纹底加圆形戳印纹；砖纹大多为拍印绳纹，也有部分拍印方格纹；明显具有东汉时期的特征。此外，已经确认的汉代陶窑遗址有来宾市武宣县武宣城址窑址、梧州市藤县古龙窑址、来宾市象州县运江窑址、贵港市庆丰镇高田村窑址、梧州市龙圩区大坡镇窑址、北海市福成镇上下窑窑址、北海市平阳镇匙羹岭窑址、北海市山口镇罗美窑址等。

汉代冶铁遗址以贵港市平南六陈镇冶铁遗址为典型，这一遗址属于西汉初期，很可能是南越国时期的冶铁遗址。遗址范围内的大部分山坡上散布有炼渣、生铁、风管、炉壁、炼炉、铁矿石、陶片等遗物，陶片纹饰为方格印纹、水波纹、弦纹、圆圈纹等。冶铜遗址则以玉林市北流市铜石岭冶铜遗址为代表，为目前广西发现的范围最大的冶铜遗址，遗物中除冶铜器具外，还有陶器、瓷片、青瓷器。

以上城堡遗址和古建筑遗址，除秦城遗址建立时间可往前推至秦代外，大多是汉武帝时期以后的汉代县治所在地。已发掘的陶窑遗址、冶铁遗址和冶铜遗址中，除梧州市富民坊陶窑遗址建窑年限可追溯至秦朝，六陈镇冶铁遗址和港北区政府旧址古建筑遗址建立年限可追溯至南越国时期外，大多为汉武帝时期以后的汉代遗址，遗留的器物纹样也大多是汉武帝以后乃至东汉时期的纹样。对汉代遗址的研究，考古学方面有比较清晰的调查材料，清楚表明广西已经发掘的含有汉文化因素的汉代遗址也是分布在河流交通便利的桂东北、桂东、桂南和桂中地区，与墓葬分布情形是一致的。

广西汉代墓葬和遗址主要分布在桂东北、桂东、桂南和桂中的河流沿线地区，这些地区内有湘江、漓江、桂江、西江、北流江、南流江等河流及其支流。而桂西、桂西北及桂西南地区虽有红水河、左江和右江及其支流，但河流较前面地区少，汉代墓葬和遗址仅零星分布。显然，河流分布与汉代墓葬及遗址的分布有着内在的联系。汉代岭南地区以北及中原地区经广西地区到北部湾出海口的水路主要有二：湘江——灵渠——漓江——桂江——浔江（西江）——北流江——南流江，或者潇水（湘江的支流）——贺江——西江——北流江——南流江。中央政府若是用军队保卫岭南的郡县，当首选此两条水路南下。司马迁《史记》中的《平津侯主父列传》和《南越列传》分别记载秦汉时期“（始皇帝）又使尉佗屠睢将楼船之士南攻百越，使监禄凿渠运粮，深入越，越人遁逃”；“（汉武帝）元鼎五年秋（公元前 112 年），卫尉路博德为伏波将军，出桂阳，下汇水。主爵都尉杨仆为楼船将军，出豫章，下横浦；故归义越侯二人为戈船、下厉将军，出零陵，或下离水，或抵苍梧；使驰义侯因巴蜀罪人，发夜郎兵，下牂柯江；咸会番禺”。《史记》记载了秦始皇命令史禄凿通灵渠，征服岭南，以及汉武帝派出三路大军经水路抵达南越国都城番禺（广州），平定南越国。范晔《后汉书·马援列传》则记载东汉光武帝平定岭南再次叛乱：“（帝）于是玺书拜（马）援（为）伏波将军，以扶乐侯刘隆为副，督楼船将军段志等南击交趾。军至合浦而志病卒，诏援并将其兵。”

古代陆路交通运送军需物资颇为不便，而水路交通则相对便利得多，因此秦至汉初由于军事需要，广西东部地区河流流域人员来往比较频繁，汉文化因素必然较广西中西部地区多。而广西汉代遗留的器物也就主要集中在水路交通经过的广西东北、东部、南部的桂林、贺州市、梧州市、贵港市、北海等地。桂林、贺州、梧州沿西江可直通广州市，贵港亦可沿郁江逆流而上，经浔江下西江直达广州市。这四地除桂林稍远，与广州的水路交通都较为便利，为秦末汉初南越国有效统治的地区，易受当时南越国都城番禺的影响。南越赵氏王族利用汉越制度统治这些地区，对这些地区进行有效的汉化统治，因而这些地区的城市汉化较早，至今仍以汉族居民为绝对主体。汉武帝平定南越国后，由于北方内陆的丝绸之路时常受匈奴骚扰，便利用秦代凿通的灵渠形成的中原与岭南地区之间便利的水路交通，开辟了史上著名的南方海上丝绸之路。自此，汉代贸易商队沿水路经广西东部地区分两路南下，或达合浦，或抵广州，出海前往东南亚、西亚目的地。灵渠是海上丝绸之路广西线路得以形成的重要交通设施，最初凿通灵渠是出于军事目的，客观上建成了贸易线路的内陆水运枢纽。随着时间的推进，贸易的发展，其经济与文化的意义逐渐凸显。之后，汉代海上丝绸之路并未因与匈奴战事的结束而终止，而是继续存在且规模更为庞大，从事实上证明了汉代是一个具有开放胸怀的朝代。就原本生产力落后的广西而言，海上丝绸之路的形成，使得广西东部地区河流船只络绎不绝，经济、文化上的受益不言而喻。始发港之一的合浦也因海港和郡治所在地而人口昌盛、经济繁荣，遗留下全国规模最大的汉墓群，墓葬出土了数量较多的汉代器物，是汉武帝开拓的海上丝绸之路昌盛繁荣的见证。

1.2 种类概况

广西汉代遗留的实体器物、器具种类多样。这些实体器物、器具，从使用功能分，有生产工具、钱币、车器、兵器、建筑明器、服饰、化妆用品、盥洗器、文具、医疗器具、饮食器、炊器、日用杂品、娱乐器及其他丧葬用品，种类较多；从材料分，有铁器、铜器、漆器、陶器等，这些器具特别是生活器具很多有装饰纹样，成为汉代纹样存留的物质载体。铁器是封建社会生产力的代表器具，主要是作为生产工具和兵器，以使用功能为制造目的，较少附加装饰纹样。青铜器在汉代已经生活化，因而有较多的装饰纹样。陶器普遍带有饰纹。本文立足于设计学与装饰艺术的角度，对仅以实用为制造目的、无装饰、对设计参考意义不大的器具不列入考察范围。

a. 铜器

中国辉煌的青铜时代在战国末期结束，铜器制造业经历了2000多年的发展，在公共生活中的地位逐渐下降，而更多地应用在日常生活用品中。可能是铸造技术落后于北方中原地区的原因，也可能是铜器比铁器更加易于在模具表面雕刻花纹的原因，汉代中国南方的铜器制造兴起一种颇有特色的錾刻工艺。

汉代广西冶铸业及其青铜文化是在中原青铜冶铸技术及其青铜文化的传入和影响下发展起来的。铜容器类有鼎、盉、壶、盘、钫、匜、鐎、桶等。鼎原是饪食器，也是商周时期最重要的礼器，是奴隶社会时期权力的象征。广西出土的汉代铜鼎均发现于汉墓中，以西汉墓居多，且主要集中在贵港市及合浦县；盉是商周时期常见的青铜器，既可作为调味、调酒之器，又可与盘组合，有资料表明，广

图2-1　合浦汉代文化博物馆收藏展出的铜提梁壶（陈建勋拍摄）

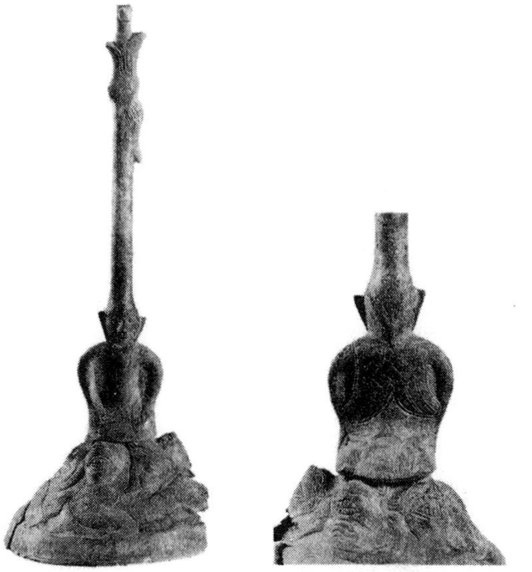

图2-2　合浦九只岭M6汉墓出土的灯具（张磊拍摄）（图片来源：熊昭明，富霞.合浦汉墓［M］.南宁：广西科学技术出版社，2019）

西出土的汉代铜盉均发现于合浦的汉墓中；壶主要用作盛酒之器，可盛水用，是商周青铜礼器的重要组成内容之一，进入秦汉后成为普通流通商品，主要用作生活器皿，贺州、贵港、合浦均有出土；盘是盛水器，是商周以来常见的青铜器，作为盥洗器和宴飨必备的礼器，又是墓葬青铜器的重要物品，到战国晚期以后，盘逐渐失去礼器意义，变成普通生活器皿，以贵港、合浦出土居多；钫在战国时期多被称为方壶，与壶一样属盛酒水之容器，广西出土的钫主要在西汉时期；匜为盛水器，大约出现于西周中期，与盘组合成一套盥洗礼器，是东周各级贵族墓随葬的必要器物，到秦汉时期成为寻常的生活器皿，仅在贵港的汉墓有出土；鍪为炊煮器，出土时往往在腹底有厚厚的烟垢，腹内有烹煮过的食物残渣，如鸡、牛、羊、鱼等骨头，在两汉时传入广西。

最能反映秦末汉初南越国铜器制造业工艺水平的，为贵港市罗泊湾1号汉墓出土的诸多铜器。这些铜器有些刻绳纹装饰，有些刻有汉字。其中的M1∶4号铜桶，是岭南地区极富地方特色的青铜容器。桶的上部是栉纹夹勾连雷纹纹带，中部是弦纹夹勾连雷纹纹带，下部是栉纹夹空白素带。

广西铜器杂类有带钩、灯具、铜镜等。汉代灯具形制比较多，有二三十种。还有可以安装多个灯盏的多枝灯，少者3盏，最多可达13盏。有的高度达1米左右，灯盘分层交错排列，外形呈花树状，比较豪华。广西出土的汉代灯具，主要在苍梧郡的梧州、郁林郡的贵港和合浦郡的合浦，种类与中原地区相比较少，而造型相近。

广西出土的铜镜有：日光镜、昭明镜、规矩镜、规矩鸟兽纹镜、规矩四神铜镜、简化规矩鸟纹镜、四乳禽兽纹镜、方框四叶卷螭纹镜、变形四叶纹兽首镜、博局纹镜、草叶纹镜、缠枝间铭纹镜、长宜高官镜、长宜子孙镜、简化博局四禽纹镜、李氏镜、菱纹龙纹镜、六乳六禽镜、龙虎纹镜、鸟雀

图2-3　合浦汉墓出土的铜熏炉（图片来源：广西文物保护与考古研究所.广西合浦文昌塔汉墓［M］.北京：文物出版社，2017）

图2-4　出土的乳钉纹铜镜（图片来源：广西文物保护与考古研究所，合浦县文物管理局. 2009~2013年合浦汉晋墓发掘报告［M］.北京：文物出版社，2016）

图2-5　出土的铜灶（图片来源：熊昭明，富霞.合浦汉墓［M］.南宁：广西科学技术出版社，2019）

纹镜、蟠螭镜、尚方镜、位至三公镜、五子禽鸟纹镜、云雷纹镜、云纹地菱形纹镜等。山字纹镜和蟠螭纹镜是广西出土的铜镜中时代最早的类型。广西出土的这些汉代铜镜无论是种类还是装饰风格均与中原地区极为相似。这些铜镜虽在广西出土，但不排除是产于中原或江南等文化、生产力发达地区，而作为商品流通或移民携带到广西的可能。

汉代我国南方兴起的一种錾刻青铜器工艺，能够在薄胎上錾凿镂刻出繁缛精致的纹饰，使器皿显得特别精美华丽，并融入岭南地方的艺术因素进行了创新，从而使青铜艺术创制“在秦汉时代达到了登峰造极的阶段”（蒋廷瑜）。以桂东南的合浦、贵港、梧州出土的铜器尤为突出。合浦汉墓出土的青铜器种类众多，制作精美，以铜凤灯和龙首铜魁、龙首铜灶等为代表，不但形象生动，而且錾刻精致华丽，均体现了铜器制造工艺的高超水平。

图2-6　人足环耳铜樽（陈建勋拍摄）

汉代广西地区冶炼技术的进步在铜鼓的铸造上也有体现。铜鼓被广西学界认为是典型的壮族原生态民族符号器具，其发源于云南，由西向东发展，也就是由云南向广西、贵州、广东等地发展，大约在春秋战国时期传入广西地区。从出土发现地区来说，广西民族博物馆陈列的铜鼓许多为北流、合浦、岑溪等海上丝绸之路内陆沿线的汉人聚居地区而非越人聚居地发掘出土，这是一个非常有意思的现象。仔细考究铜鼓纹饰，多与汉文化直接或间接相关，可以说是汉文化的一种地域演变，说明了自汉代广西地区的铜鼓制造已经较大程度被汉文化所影响。

图2-7　著名考古学专家、广西壮族自治区博物馆原馆长蒋廷瑜主编，广西美术出版社出版的考古资料图册《瓯骆汉风——管窥广西汉陶文化》

b. 陶器

广西在秦汉初期并入中央政府版图后，中原文化加速传入，促进了生产力的提高和发展，广西东部地区脱离了“火耕而水耨”的原始生产状态，普及使用铁器等金属工具和器皿，制陶技术有了明显的进步，并懂得釉技术的使用。制陶业是秦汉时期广西地区发展最快、成就最为突出的手工业。广西发现了不少秦汉时期的陶窑遗址：梧州富民坊、象州运江、贵港高田村、龙圩大坡和藤县古龙。这些陶窑遗址的发现是秦汉时期广西地区陶器制作业加快发

图2-8　具有南方干栏式建筑特点的建筑明器（图片来源：广西文物保护与考古研究所，合浦县文物管理局.2009~2013合浦汉晋墓发掘报告［M］.北京：文物出版社，2016）

展的反映。合浦县廉州镇草鞋村发现的马蹄形窑址及其附近地表上散布大量的陶片，厚度达2米。残瓦片一般为背饰绳纹，内饰乳钉纹；陶罐为方格纹底加圆形戳印纹；砖的一面拍印绳纹，也有部分拍印方格纹。合浦汉墓出土的陶器也很丰富，有陶建筑明器、壶、罐等，这些器具很多装饰有各种纹样，造型变化多样。汉代广西地区陶器上所装饰的几何形印纹，先采用以方格纹作地纹，其上刻有各种几何图形小戳印的陶拍，并在器坯未干时在器表上逐段拍印出来，每个戳作为一个构图单位，由主纹与地纹相互配衬，具有工整美观和富有层次变化的艺术美感，与秦以前呆板的几何印纹风格迥然不同，说明两汉时期广西地区陶器制作工艺有了很大的进步。西汉时期，釉陶器开始推广普及，关中地区西汉中晚期的多数墓葬有釉陶陪葬，而且器物制作精细。在汉代，中国南方盛产青釉陶，火度高，釉质较硬，这种制作釉陶器的技术在广西地区也得到了一定的推广。从生产技术方面看，汉代广西地区与中原地区相比，虽有差距但不明显，而文化艺术则明显差距较大。画像石和画像砖是汉代艺术成就的典型代表之一，但广西出土的汉代墓砖极少有画像，多为简单的几何抽象纹样。偶尔出现的墓砖画像，也多是抽象、粗糙的几何线刻，相对中原地区造像精美的墓砖、墓石画像简单得多，其艺术成就完全无法与中原地区相对比。

陶建筑明器是普遍存在于汉代墓葬的随葬品，这些建筑明器体现了汉代岭南地域的建筑风格，具有较高的研究价值。此外，汉代墓葬中还有陶制的水田、羊圈、船、动物、人物等物品出土。

c. 玻璃器

中国古代无玻璃之称呼，比较相近的是琉璃，一些学者干脆把琉璃与玻璃统称为玻璃，实际上还是有所区别的。古代玻璃器稀少而色彩美丽，在中外历史上都是贵族才能享用的奢侈品。玻璃器是反映了海上丝绸之路贸易带来海外文化的器具。考古学者黄启善的《广西北部湾地区汉代玻璃制品的研究》一文，记载和分类广西境内的合浦、贵港、梧州、柳州等地汉墓出土的玻璃杯、碗、盘、壁、耳珰、鼻塞、龟形器等玻璃制品有26021件，以合浦汉墓出土为多，其中玻璃珠的数量较大。另有资料统计这些玻璃珠共一万多件。考古学界对广西汉代玻璃制品有“外来说”与“自产说”两种观点。玻璃器出现可上溯至公元前2000年的美索不达米亚和埃及，欧洲地中海地区的古玻璃出现也比中国早。地中海地区的玻璃流器传到中亚地区后经海上丝绸之路输入中国，因此近代不少学者认为古代中国玻璃器是从西方传入，20世纪30年代西方学者对中国古代玻璃做了检测分析，开始认识到汉、唐时期中国已有国产玻璃，一些学者检测样品后更是认为中国古代玻璃属于自产。但更全面的检测分析显示，我国出产的铅钡玻璃和铅玻璃占多数，也有产于地中海的钠钙玻璃和钠钙铅玻璃，而且更为关键的是，至今中国尚未找到早期制造玻璃的作坊遗址。宿白则认为我国南方海港及其附近制造出的压模玻璃器皿有可能是效仿罗马的玻璃制法。

对这些玻璃器具的化学成分采用X射线荧光光谱分析、X射线能谱（EDAX）、密度测定法、X射线衍射法、原子吸收光谱（AAS）分析法、等离子体发射光谱法、电感耦合等离子体原子发射光谱（ICP-AES）分析等进行分析测试，已经精确分析出其化学成分。以合浦为例，科学家测试了134件样品，这些样品包含了7种不同的玻璃成分系统，其中属硅钾酸盐玻璃成分系统的有107个，占79.85%。

数量众多的珠子在新石器时期的河南、山东等地就有，但属于玉、石、水晶等其他成分。商周时期类似玻璃的多晶石英珠与玻璃珠相似，是中国玻璃的鼻祖。春秋时期中国已经有了自制玻璃，到两汉时期全国各地已普遍发现有璧、杯、盘等各种类型的玻璃制品，如河北满城汉墓出土的玻璃耳杯、玻璃盘，陕西、广西等地出土的玻璃璧，广东出土的玻璃带钩等，这些器具从造型特征来看，具有中

图2-9　合浦汉代文化博物馆馆藏展出的可能是东南亚进口的湖蓝色玻璃杯（陈建勋拍摄）

图2-10　广西出土的汉代玻璃珠（梁新建拍摄）

华文化的特点。

占数量最多的合浦汉墓出土的玻璃器，经检测分析，其来源除岭南地区自制外，还有从楚地和中原传入，还有相当一部分来自东南亚及印度、罗马。

d. 漆器

广西共有4座西汉墓出土漆器，除贵港罗泊湾1号西汉墓出土完整的800余件样品外，其他3座西汉墓出土的漆器大部分为一些碎片，腐朽过甚仅能辨出器形。汉文化在广西地区的传播，加快了手工业技术的发展，漆器业也得到了较好的发展，虽然还相对落后于同时期的中原地区，但也有一定的成就。

漆器在汉代发展到了鼎盛时期，最有代表性的是长沙马王堆汉墓出土的漆器，制作精美，保存完整，数量众多，是我国古代漆器工艺的一批极为珍贵的资料。在汉代，盛产漆器的楚地已经衰落，四川的蜀郡、广汉郡成为主要生产中心。汉代由于迁移到广西地区的贵族对于生活享受的需要，从中原等地引进了制漆技术和材料，建立起广西地区的漆器制造业。

田自秉先生所著《中国工艺美术史》记载：汉代漆器的胎，有木胎、竹胎、夹纻等，主要是木胎，有旋制、剜削和卷制三种方法；装饰花纹有云气纹、动物纹、人物纹、植物纹、几何纹；装饰手法以彩绘为主，所用颜料有的调油，有的调漆，经久不脱，色泽鲜艳。广西考古学者蓝日勇也对广西汉代漆器做了研究，考证得出广西汉代漆器的制胎方法与田自秉先生所述相同。在纹样装饰和绘制方法上，汉代广西漆器则与楚地漆器差别很大。

此外，广西还出土了很多汉代器具，如金饼等货币，铁器有各种兵器和生产工具，滑石器有鼎、壶、提筒、钫、罐、樽、井、仓、灶、屋、锅、釜等许多造型，但从设计学的角度看，这些滑石器的造型与纹样不如青铜器、陶器的造型与纹样的研究价值高，因此不再列举。出土的珍珠、琥珀、水晶等器物，物件较小，多为首饰，其造型与装饰又是另外一个设计学课题，在此也不再列举。

1.3 对出土器物的研究概况

关于汉文化在广西的物质载体、器具上的研究，广西考古学方面颇有成果。除《2009~2013年合浦汉晋墓发掘报告》《合浦风门岭汉墓—2003~2005年发掘报告》《贵港罗泊湾1号西汉墓考古报告》等诸多专门的一手考古报告公开出版外，李安民、廖国一及黄华枢、黄秉生、曲用心等学者也从物质层面研究了秦汉时期广西地区的汉文化。李安民的《汉初“南越国”社会性质试探》［《广西民族学院学报》（哲学社会科学版） 1986年第3期］通过贵港罗泊湾1号汉墓、平乐银山岭汉墓出土的铁器等，考证了西汉初年南越国的政治官僚制度、法律制度等社会上层建筑；廖国一、黄华枢的《环北部湾沿岸古代文化的考古发现和研究——环北部湾沿岸经济文化变迁系列研究论文之一》（《广西民族研究》1998年第2期）分析了秦汉时期北部湾沿岸一带铁器应用于农业生产的状况；全洪的《南越国铜镜论述》（《考古学报》1998年第3期），对南越国铜镜的发现概况、铜镜的分型分式、铜镜的流行年代和来源、岭南出现铜镜的历史背景及文化因素等方面做了详细的论述，其中涉及广西地区的贵港和贺州；曲用心的《东汉时期铁器在岭南地区的推广使用及其社会动因》（《广西社会科学》2009年第10期）对包括广西在内的岭南地区的铁器使用所体现的生产状况、社会变革等方面做了研究；蒋廷瑜先生是广西汉代文物研究的集大成者，其《汉代錾刻花纹铜器研究》（《考古学报》2002年第3期），对包括广西地区在内的汉代南方錾刻花纹铜器做了详细的考古报告；《瓯骆汉风——管窥广西汉陶文化》（广西美术出版社2018年出版），对广西出土汉陶用精美的图片做了详细的展示；等等，成果甚多。这些考古学者的研究成果，是后人及其他学科研究者得以开展研究的基础，但目前为止对广西出土的汉代器物及装饰纹样从艺术、设计学角度出发的研究尚未见出版。

2. 器物造型特征

如果把设计艺术看成是一个系统，那么它就是由题材、造型、色彩、工艺、材料等若干要素综合构建形成的一个系统的艺术综合体。它的各要素相互影响、呼应而产生内在的联系，同时也因为各要素之间的差异而产生矛盾与对抗、干扰，它们之间形成对立统一的关系。因此，研究艺术作品，综合分析其构成要素是必要的。旧石器时代岭南地区即有广东马坝人和广西柳江人，在新石器时代创造了几何印纹陶文化，一直延续到商周秦汉，自古便与中原的华夏族有密切的联系。商、周时代逐步参与到中原等地的政治、文化活动，春秋时期与中原等地的联系更为密切。秦汉中央政府统一岭南后加强了对边疆地区的开发，中原等地先进的生产技术、工具和文化源源不断地输入，极大促进了岭南经济文化的发展。由于广西独特的地理环境和本土文化，广西汉代器物的造型特征与艺术风格既有中原华夏文化的渊源，体现出较强的汉文化特征，又有鲜明的南方地域特色。

2.1 造型题材来源

整体而言，广西汉代器物造型明显体现出汉文化与南方地域特色的结合，还有少量来源于海上丝绸之路贸易往来流入的海外元素造型。其造型题材来源是丰富的，主要体现在以下几方面：

第一种是来源于神灵崇拜与民间信仰思想的造型，反映了汉代汉越居民的精神世界及信仰需要。如龙形、凤形、蛙形器物、铜鼓等。这些造型所具有的象征意义，使它们反复地体现在各种礼器或生活器物上，满足汉越居民的精神需求。

第二种是来源于日常生活中的一些场景，由于战国至秦汉以来的社会巨变，旧有的宗教观念衰落，人间生活和花鸟虫鱼逐渐成为造型表现的对象。有人物、牛、羊、犬、家禽、生活器具、水井、粮仓、民居建筑等造型，显得轻松、自在，富有生活情趣。此类选题的造型也有可观的数量，是神灵崇拜造型的补充，常用于生活器具及陪葬品的制造。

第三种是从产品使用功能出发制造的器物造型。这类造型没有明显的精神主题，形与形之间可以根据使用的要求做巧妙的造型组合，塑造出了丰富的形态。

第四种是海外文化带来的造型新特征，数量较少，没有占据主体文化地位，但也拥有一定数量的规模，丰富了汉代广西的地域文化。

这些器物造型往往蕴含了独特的象征意义，是广西汉代人精神世界的物化，具有较强的表意性。这些器物造型与中原等帝国发达地区所倡导的“成教化，助人伦”的礼乐文化并不完全相同，其中融入了地域情感和生活要素，充满了南方的诗意和原始生命意识，极具浪漫主义特色。

2.2 材料的质感与内涵

从设计人类学的角度看，围绕核心的“文化语境”层的则是“材料”层，它们是人类设计创造实践得以展开的材料媒介，处于“材料”层外围的是人类以材料为媒介并依托可靠的技术手段所展开的一系列设计创造实践和行为。古典人类学的学术流派之一——传播学派的观点认为，文化是在空间上的传播，从一地区到另一地区，或从一个民族到另一个民族，从一个类型的文明传播到另一个类型的文明。广西的汉代造物及其所蕴含的汉文化精神，随着汉代对岭南地区的开发，以人、物为载体流传到瓯骆地区。

广西保存完好的汉代遗留器物现虽以金属制品、石刻、陶器为多，但有少量的木器、漆器，木器和丝绸保存完好的极少。中国古代建筑以木为主材，存留下来的完整的地面建筑不多，这也是东西方历史建筑的区别。中国古代的建筑无论是宫廷还是庙宇或民宅建设时都与人的居住相关联，都没有要永恒存留的概念。木器经过一段时间都会腐朽，地下墓葬却不然，自中原传来的丧葬观念使人们十分重视墓室及其陪葬品的永恒保存，从制造工艺和长久保存的角度来说，金属、玉器、石材和陶器有其可利用和保存的优势。

a. 玉的质感与内涵

汉代人们认为人死后的魂将飞升至西王母所在的昆仑仙境，而魄可以与遗体一起留在地下阴宅中享受与生时一样的快乐。“我们称起源于远古渴望长寿的传统不朽为‘世间不朽’，后来的仙人不朽为‘彼世不朽’。……这两种不朽到了汉代确实汇合成一。”而普通人要达到“不朽”的境界，必须仰仗于某种超自然的神力才能实现。“玉”的质地坚硬而晶莹圆滑，稀有而通透美丽，远古以来就被视为可通神灵，可助人获得神力和沟通神灵而达到不朽。与世界其他文明不同的是，发源于新石器时代早期而绵延至今的“玉文化”是中华文化的显著特点之一。“《山海经》索引中‘玉’一共出现了一百三十七次，其中一百二十七次是与山相结合的，多指某某山多金玉，多玉，或其山之阳或其山之阴多玉。这一百二十七个山遍布东南西北山海诸经，所以玉与山在《山海经》中的结合，很可能只是表示玉在诸山中的使用，或以玉为山的象征。按古代的山也是神巫沟通天地的大道。”《说文解字》中则称“以玉事神”，玉作为祭祀天地的礼器。《周礼·春官宗伯·大宗伯》则载：“以玉作六器，以礼天地四方：以苍璧礼天，以黄琮礼地，以青圭礼东方，以赤璋礼南方，以白琥礼西方，以玄璜礼北方。”因此，以玉为器被视为具有通灵天地四方的性能。由于“事神”在原始宗教中是部族掌权者的特权，因此玉也是权力和财富的象征，具有通神祈福的意义。玉被看作是天地精气的结晶，具有不同寻常的中国本土宗教的象征意义。

合浦黄泥岗1号墓出土的一件玉璧（图2-12），外廓高27厘米，外径18.3厘米，孔径3.2厘米，外

图2-11　出土的动物造型（陈建勋、黄洛华拍摄）

廓透雕双龙，刻有“宜子孙日益昌”六字，与故宫博物院藏刻字玉璧均为珍贵少见的刻字玉璧。玉璧为双圆构成中心有孔的圆形璧，外廓大圆象征天，两圆之间密布斑点纹样，称为谷纹。谷纹为庄稼和粮食的符号化象征，原始人类从谷种蕴含的生命力悟出生命的延绵不绝，并将其抽象化地视觉表现为谷纹，蕴含着云气与生命之源的意义。《老子》有“谷神不死”之说。河北满城区汉中山靖王刘胜墓出土的玉璧，与合浦黄泥岗1号墓出土的玉璧造型外表十分的相近。刘胜墓出土的玉璧璧面同样密布的纹样，被解释为象征着云气的纹样，代表着四季之神（苍龙、朱雀、白虎和玄武）。

《易经·系辞》说“天地之大德曰生”，意为天地孕育万物、生生不息。古代中国有天圆地方的说法，因此玉璧的圆形象征天，它具有生育万物的无穷生命力。合浦黄泥岗1号汉墓出土的玉璧紧接圆形外廓部分另有三角形，刘胜墓玉璧外廓接圆形部分则接近梯形，前者透雕双龙，并刻“宜子孙日益昌”六字；后者则饰以对称的云纹和两只侧身相背的独角螭龙。龙是守卫天庭的卫士，圆形喻天，则三角形或梯形外璧应是寓意天盖，取宇宙孕育万物而祈求个人与家族长寿与昌盛之意。

用玉石雕刻龙是中华文化的特点，红山文化玉龙被视为中华龙的源头，被称为“中华第一龙”，其造型特征仍可在汉代龙的纹样中看到。合浦汉墓出土的玉璧有6件：黄泥岗1号墓1件；母猪岭1号墓1件；凸鬼岭17号墓1件，纹饰分内外两区，内区为谷纹，外区为首尾互相交缠双龙纹，中间以绞

图2-12　合浦出土的玉璧（图片来源：熊昭明，富霞.合浦汉墓［M］.南宁：广西科学技术出版社，2019）

索纹相间；九只岭东汉墓3件，两面纹饰内区均为谷纹，外区为4组双身龙纹。凸鬼岭17号汉墓玉璧外区雕刻以相互尾互交缠双龙纹，九只岭东汉墓6号墓玉璧外区所刻4组双身龙纹均有生殖之含义。这种有生殖含义的玉石雕刻的龙纹，在中原或其他地方也有较多发现。1983年广州西汉南越王赵眛墓出土的兽面纹玉璧，璧面密布斑点，其中刻有7组（层）图案纹样，第二、第六层为双身兽纹；1985年山东莒县出土的绿玉汉璧璧面也是布满斑点和一首双身互绕夔龙纹。双身交缠是蛇类交配之像，俗称“交尾”，含生殖义。汉砖石刻画像就有不少伏羲、女娲人首蛇身（龙身）互绕的画像，伏羲、女娲都被视为华夏人的祖先神，因而玉璧双龙双身互缠的纹样肯定与原始生殖崇拜相关。

此外，合浦汉墓还出土龙凤玉带钩和蟠螭纹玉璧，做工精细，达到很高的水平。广西是一个有山有水、风景秀丽的好地方，产玉的品类也不少，据统计有二十来种，以大化石、碧玉、大湾玉、南流玛瑙、桂林鸡血玉等品种的玉石为多。合浦黄泥岗1号墓出土的玉璧看起来更像安徽出产的徽玉，所雕刻纹样与中原无异，且玉璧十分便于携带，因此不能排除由中原流入的可能。

b．金、铁、铜的社会记忆

青铜器起源于中原，在夏、商、周时代是祭祀的礼器，装饰纹样服务于祭祀的功能要求，代表纹样为神秘而狰狞的饕餮纹，体现了人类文明初期的奴隶社会那个血与火时代的庄严神秘、厚重威严的审美需求。早期的青铜器粗犷简单，制作不精，殷商后期至周初进入成熟期，风格厚重、沉雄神秘。其虎纹、饕餮纹狰狞、威严而神秘，具有浑厚深沉的历史力量感。后期形制趋向简洁，镂刻和铸造纹样逐渐肤浅而华美，神秘色彩减退，饕餮纹降为附庸。青铜器经历了夏、商、周三代近2000年的发展变化，在生产中的重要性逐渐下降，铁器在制造生产工具、武器方面因其性能更为优越，逐渐代替了铜器，中国辉煌的青铜时代在战国末期即告结束。但是铜器并没有从人们的生活中消失，而是从庄重威严的宗教仪式场所转而融入人们的日常生活中。从战国到两汉，生产技术、社会体制和人们的思想发生了巨大的变化，旧有的巫术式的宗教观念衰落，而更为文明、更为贴近人的生活的神道宗教思想崛起，人间生活以及与此相关的花鸟鱼虫逐渐成为青铜纹饰的普遍题材。器皿由厚重庄严走向轻灵奇巧，艺术表现手法由威严的象征转向抒情的写实，给人以亲和的生活感受。汉代铜器工艺由此而给人焕然一新的感觉。

南方岭南地区和北方草原的匈奴地区，经济、文化、技术落后于中原，由于边境贸易、政治的统一和经济的开发，中原地区的技术与文化逐渐流传到这些地区。南方岭南地区的铜器制造业兴起一种錾刻花纹工艺，这种工艺是在加工成型的薄胎表面用坚硬的工具錾刻繁缛精美的纹样。刻纹的方法是先在器物表面绘图，然后用錾刻刀辅以类似于今天的直尺、曲线板之类的工具，一遍遍地反复刻画，重复操作一次次加深完成，加工完成的纹样使铜器显得精美华贵。有关研究者查阅文献，发现由于这类铜器胎体轻薄容易破碎，一般难以长期保持和流传，留在地下也多腐蚀和破损，由于器物难以复原保持，所以历代对錾刻花纹铜器的金石著录收录并不多。

刻纹铜器出现于春秋晚期的吴国，流行于战国。现在的江苏六合程桥春秋时期的墓葬发掘出同属一个物体的两块铜器残片上有刻画纹样，纹样表现了森林、野兽、侍者和对饮人物。吴国后来被越国所灭被并入越国版图，吴文化和越文化合并为吴越文化，后越国在战国时期又被楚灭。史学界一些观点认为，楚灭越以后，原吴越的一些支族沿海南迁，迁徙较远的两支，一是到达今天的广西和广东的北部，后来成为建立南越的部族；二是到达了广西南部、西南部，越南北部，就是后来的西瓯和骆。这些观点虽没有最后形成定论，但有考古材料支撑。一些史学家初步推测，越亡于楚后部分越人南迁，把铜器刻纹工艺带到了岭南骆越地区，为后来的錾刻花纹工艺提供了历史根基和技术储备。

南方出土的錾刻花纹铜器经考古学家判断都是合模铸造，有些器物内部还有清晰的铸缝。模件制造是汉承秦的造物范式之一。铜器表面的花纹除部分与器物同时铸造外，主要纹样是在器物铸造成型后用坚硬的刀具錾凿和镂刻上去的。仔细观察这些纹样的凿痕和刻痕，发现錾凿线条底平而且光洁，錾凿纹的纵剖面呈矩形，镂刻线条内窄外宽，镂刻纹的纵剖面呈楔形，而且刀痕有深有浅，有些刻得不是很正圆，个别在封口处划过了头，可以判断为手工刻画。蒋廷瑜先生认为，用錾凿来制造花纹，在其他青铜器上还未见到。考古学者蓝日勇则另有说法。他在研究蒋廷瑜先生考古报告的基础上再做深入的实物观察，判断出铜器表面与器物同时铸造的部分纹样，大致只有分区和封圆装饰面的单弦纹和双弦纹，其他部分皆为錾凿和镂刻出。同时，蓝日勇还举证了铜器纹刻工艺诞生地的江苏，在1974年其境内的盱眙东阳的一座新莽时期的墓葬中出土了一件铜长颈壶，该壶口自沿口以下直至圈足，錾刻锯齿纹、网纹、羽状锦纹，与南方北部湾沿岸的合浦望牛岭1号西汉晚期墓出土的同类器装饰方法相近。合浦出土的铜器表面布满花纹，自颈口到圈足，刻锯齿纹5组、网状纹1组，羽状锦纹1组、菱形锦纹2组。蓝日勇推测，这种相似性及文化源头清楚的器物存在，除了文化的联系外，或许是一种文化反哺。不管何种观点比较确切，不同地区的文化相互影响，技术上的相互学习借鉴是很正常的。

这些出土的汉代錾刻花纹铜器有盛食器、饮食器、灯具、熏炉等。20世纪50年代以来，在广西、广东的汉墓中时有这类铜器出土，其他地方也有零星的发现，但由于多有破损，一般考古报告未做详细介绍，资料显示，广西合浦出土的汉代錾刻花纹铜器有：1971年合浦县城东南郊望牛岭汉墓出土錾刻花纹铜器凤灯、博山炉、碗、魁、壶、盘、山兽镇7种16件；1975年环城公社堂排村出土汉代錾刻花纹铜器长颈壶、篹、盒、钵、奁5种9件；2004年风门岭出土土格盒、三足小壶、扁壶、铜牛、铜鸟、铜青蛙、铜辅首等15种28件；1978年北插江出土4件；1980年出土1件；1985年出土4件；1988年出土5件；1990年出土1件；1991年出土2件；1997年出土2件；2004年出土2件。广东的德庆、广州也有一些发现。贵州清镇、兴仁，云南曲靖、个旧，湖南资兴、衡阳和长沙，江西南昌，江苏盱眙，陕西西安也有零星发现。在地图上把这些地点标注出来，除了贵州、云南的流传路径待考证外，许多地点都是汉代海上丝绸之路沿线的内陆水运途经点。

秦始皇灭六国后征岭南，将岭南地区并入中央政府版图。秦亡后南海郡尉赵佗乘机建立南越国，汉初吕后在经济贸易上对南越国予以封锁，因此南越国唯有与各藩国开展经济贸易，吴国与之关系密切，吴越文化再次传入岭南百越地区。后来汉武帝平定南越国，在岭南地区设九郡，并开拓了海上丝绸之路，岭南的经济文化得到了迅速的发展。汉代从中央到地方都设立了手工管理机构，对先进技术的推广和传播也提供了较好的基础。经济的繁荣推动了南方铜器制造业的发展，并新兴錾凿刻纹工艺。从目前所查阅到的记载来看，出土的錾刻花纹铜器主要集中在广西东部地区，以合浦、贵港、梧州三地出土最多。其中的合浦郡由于内陆水路通达，又是天然良港，是汉代海上丝绸之路的重要始发港，且有较好的农业作为物质基础，经济发展繁荣，錾刻花纹铜器出土最多。而另外出土錾刻花纹铜器较多的贵港、梧州两地，都是珠江水系的临江内河港口城市，上游有灵渠与长江水系乃至中原地区相通，下游则通往广州。如前章所述，海上丝绸之路的内陆线路，物资从中原长安入沔水，跨洞庭，溯湘江，越灵渠，沿桂江转浔江，沿北流河逆流而上，到郁林郡境内跨越13公里的陆路进入南流江，顺流而下到达海边的合浦港，从合浦港由北部湾出海航行到东南亚，直至西亚；或经灵渠，沿桂江到浔江后，顺流而下到番禺出海。因而，汉代青铜工艺的陆上南传路径，基本是海上丝绸之路的内陆水运沿线。

錾刻花纹内容丰富，按形式分有抽象几何纹样和具象纹样两大类。具象纹样以题材内容划分，有动植物纹样、人物纹样、羽毛纹等。动物纹样以凤、龙、鹿最普遍，而且常共存于一器。此外还有猴、虎、鱼、鸟、豹、羊、龟、鼠、田螺、饕餮等。植物纹样仅见花树，中心一条主干，从两边分出若干枝条，枝条弯弯下垂，又似垂柳，有些枝条往上翘，枝头有像灯台的圆球形物体，写实性的植物纹。这类纹样多作为间隔物出现，食案、承盘、仓上见之。

国家一级文物羽纹铜凤灯1971年出土于合浦望牛岭1号西汉晚期墓，其凤鸟造型来源于鸟图腾，是东方鸟图腾符号在灯具设计中的应用。弗雷德里赫·麦克斯·缪勒（Friedrich Max Muller）说，“太阳是人类的缔造者，是伟大的万有之父”，“一切神话均源于太阳”。太阳是地球能源的源泉，万物生长靠太阳，原始时代的人类形成了太阳崇拜。日本人把太阳神当作他们的始祖神，日本皇室认为他们是太阳神的后裔。印度神话中有诸神三亿三千三百多万，太阳神是最重要的神。希腊神话也不乏太阳神的传说。太阳是世界各民族普遍崇拜的对象。由于鸟和太阳都是在天空飞行，原始东方人类便以为太阳是由鸟背负飞行的，因此太阳崇拜是和鸟崇拜结合在一起的，原始图腾也常有用鸟图

图2–13　考古研究者绘制的錾刻花纹铜器造型和纹样，用于合浦汉代文化博物馆馆内文物说明（陈建勋拍摄）

图2–14　合浦出土的铜仓（图片来源：熊昭明，富霞. 合浦汉墓［M］. 南宁：广西科学技术出版社，2019）

像代替太阳图像。河姆渡文化中有双鸟舁日图，仰韶文化彩陶有飞鸟负日图，红山文化有三足玉鸟，东汉画像石的日鸟图以太阳为圆形的中心有三足乌，《山海经・大荒东经》记载："一日方至，一日方出，皆载于乌"，意为太阳每天由飞鸟轮流背负东升西落，《淮南子・精神训》则说"日中有踆乌"，踆乌即古代传说太阳中的三足乌，后来借指太阳。壮汉先民的太阳崇拜都有着古老的历史，并由太阳崇拜衍生出鸟图腾，由鸟图腾衍生出鸡乌图腾，再由鸡、乌图腾衍生出凤图腾，是一种承前启后的关系。太阳给万物带来了光明，因此照明灯具造型使用凤鸟图形其意义不言而喻。

由太阳到鸟，由鸟到乌或鸡，再由鸡、乌衍生出凤的图腾，在壮、汉两民族文化中是共通的。在汉族古籍材料中，鸟不仅仅与太阳崇拜相关联，也和生殖崇拜相关联。

铜鼓是广西比较知名的代表器具，其上有许多日、鸟、凤、蛙的图形纹样。在广西，铜鼓是壮族的代表性器具。但值得注意的是，古代铜鼓种类划分为八大类型，广西所占的三个类型：藤县蒙江冷水冲型铜鼓、北流市北流型铜鼓、灵山县灵山型铜鼓，所指的出土地点藤县、北流、灵山都是较早接受中原文化，都是以汉族居民为主的地区，壮族等少数民族占人口比例较少，北流市和藤县是汉代海上丝绸之路的内陆沿线点，灵山县在汉代则属合浦郡辖下。

除铜器外，广西还出土了不少铁制兵器、农器。一方面，这些器具都不是生活用具而是实用工具，纹样装饰的必要性不高，因而少在上面雕刻纹饰；另一方面，铁器也是比较容易腐蚀的器具，即使有少量的装饰纹样，由于年代的久远难以保存到当代。

除铜、铁等金属制品以外，广西合浦的汉墓还出土了金饼和大量的金配饰，以及玛瑙、琥珀等。黄金是贵重金属，春秋时期我国就开始把黄金作为重要货币。《管子・地数篇》称"黄金为中币"。战国时期黄金的流通量很大，出现了扁圆形的金饼和块状的金条货币。黄金至今仍具有价值尺度、支付储藏和世界货币的功能。合浦望牛岭1号西汉墓出土金饼2枚，一枚直径6.3厘米，重249克，刻一“大”字，下方细刻“太史”二字；一枚直径6.5厘米，重247克，刻一“阮”字，上方细刻一“位”字。此外，郁江畔的贵港市罗泊湾2号汉墓出土金饼一枚，直径5.5厘米，重239克，刻有可能是数字编码的“一囗囗川”字样。以上3枚金饼都是圆形，正面凹陷刻有铭文，背面稍微隆起纹饰粗糙，且“大小、轻重都比较接近，与全国各地出土的汉代金饼规格相近”。《汉书·地理志》记载西汉船队“赍黄金杂缯而往”，合浦、贵港都是汉代海上丝绸之路的重要港口或必经地点，此3枚金饼应该是海上贸易用作支付的国际货币。

合浦北插江盐堆1号汉墓出土金串球手链一串，4号汉墓出土金花球14枚，风门岭10号汉墓出土金花球2枚，经考古学专家鉴定，认为其装饰纹样的造型风格是印度的，是汉王朝通过海上丝绸之路与各国贸易往来的见证。

c. 瓯骆原始特色的陶器

陶器是最具瓯骆本土特色的器具。相对于铁、青铜等材料而言，陶土不像金属材料使人有冰冷和疏离感，而给人亲近、温暖、粗犷、朴拙的感觉。在广西，陶土材料的获取比较方便，广西地域内不少地方都有陶土可以直接开采，合浦高岭土曾是出口外贸原材料。陶器制作不像青铜和铁器需要冶炼，而只需要水、土、火，陶土经过烧制后可以长久地保存而不会被腐蚀和风化，即使经过上千年的时间，陶器材质的美依然能完好无损地呈现在世人面前。因陶土材料的易于获取和制作方式的相对简单，原始时代人类学会打制、磨制石器后，最先学会的是制造陶器。骆越地区由于其原始特征，陶器具有朴拙自然的独特风格特征。与中原等发达地区已经学会制作彩陶和上釉不同，广西汉代陶器基本属于粗制陶器，但其制作过程还可以看出是经过工匠的反复揉合、捏塑、拍打而成，器具具有淳朴的特点。正因为如此也将陶器材料本身所具有的独特气质更好地发挥出来，显得质朴温暖、自然粗犷、古拙厚重，其个性是别的材质无法比拟的，形成了具有瓯骆独特个性的陶器风格。陶俑方面，中原等地的东汉陶俑具有“遗貌取神”的表现手法，概括归纳了形体本身的个性特点而显得质朴无华又浑然大气，将陶土本身“朴拙”“自然粗犷”的气质发挥到极致，给人以厚重强大、古朴的视觉感受，显示出雄浑写意的艺术特征。广西汉陶器较多而汉俑数量较少，以动物造型为多，少量出现的陶俑人物在形体塑造方面粗糙而有一定的随意性，艺术水准相关甚远。

2.3 造型特色

汉文化传入广西，与本土文化的结合形成了具有地域特色的汉文化造型艺术特征。

a. 汉文化为主要特色

汉代中央政府在岭南设郡县，大批中原汉族人迁移岭南“与越杂处”，中原先进的汉文化以空前的广度和深度传入广西，成为广西地区文化的主体。以合浦黄泥岗1号汉墓出土的铜仓为例，其为一大间，人字坡瓦顶，平底，下以四只高足将仓体托起，其造型制式体现了南方少数民族干栏式建筑的

图2-15 广西壮族自治区博物馆馆藏文物，合浦出土的国家一级文物羽纹铜凤灯（图片来源于广西壮族自治区博物馆官网）

特点。从其装饰图纹看，仓门及板壁錾刻精致的图案纹饰。

仓门刻画的飞凤、饕餮是汉文化具有图腾意义的图像，飞凤纹样意蕴深远。《山海经》中的帝俊则是具有浓郁的南方地域特色的，是中国南方文化系统中主宰宇宙和世界的天帝。《山海经·大荒东经》载“有五采之鸟，相乡弃沙，惟帝俊下友。帝下两坛，采鸟是司”。《山海经·大荒西经》则云“一曰皇鸟，一曰鸾鸟，一曰凤鸟”，这些五采鸟也就是鸾凤之属，它们既是帝俊之友，又为帝俊守护神坛，与帝俊有着非同寻常的关系。《诗经·玄鸟》有“天命玄鸟，降而生商”，所以玄鸟是古代殷商民族之祖始神；而“帝俊之神，本为玄鸟”，帝俊也就是南方神话系统中玄鸟的化身。许多南方少数民族都有关于玄鸟的神话传说，以及将飞凤作为部族图腾，通常与太阳崇拜和太阳神话有着极为密切的关系。飞凤刻于仓门具有引导死者灵魂升天的意义。

粮仓门上还刻画有饕餮恐吓老鼠。左右板錾刻佩剑、执戈的武士应是粮仓的守卫者，由此可以看出汉代的服饰制式。左右山墙的“禽头兽身动物对舞和龟驮九枝灯”，韩湖初认为是描画欢乐的仙界。龟被视为神灵之物，“九枝灯”在江苏徐州十里铺等地有出土，为东汉时期的器物，“龟驮九枝灯”则是指喻神界。后墙所刻的“花树”既然是“云山上”，又上有飞凤，应是神树。《山海经·海内经》对神树“建木”所在的“都广之野”做了描述：“鸾鸟自歌，凤鸟自舞，灵寿实华，草木所聚。”正是所刻画的场景。晋代根据《山海经》演化而来的《玄中记》则云：“蓬莱之东，岱舆之山，上有扶桑之树。树高万丈，树巅常有天鸡，为巢于上。每夜至子时则天鸡鸣，而日中阳乌应之。阳乌鸣，则天下之鸡皆鸣。”也说明了有“天鸡”在上飞舞的“扶桑”即神树。

后墙中心刻虎，头小尾细长为华南虎造型。虎在华夏文化中有丰富的寓意。《山海经·大荒东经》载“（帝俊之后）使四鸟：虎、豹、熊、罴”。此外，《山海经·西山经》记载西王母：“其状

图2–16　合浦出土的陶罐　（图片来源：广西文物保护与考古研究所，合浦县文物管理局.2009~2013年合浦汉晋墓发掘报告［M］.北京：文物出版社，2016）

图2–17　合浦出土的胡人陶俑（图片来源：熊昭明，富霞.合浦汉墓［M］.南宁：广西科学技术出版社，2019）

如人，豹尾虎齿而善啸，蓬发戴胜，是司天之厉及五残。”《海内北经》和《大荒西经》记载她居于昆仑山，形状大致相同，前者称“有三青鸟”为之取食；后者称“有文有尾，皆白一处之”，即为虎的形象。在汉文化中，苍龙、朱雀、白虎和玄武四象分别配东南西北四宫等，分别为四方和四季之神，虎被视为秋神。合浦黄泥岗1号汉墓出土的铜仓，图纹装饰则有远古华夏文化中的南方文化特点，体现了岭南特色的汉文化意蕴。

b. 浓郁的瓯骆地域特色

广西汉代陶制明器无绘色，刻纹不是很精致，地域特征较明显，其干栏式建筑造型是南方少数民族地区的民居建筑，具有透风防潮的特点，合浦汉墓出土的陶屋、陶仓许多为这种具有南方地域特色的干栏式建筑结构。

整合楚、越、齐、鲁等其他地域文化而形成的汉文化在形成时就具有开放性，它在继承其传统主体的基础上，不断地吸收新的成分，不断丰富、充实、提高和发展。两汉时期，随着海上丝绸之路广西内陆沿线地区日渐开发，其文化特色与中原等地渐趋一致，汉文化成为桂北、桂东、桂东南沿线城市的主体文化，对广西地区的文明发展起到了重要的推动作用。另一方面，汉文化传入广西，也和广西瓯骆本土文化相互交融，器具造型出现了瓯骆本土化的倾向。

汉代中原先进的汉文化传入并散布广西各个地区，成为广西地区文化的主体，但地方特色仍未消失，瓯骆地区的文化传承仍在持续。出土的器物在造型及纹饰上虽以中原风格为主，但仍具有浓厚的地方特色，器型、纹饰传承明显。

铜器方面，汉代南方兴起了在薄胎上錾凿镂刻出繁缛精致的纹饰，使器皿显得精美华丽的青铜錾刻花纹工艺“在秦汉时代达到了登峰造极的阶段”。合浦望牛岭1号西汉墓出土的羽纹铜凤灯，工艺精湛、构思巧妙，錾刻花纹十分精致华丽，但其凤鸟造型与汉代中原地区的凤鸟画像有所不同，造型胖圆，显得稚拙可爱。凤是想象中的神鸟，谁都没见过，现今合浦县城周边农民还家养一种外表像火鸡的鸡，当地音为“谷噜鸡”，凤鸟灯造型与此品种的鸡外形颇为相似。

c. 式微的海外文化因素

海上丝绸之路对外贸易带来物资的交流。对合浦出土的琉璃、玛瑙、琥珀、水晶，还有金珠、香料等遗物进行分析，不少产地或工艺均不在北部湾地区和中原，而是从海外输入，同时金饼等交易货币的发现，足以证明当时海上贸易的发达及与海外文化交流的频繁。《汉书·地理志》（卷二十八）“粤地”条记载：“自日南（今越南中部）障塞（今越南顺化灵江口）、徐闻（今广东徐闻）、合浦（今广西合浦）船行可五月，有都元国（今苏门答腊）；又船行可四月，有邑卢没国（今缅甸勃固附近）；又船行可二十余日，有谌离国（今缅甸伊洛瓦底江沿岸）；步行可十余日，有夫甘都卢国（今缅甸伊洛瓦底江中游卑谬附近）。自夫甘都卢国船行可二月余，有黄支国（今印度康契普腊姆），民俗略与珠崖相类。其州广大，户口多，多异物，自武帝以来皆献见。有译长，属黄门，与应募者俱入海市明珠、璧流离、奇石异物，赍黄金杂缯而往。所至国皆禀食为耦，蛮夷贾船，转送致之。亦利交易，剽杀人。又苦逢风波溺死，不者数年来还，大珠至围二寸以下。平帝元始中，王莽辅政，欲耀威德，厚遗黄支王，令遣使献生犀牛。自黄支船行可八月，到皮宗（今马来半岛克拉地峡的帕克强河口）；船行可二月，到日南、象林（今越南广南潍川南）界云。黄支之南，有已程不国（今斯里兰卡），汉之译使自此还矣。”这段文字记载了西汉我国由“黄门”率领的一支官方船队，包括翻译和其他“应募者”，携带“黄金杂缯”而往，从合浦郡的徐闻、合浦港出发，经过五个月的行程，经缅甸到达印度半岛南部的黄支国去换取“明珠、璧流离、奇石异物”等物。王莽辅政期间又派遣一支船队再到黄支国，“令遣使献生犀牛”，然后从斯里兰卡途经新加坡、越南返航。它说明早在汉武帝时合浦港已经是海上贸易的重要港口。而且黄支国“自武帝以来皆献见”。可见西汉时期，随着海上丝绸之路的开辟，合浦、徐闻已经成为中国海上丝绸之路的重要海港，尤其是两汉时的合浦港，与东南亚、南亚等地政治经济交流频繁。而物资到达合浦港后通过内河枢纽运到内陆，沿途也有不少出土文物可以佐证这一贸易路线的存在。合浦出土的磨锄铜俑人物造型头型较短，两髋较高，宽鼻厚唇，为“胡人”造型。广西桂江沿岸昭平县出土的铜人吊灯，“铜人双膝跪地，双手捧油灯托盘，头上有条铜链子”，“戴着花帽”，“有着一个与众不同的鼻子”，是“波斯俑铜人”。广西梧州大塘出土的羽人铜灯，中间为深目高鼻的羽人胡俑坐像，则是西亚人物造型。

由于中国古代农耕社会自给自足的经济特征及文化等诸多因素，这些带有海外文化因素的器物造型数量相对较少，在社会文化中并没有占据主要的地位。

d. 开放性的造型观念

造型观念包含两个方面的思想内容，一是生产者的设计思想，二是制造完成以后器物所体现的文化思想内涵。汉代文化本身具有强烈的神灵崇拜特点，而对自然的信仰和亲近也是古代广西造物思想的一大特点。广西本土越人大体上是从原始社会直接跳入到封建阶级社会的，由于缺少科学理性的认知，只能依靠民间信仰和神话来弥补知识和经验上的不足，因此越人对其生存的环境总是怀着一种原始神灵崇拜的泛神论自然观，而使其艺术始终散发着一股浓郁的神秘气息。瓯骆大地的自然生态环境又给越人的艺术想象以无穷的滋养。江河山川、风雨雷电激活了越人丰富的想象力，同时也铸造了越人乐观、奔放、好动的性格。这直接导致越人在造型艺术上产生了一系列的创新，如铜鼓、青蛙舞等人神交感的、由民间信仰而产生的艺术形式，最终体现的是汉文化的“天人合一”世界观、人生观和瓯骆本土生态观的结合。

汉文化从形成起就是具有开放性的文化。赵佗建立南越国政权后，采取了任用当地越人首领为官吏、鼓励汉越通婚等许多促进汉越民族融合的措施，利用中原先进的文化和伦理道德教化、引导越人，教育越人“习汉字，学礼仪”，引导了岭南百越部落从原始氏族社会迅速走向了文明时代，使越人文化更具开放性。越人的这种文化开放性一方面体现在其对传入的先进汉文化的学习，另一方面则体现对所传入的汉文化的地域性改写，但由于某些历史的原因，其开放性的持续程度有赖于相对先进的文化的介入深度和广度。

汉越共有的这种文化开放性可视为汉代广西造型观念形成的本源动力，具有极强的开放性和兼容性。汉文化的造物观体现了民间信仰浓厚的儒道合体的生命价值观，寄托了人们的生命永恒、子嗣昌荣等美好愿望；本土瓯骆越人文化则包含了较多的原始信仰内容。瓯骆本土文化与中原、荆楚等地的汉文化不断碰撞、渗透、交融，各种文化的相互吸取、兼容、融通，在广西地区表现出一种区别于中原、齐鲁、荆楚等地，而具有瓯骆人文特征的地域文化气度。

3. 造物范式的影响因素

基于历史文化、工艺技术等因素的造物文化也基本呈现某种共同趋向的面貌，在此文化环境中的人们在造物活动中大致遵守某种稳定的观念与实践规范，我们称之为“造物范式”。自然环境、经济杠杆、文化环境与社会政治因素、精神信仰与民俗文化，对设计思想与造物范式的形成与发展有着重要的影响。

3.1 自然生态、技术条件与经济形态

气候、地理等自然生态因素对造物范式的形成有重要的作用，但不是唯一的因素。人类文化学的历史特殊论学派强调文化区域的特殊性，认为“环境只能是文明的使用材料，并不是形成或解释文明”。但自然环境为造物活动提供了物质基础，不同的生态环境往往对造物活动形成决定性的影响。生态环境往往形成了对自然原材料使用、技术应用、自然题材及功能选择等几个方面的因素，这些因素对造物范式的形成有决定性的作用。

先秦时期手工艺专著《考工记》说，“天有时，地有气，材有美，工有巧，合其四者然后可以为良”，首先陈述的要点就是自然生态因素。气候、地理条件往往决定了原材料的选择，而原材料的选择对造物范式往往形成决定性的作用。如中国南方地区盛产竹子，形成了多种类型的竹制品编造工艺；漆器在北方以木胎和夹纻胎为主，在南方则有竹胎，等等。“工巧”则是《考工记》在上述几要素中最为看重的，可以看作对技术的要求。技术是人们利用科学改造自然环境、利用资源的方法，技术应用对造物范式的发展产生巨大的推动作用。技术发明的原因是比较复杂的，其又往往与自然材料的选择有密切的关系。

汉代中央政府对广西地区的统一，设置郡县和开辟经由广西的海上丝绸之路，使得代表先进生产力的汉文化和技术源源不断流入，促进了广西地区生产力的发展和技术条件的提高，汉文化的工艺技术与瓯骆本土自然生态环境、原材料的结合，奠定了广西汉代造物范式的基础。

汉代占主导地位的经济形态是自给自足的小农自然经济，为农业和家庭手工业的结合，即“男耕女织”的自然分工。司马迁著的《史记·货殖列传》把汉帝国分为山西、山东、江南和龙门碣石以北四大经济区，各大经济区的粮食自给自足。在各大经济区内，农民维持基本生活和消费之后，会有一定的剩余产品。这些剩余产品，除了一部分作为赋税上交国家，还有相当一部分流入市场成为商品，使汉代商业得到发展。汉代虽然有以长安为中心的商业圈，南北分别有海上和陆地两条丝绸之路进行国际贸易，但市场机制发育并不成熟，很少有日用品的大规模长距离贩运。汉代虽然商业活动活跃，

但商品生产还不发达，除基本生活用品外，产品的生产主要是满足封建贵族的奢侈生活需要。

在自给自足的自然小农经济形态下，大多数民众过的是一种低欲望的生活，日用产品的边际效用不高。法国经济学家瓦尔拉认为，商品的价值取决于人们对它的效用的主观评价。汉代生活日用品边际效用低，因此作为商品的价值低而流通性不强，主要是满足本地区的自给自足，难以形成成熟的市场经济。《盐铁论·国疾》载贤良曰："……往者常民衣服温暖而不靡，器质朴牢而致用。衣足以蔽体，器足以便事，马足以易步，车足以自载……"反映的是一种满足于自给自足的经济态度。而与平民生活需求相对比的是上层贵族对奢侈品的享受需求却是无穷无尽的，由此也就形成了造物范式呈现材质与工艺的两极分化。汉代一般性的民间生活日用品造物，由于边际效用低而造成商业价值低、商业利润少，生产者为避免成本过高在市场上超过边际效用而无法售出，不太会在工艺和材料方面投入太多。选用材质比较集中在陶、木、竹、麻等天然易得的原料上，而很少使用其他材料，过程中的加工工艺也不会很复杂和精细，生产技术改进的动力也不强。而主要面对贵族阶层的漆器、铜器、金银工艺品等物品，则不惜成本对昂贵材质增加工艺，精雕细琢。汉代的陶瓷业有了很大发展，但是在厚葬之风盛行的直接影响下，较新品种的陶器都是作为明器使用，一般民众使用的日常生活品是泥质灰陶类，表现出明显简洁实用的工艺和造型。这种材质与工艺的两极分化，也体现在广西汉代器物的制造中，如满足贵族需要的錾刻花纹铜器刻纹精美，而生活陶器用品则简朴原始，当然陶器的这种简朴原始也与瓯骆地域的原始特征相关。

经济上的供需关系也决定了产品的生产方式。汉代社会为了保证造物活动的高端水平，以满足帝王、贵族官僚的需要，实行的是官办作坊的生产模式，人力、物力和资金等都由政府统一配送。在国家权力的干预和国家资源的支持下，官办作坊在人员、技术上占有优势，生产规模庞大，分工细致，生产过程有严格细致的规范。这种造物的生产方式保证了帝王贵族所需要的工艺高超和制作精美，并且无需考虑成本和资金。虽然汉代的私营手工业作坊也呈现一定的发展势头，但以人数较少的家庭作坊为主，规模与技术难以与官办作坊相比。广西汉代手工业遗址的沿江沿线分布，与国家推进郡县管理的线路一致，也侧面证实了汉代广西手工业的官办性质。

汉代官办作坊生产的优越性体现在造物范式的不断规范与完善。当时的官办作坊几乎覆盖了所有的造物门类。这虽然是国家权力对民间手工艺行业的集成，但却形成了自上而下的主导地位，在很大程度上反过来影响了民间造物范式，并深刻影响了边疆地区的民间造物观念。但是，广西手工业的官办与汉帝国中心的发达地区对比，规模、技术还是有较大差距的。汉帝国中心发达地区，由于维护封建等级的需要形成一系列制度性的规范，包括技术的规范化以及设计的标准化要求更为精细，而远在边陲的广西地区，技术与标准化要求显然要宽松得多，这也使得流入广西的造物文化融进了更多的瓯骆本地特色。

经济发展的动力与贸易方式也对造物范式产生较大的影响。汉代中心地区社会经济增长的基础来源于自足与稳定，在大一统的观念下，国家首先要保证社会稳定，因此造物上对有利于维护封建等级的"礼"的含义有较多的要求。而在南越地域，民族的融合与团结是社会稳定、经济得以发展的基础，等级观念的"礼"的规范相对中原有所减弱。赵佗采取了许多与当地越人相融合的政策，如任用越人官吏、鼓励汉越通婚，等等，因而造物文化也有与本地相融合的需要。汉代虽然开通了陆地和海洋的丝绸之路进行贸易，但这种贸易的目的也是为了满足皇家或上层贵族的需要。班固的《西都赋》记载，皇家园林上林苑的四方奇物“逾昆仑，越巨海。殊方异类，至于三万里”，反映了汉代对外交易带来物产的丰盛，但这些物产大多数是猎奇或是精美的奢侈品，供皇室贵族把玩享用而已，因而缺乏对社会生产力与技术提高的驱动，并没有在社会层面上对造物生产形成重要的实质性影响。

总之，广西由于边疆地区特殊的地理环境和经济形态使造物范式呈现一种汉越融合的特征。农业为本的经济政策和交通不便使造物活动的原料选取、材质运用倾向于地域化。官办作坊主导的生产模式使工艺手段、生产管理分工以及销售等多个环节吸收了一定程度的先进文化，形成一定程度上的规范但又有别于其他地区。产品制造以满足自我需要为主要目的，对外贸易对物质生产的造物范式影响较小，长期维持相对稳定的经济结构，造物文化趋于一定的稳定性。

3.2 历史造物文化与社会政治因素

人们在造物活动中大致遵守的某种稳定观念与实践规范，由物质文化和精神文化构成。自然生态、技术条件与经济形态属于物质文化的部分，也是最为基础的部分。在某一时代的造物范式形成及演进的过程中，总会不断地有新的文化因素融入或是改造着原来的观念和规范，并一直持续影响，形成新的造物程序和规范。从造物范式的历时性来说，秦大一统乃至之前的周礼的影响仍十分深远，这就是历史文化的积累和变动对造物范式所形成的持续影响力。秦代乃至更远古的华夏传统文化形成了汉代造物范式的基础与模本，历史进程的社会政治的变化，也往往形成新的社会文化，自上而下直接驱动造物范式向新的轨迹发展。

汉文化有较浓的楚文化成分，北方的《诗经》与楚地的《离骚》同是中国古代较有影响的文学著作，奠定了古代中国文学的风格流派基础。李泽厚甚至认为“汉文化就是楚文化，楚汉文化密不可分。尽管在政治、经济、法律等制度方面‘汉承秦制’，刘汉王朝基本上是承袭了秦代体制。但是，在意识形态的某些方面，又特别是在文学艺术领域，汉却依然保持了南楚故地的乡土本色”。汉代造物中也有着明显先秦楚风的影响，考古研究者们认为，汉代全面继承和发展了楚文化中的造物技术。后德俊认为，楚人的金属技术有着较高的成就，已经掌握了块炼渗碳钢和铸铁柔化等冶铁技术，现已出土的东周铁器也大多在楚国；中国社会科学院考古研究所的学术报告指出，在湖北大冶铜绿山古铜矿冶炼遗址发现的竖炉冶铜技术，为汉代冶铁技术提供了直接的基础；陈振裕认为，楚地的漆器品种齐全，造型新颖，工艺精湛，代表了先秦漆器工艺的最高水平，汉代漆器与楚地漆器的特征一脉相承，西汉漆器在胎质上主要为木胎和夹纻胎两种，其内胎的制法与楚国漆器几乎一致，只是夹纻胎变多，木胎变较轻薄，楚漆器的工艺技术在汉代得到继承和发展；汉代不仅沿袭和发展了楚国的织造技术，楚地出产的丝织品还大量流通到汉代其他地区；袁建平认为，湖北、湖南汉墓的绢、纱、罗、绮等丝织品种几乎都能见于战国楚墓；蔡靖泉认为，马王堆一号墓出土丝织品幅宽和组织结构与楚国丝织品基本一致，其出色的缫纺技术反映了对楚国缫纺技术的因承；汉代刺绣、染色和印花彩绘也是在楚国工艺技术基础上的推陈出新。楚国先进的丝织工艺为汉代纺织业的发展奠定了良好的基础。楚国悠久的竹器、玉器制作手工艺几乎全部为汉代所继承。楚文化奠定了汉造物文化相当重要的部分基础，随着汉文化在汉代广西的加速传入，不可能不对广西造物文化有所影响。湘楚地区与广西交界，各民族参差杂居，文化上相互影响，越人早在汉代之前就借鉴吸收了许多的楚工艺文化，并运用于本民族的造物设计。

政治因素导致的造物规范，在汉帝国中心地区十分明显，帝王、不同等级的贵族可以享受的物品规格不一样，有十分严格的制度规范。广西地处边陲，政治等级观念虽没有中心地区严格，但也受体制的约束。西汉前期一部分地区的墓葬保留着浓厚的奴隶制时代的特色，沿用旧的礼器制度。

3.3 造物范式的精神因素

造物范式中的精神因素就是指民间信仰、宗教观念、社会大众心态等内容反映到造物活动中，以满足人们对器物的功能需求之外的精神与心理需求功能的造物实践规范。除兵器、生产工具等一部分纯粹以功能需求的满足为制造目的的器物外，人们进行生活用品等物质文化的创造活动时，精神因素的注入是同步的过程。从装饰的角度来说，一部分装饰可以在后期附加完成，但是从设计学的角度来说，精神需求是与产品功能共同产生的。精神需求指导着人类造物活动从选材到造型、后期装饰的各个环节。每个地域的每个时代总有相对稳定和普遍的精神因素在造物活动中得到体现。产品造型与装饰图像是承载精神需求的重要载体，不同的时代和文化有着不同的产品造型与装饰需求，因此我们对器物造型与装饰纹样进行阐释，也就是对造物范式中精神因素的解读。

造物范式的精神因素可以从两个方面了解，一是宗教意识下形成的造物范式。与信仰有关的内容应该是人类最早在造物中呈现的精神因素，这反映人类最初对于自然环境的心理认知，以及人类出于渴望得到护佑的心理需求而进行的造物活动，因此有艺术产生于宗教之说。二是社会大众生活心理和习俗风尚影响下的造物范式。这种精神因素的影响同样有着显性的表现，如人们在各种器物上进行生活情境的雕刻或描绘，或是人们依据各种流行风俗进行的各种造物活动。如壮族青蛙节的所有物品，不仅仅是民间信仰的产物，也是满足婚恋生活的需求。信仰与习俗是人们进行造物活动中所蕴含的集体意识，表现出一个民族在特定时代特有的精神气质或性格。

汉代民间信仰在意识形态中占据了重要的地位。汉代宗教信仰的崇拜成分相当复杂，汉代有着十分独特的生死观念，盛行厚葬之风，对待死者应“事死如事生”，用大量器具陪葬以供死去的人使用，以让死去的人也过着与生前相类似的富贵生活，因此围绕丧葬礼俗的造物活动十分兴盛。广西合浦的许多汉墓葬中都发现有丰富的陪葬品。汉代民间盛行浓厚的巫术文化，这种方士法术信仰与西南少数民族原始信仰一拍即合，形成了少数民族民间信仰的主体，许多造物活动也就围绕这一主题展开。

多神崇拜、重祭祀，是楚文化、汉文化、越人本土文化的共同之处。这些汉代之前本就相互影响的多元文化，在赵佗建立南越国后采取的较多汉越融合政策促进下进一步交融，在汉代海上丝绸之路开辟后，更是在古老的瓯骆大地上加速融汇，形成了新的造物规范。从社会政治因素来说，汉代是广西历史上一个比较具有变革性的时代，在汉代之前，华夏造物文化传入广西是自然而缓慢的，汉代华夏文化的加速传入影响并奠定了广西各民族文化的基调，一直影响到后世。

III

纹样类别与装饰规范

纹样，《中国纹样辞典》中解释为：“用于装饰器物表面的花纹。”；在《辞海》中解释为：“装饰花纹的总称，一般分为单独纹样、适合纹样、角花（即角隅纹样）、边饰纹样、散点纹样、连续纹样（包括二方连续、四方连续）等。”广西汉代器具的装饰纹样包括平面的线纹、浅浮雕纹、深浮雕纹、部分圆雕的立体饰件等，器物的材质包括青铜器、漆器、丝织品、玉器、陶器、玻璃器、金首饰等。其中青铜器、陶器中所留存的纹样实物最多，类型也最丰富；出土的漆器、玉器都有装饰纹样，但器物数量不多；纺织品出土数量极少，纹样几乎不可辨认。在表现形式上，青铜器为各种生活器具和铜鼓，玉器多为首饰，这两者的纹样多立体的形式。陶器中的生活用品、丝织品等器物纹样多平面的形式。尚未受汉文化影响的少数民族本土纹样，这些器物的纹样拥有自身的发展脉络，这类纹样不在本文所考察的范围。

装饰（decoration）则是造物形态要素之一。装饰具有一定附从性，要与装饰的主体造型进行有机的结合。对于整个时代的造型艺术特征而言，装饰是极其重要的内容。

1. 纹样的功能与类别

广西属于边陲与少数民族地区，其汉文化成果无论是和中原、荆楚或吴越、南越相比都是有一定差距的，但还是有一定规模的种类和数量。其中既继承、发扬了经济发达地区商、西周时期以来曾经流行的题材，如云雷纹、兽面纹、龙纹等，又有一些地域特色的纹样，如凤、鸟、蛙等纹样，赵佗建立南越国后采取的汉越融合政策，加强了汉越民族文化的融汇，这些纹样中大多融入了汉代戍边汉人的审美情感和本土越人的审美情怀。

1.1 纹样的功能

纹样依托于器物，器物的胎体造型被制造出来后，再在此基础上装饰纹样，在器物中起到多种作用，既能产生一定的实用功能，又能寄托、表现人的精神信仰。这是一个产品完整的制作流程，技术与艺术两者相互联系且不可分割，共同构成完整的作品。无装饰的纯技术不能使产品成为艺术品，脱离结构、技术的装饰则是空中楼阁。

从设计学的角度来说，形式如同人的躯体，一切精神内涵的传达都必须通过材料媒介并依托可靠的技术手段所展开的一系列设计创造实践和行为，通过物质载体，付诸某种可以呈现的外在形式来实现。纹样是图形、图案的视觉呈现，其内在意义通过外在的形式表现出来而构成“有意味的形式”，表达其内在的含义。在这个层面之内，是核心层面的精神文化内核；在此外沿，是依托可靠的技术手段所展开的一系列设计创造实践和行为。

a. 实用功能

纹样在器物上能起到防滑、加固等作用。一些常出现在耳、把等与使用者手部接触的部位的纹样，在使用把持器具过程中起到了防滑的作用，使器物的适用性能显著提高，体现了以人为本的设计目的。如合浦出土的汉代铜镜背面都有饰纹，其目的就是增强镜子背部与手掌之间的摩擦力，起到防滑、易于把持的作用。许多作为炊煮器具的陶器、铜器上面的饰纹也都起到了防滑的作用，使器具更加易于把持而提高了实用功能。合浦出土的龙首羽纹铜魁，立体圆雕的龙形把手无疑极大增加了把持器具时的舒适感。纹样具有防滑的功能在这些汉代实用器物中是普遍存在的，汉代工匠根据器物具体的使用需求恰当地运用了雕刻纹样所具有相应的防滑功能，体现了优秀的设计能力。在一些器具上，铸造成立体形式的纹样还可以使器物中的各个构成部件更加牢固，从而延长其使用年限。一些铜器上的铜环通过兽形纹样铺首与器具主体所衔接，起到了很好的加固作用。陶器制作过程中的一种工艺就是拍打成型，使器壁更加牢固，拍打时使用一些带有纹理的工具进行，就在陶器表面形成了独特的纹理。可见，广西汉代的工匠艺人在制作器物的过程中，会巧妙地应用一些具有特殊肌理的纹样，或者在器具上雕刻纹样，弥补了制造工艺中出现的问题，提高了器具的使用功能，同时对器物亦产生较好的视觉装饰效果。

b. 精神功能

纹样最初的出现是为了实现某一种实用功能，是为了适应某器具制作工艺或使用上的要求，后来随着社会生产力的发展和人对自然世界认识的思维发展，器具制作的技术水平越来越高，制造出来的器物也越来越适于使用，器具上的纹样则变成以精神功能为主的装饰，实用功能为次。广西地域拥有自身独特的文化传统，越人崇拜太阳、雷、蛙，并在器物纹样中有大量的反映，是越人精神世界的物化。汉文化盛行升天思想，汉人沉迷于神话世界中，有“事死如事生”的人生态度，盛行厚葬之风，墓葬器物纹样装饰具有引魂升天的思想意味，大量的器物纹样与引魂升天或西王母所在的西方仙境相关，是越地汉人精神世界的反映。

1.2 纹样类别

a. 自然崇拜纹样

自然崇拜源于原始时代人类对自然力量的畏惧而以为有神，是人类历史上普遍存在并且流传时间最长的早期宗教形式。人对不可预知的自然力量的臆想是产生万物有灵观念的根据，而“灵”又逐渐演化为“精灵”，继而演化为“神灵”。自然崇拜的对象是神灵化的自然现象、自然力和自然物，即神灵化的天、地、日、月、风、云、水、火等。古代广西以农为主，由于自然灾害频繁，给人们的生活和生命安全造成严重威胁，因此人们不得不拜倒在大自然的脚下。广西地区出土的汉代器物装饰纹样中存在大量表现自然力量的纹样类型，反映了先民对自然神灵的崇拜思想，这些纹样包括太阳纹、云纹、雷纹等，其在传统纹样文化中具有较高的地位。

太阳纹源于日崇拜，华夏先民对太阳的崇拜具有远久的历史，古代越人很早便把太阳当神来膜拜。北海、合浦、贵港等地出土的铜鼓，是瓯骆汉越居民日崇拜的有力证据。整个铜鼓按当地壮族先民的神话传说中上、中、下三界天体来划分纹样装饰，鼓面是以太阳为中心的天体上界，围绕太阳的是飞鸟纹。无论是中心的太阳造型，还是环绕的飞鸟，都具有瓯骆地域的越人文化特色。

名称 纹饰	红九匡鼓	坪底村鼓	崇表岭屯鼓
太阳纹			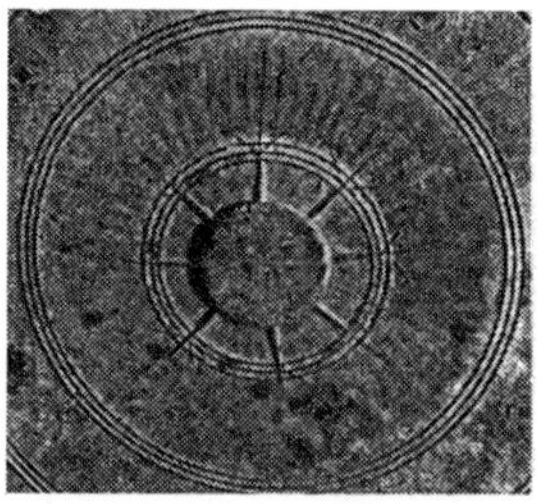
雷纹	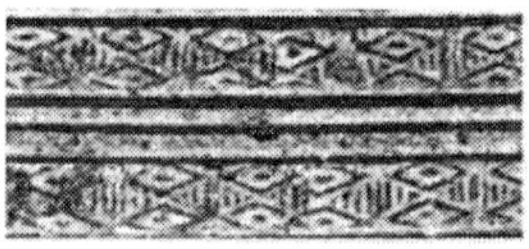	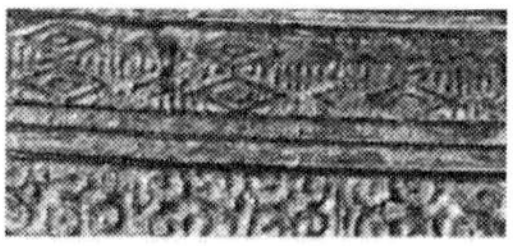	
鼓面 云纹	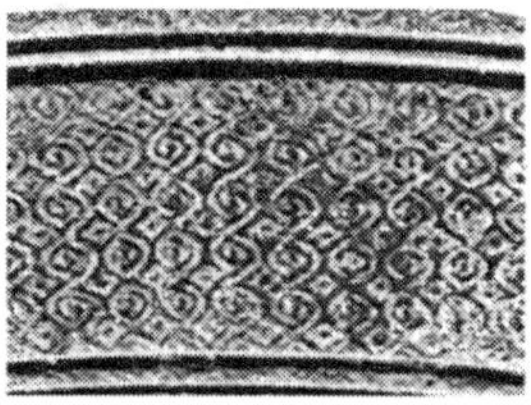	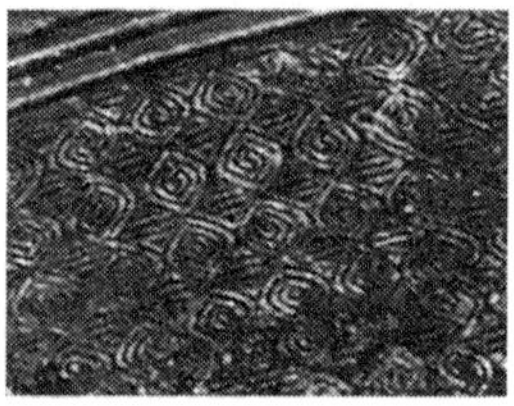	

图3-1　北海出土铜鼓上的太阳纹和云雷纹（图片来源：富霞.北海地区所见“汉代”铜鼓：汉代海上丝绸之路与汉文化［C］.北京：科学技术出版社，2019年.）

云雷纹是由线条构成的连续状螺旋形纹样，圆形的螺旋形纹样被称为“云纹”，方形的螺旋形纹样被称为“雷纹”，二者之间的差别有时并不是非常明显，因此一般合称为“云雷纹”。中原文化中的云雷纹有较长的历史，云纹最早可上溯到新石器时代晚期彩陶上的原始旋纹，是十分典型的抽象几何纹，楚汉云气纹、先秦卷云纹、商周云雷纹与之在形态上有着一种比较明显的承继关系。比较成熟的是商周青铜器装饰的云雷纹，有多种形态，主要由两部分构成：圆弧旋形的称为云纹，方折菱形的称为雷纹。郭沫若曾经认为云雷纹来源于指纹，古代的陶器是用手做的，上面多有指纹，后人仿制，所以有了云雷纹。朱凤瀚、田自秉等人认为先秦的雷纹与云纹的区别在于转折时是否有方角。杨建芳则认为，无论转角是圆形还是方形，均是由新石器时期东夷族和南方苗族中流行的蛇纹演变而来，并将其称为“云雷纹”。

新石器时期东夷族居住在黄河中下游。南方苗族则是蚩尤的后代，是和黄帝战败后的残余部落从中原地带南迁，逐渐在南方山区落脚定居。因此无论是东夷族还是南方苗族，都是远古华夏民族的一部分。远古华夏族的云雷纹传播到南方，给西南地区少数民族先民提供了造型参考。自然崇拜特别是雷崇拜在西南少数民族民间信仰中具有较高的地位，广西壮族的代表器具铜鼓又称雷鼓，鼓上装饰有大量的云雷纹。

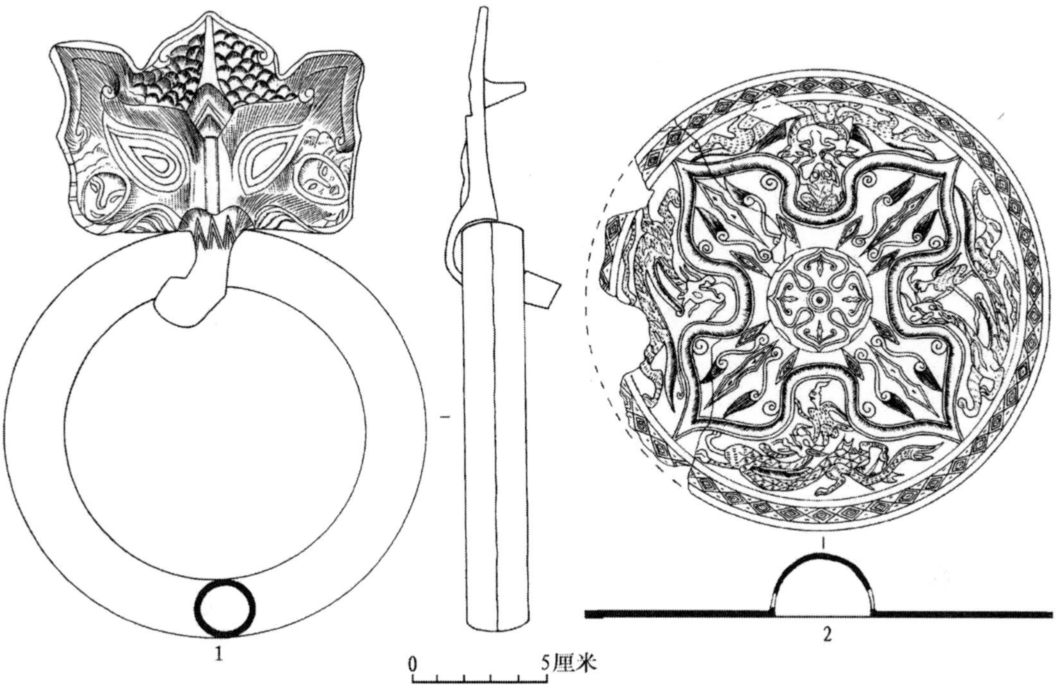

图3-2 合浦寮尾出土的饕餮纹铺首和铜钹纹样［图片来源：广西文物考古研究所，合浦县博物馆等. 广西合浦寮尾东汉三国墓发掘报告［J］.北京：考古学报，2012，（4）］

b. 动物崇拜纹样

动物崇拜是原始宗教自然崇拜的一部分，也是最先盛行的部分。对古代中国南方文化有重要影响的《山海经》，非常集中地反映了我国古代曾经盛行过的动物崇拜。动物崇拜在尚处于狩猎和畜牧时代的原始社会最为盛行，到了农耕时代有所减弱但仍流传下来。农耕时代原来所崇拜的对象一部分转移为家畜和耕畜的守护神，一部分野兽则成为图腾。

广西凤鸟纹是极具地域特色的纹样，不仅在广西出土的汉文化器物中存在，在广西出土的汉代铜鼓中也是不可缺少的装饰纹样，其造型特征和相距不远的楚地凤鸟纹中的一些样式有较多的相似，因此广西壮族的凤鸟纹样很有可能来源于楚地。

荆楚地区的凤鸟纹很有特色，虽然在商、西周时期中原地区就已经有大量的凤鸟纹，但其造型均与楚地凤鸟纹存在差异。东周时期楚国人一方面继承、发展了商、西周以来中原各地的凤鸟纹，另一方面由于楚人认为祝融是其祖先之一，而凤正是祝融的象征，因而楚人在器物中有意突出了凤纹的地位，其数量远超东周时期中原地区的诸侯各国。张庆考察出春秋战国的楚国凤鸟纹样有六种样式之多，这些凤鸟纹与广西汉代器物上面的凤鸟纹样一脉相承。

龙纹来源于对龙的崇拜，龙造型的器物在汉墓中出土数量并不少，但是龙纹样在广西出现的频率极少，远不如凤鸟纹。其原因有可能是龙纹代表的帝王、天子含义与边境居民无论是汉人移民还是少

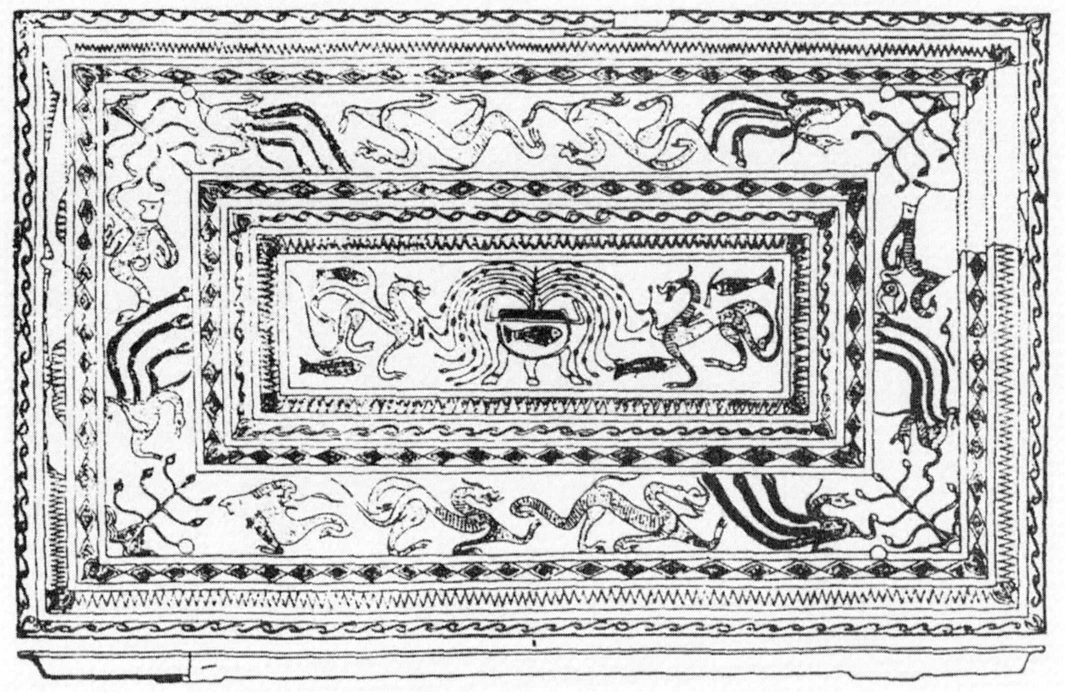

图3-3　梧州出土的望步案纹样（图片来源：蒋廷瑜.汉代錾刻花纹铜器研究［J］.北京：考古学报，2002，（3））

数民族土著居民的民俗生活都不相关。

饕餮原是一种古人想象的猛兽，青铜器时代以来饕餮纹被人们视为可以带来安全感的典型纹样。商代人把饕餮纹刻于钺上，是原始生殖崇拜和神灵崇拜的合二为一，代表了男权和无上的君权。汉代继承了商周以来的图腾崇拜，将兽面饕餮纹用于门辅首等装饰器具，有镇邪之意，有获得安全感。

虎纹也是中华民族的传统图腾纹样之一，有较为丰富的含义。西王母崇拜在汉代占据比较重要的地位，《山海经·大荒西经》记西王母为“人面虎身，有文有尾”。虎还是汉代神话的“四兽”之一。

c. 植物崇拜纹样

植物崇拜源于原始时代人的思维方式，根据原始人类的万物有灵论，植物也被认为是有灵魂的、神异的。植物有的被当作图腾来崇拜，有的被当作祖先来奉祀，有的被当作灵物来信仰，有的多籽植物被象征为女性生殖器，与生殖崇拜相关联。

叶纹在铜器和陶器中均有表现，有的作为主纹，有的是底纹。叶的造型共有三种样式，分别为椭圆形、心形、掌形，其中的叶脉描绘得较为清晰，具有丰富的层次感。叶纹几乎都是成组出现，造型均选用正面、平视的角度，正中心每组少则四片，最多时达到八片，围绕中心凸起的圆形或方形等间距排列成放射状。成组的叶纹大多数出现在铜镜背面的中心，亦有围绕铜镜的中心按照十字形的几何

图3–4　合浦出土的铜承盘纹样（图片来源：蒋廷瑜.汉代錾刻花纹铜器研究［J］.北京：考古学报，2002，（3））

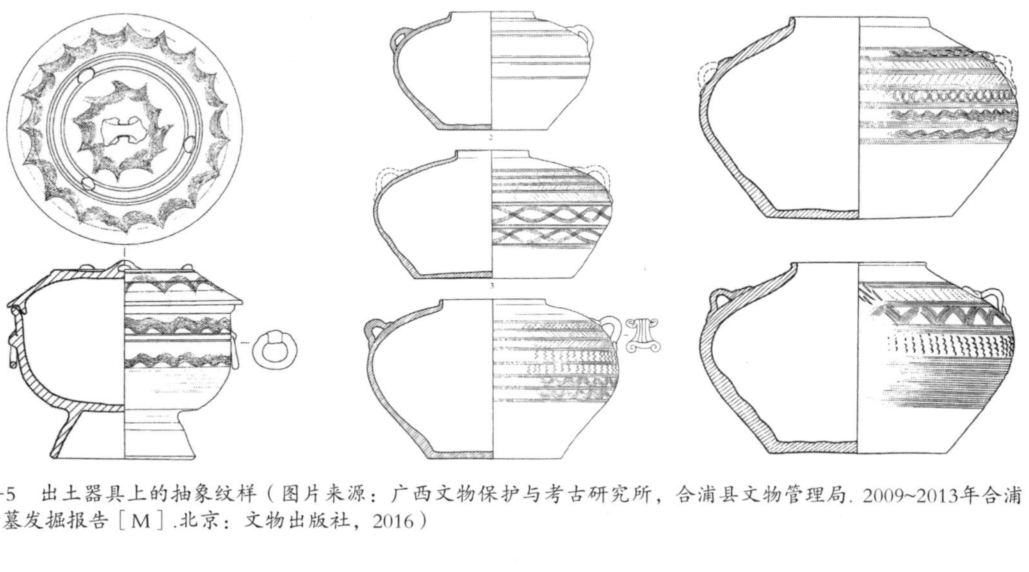

图3–5　出土器具上的抽象纹样（图片来源：广西文物保护与考古研究所，合浦县文物管理局. 2009~2013年合浦汉晋墓发掘报告［M］.北京：文物出版社，2016）

骨架重复排列的现象，最终形成了连续状叶纹，如连续叶纹。

叶脉纹，又称羽状纹。正中一条直线，向两边分出对称的斜排短线，既像飞禽的单片羽毛，又像某些植物的长叶。

四叶纹，常见于承盘中心，酒樽盒、提梁壶、扁壶等器的盖顶中心，与汉代某些铜镜的柿蒂纹近似。四片叶瓣粗大，尖顶宽，腹束腰，叶面填饰对称的双爪纹，双爪纹内又填饰连体梭形纹。叶瓣之间再饰动物纹。线条柔和精细。

树纹为扶桑树纹样。

d. 几何类纹样

几何类纹样是运用点、线、面及各种几何形状相结合构成的具有审美价值的抽象或半抽象的纹样图形，来源于早期人类对自然造像的原始拙朴的概况，人类从具体物象中抽象出几何图形是人类思维从直觉发展到建立抽象概念的印证。由于广西汉代时期的原始特色，因而几何类纹样是最为丰富的纹样，也是南方少数民族纹样与汉文化纹样的重要区别特征之一。

抽象的几何纹样是常见的装饰纹样，几乎每一类有纹样的器物上都有表现。最常见的有细密纹样带、锯齿纹、羽状锦纹、菱形锦纹、勾连S纹、网纹、水波纹、叶脉纹、四叶纹、菱形回纹、双重菱形纹、斜格纹。

细密纹样带一般有斜直之分，是最早出现的纹样，用于表现熏炉盖上山峦之间的边界，或是表现鸟类的羽毛，或是表现饕餮或兽类的角、鼻、眼和足部。叶脉纹也常用于表现熏炉盖顶山峦之峰，或是凤鸟、孔雀尾部羽毛的立体感。

锯齿纹又称三角纹，是一种比较多见的主纹边饰纹样，主要应用在壶、盘、盒、魁、炉、樽等器物上，其地位表现得很清晰。一般多重边，二方连续，构成纹带，常作主纹的边饰。有的人称之为三角纹，但多重三角的底边只有一道，不与其他二边重合，因此称锯齿纹较合适。

锦纹意为华丽似锦的纹饰，可分为菱形、羽状两种。羽状锦纹由单个类似于鱼鳞片的图案排列成行并多层叠压构成，因鳞片内侧錾刻有细如毫发的短毛纹，整体构造如开屏的孔雀般斑斓华丽，故称之为羽状锦纹，是装饰华丽的铜器的主要纹样。菱形锦纹，单个图案是菱形方块，呈四方连续展开成片，其间用椭圆形锁扣相连，每个菱形方块中又填以一个垂直的双层菱形图案，周边契刻细线纹，从而构成绚丽的织锦。

菱形回纹，单个菱形有二重边、三重边的，有的留出中心方格为阳纹。每个菱形外对角相连，构成二方连续的纹带作为主体花纹的边饰。也有两个或三个菱形块拼成一个单元，然后错相连续，构成较宽的主体纹带。

勾连S纹，见于食案，每一个单元呈英文字母“S”形，首尾互相勾连，形成纹带，作为边饰。

网纹，或称细方格纹，亦作主纹的边饰用，但较锯齿纹和菱形回纹要少。

羽纹，模拟鸟类羽毛的纹样。

菱形纹的单元形为菱形或近似菱形，广泛出现在陶器、铜器、漆器中，大多为连续纹样。

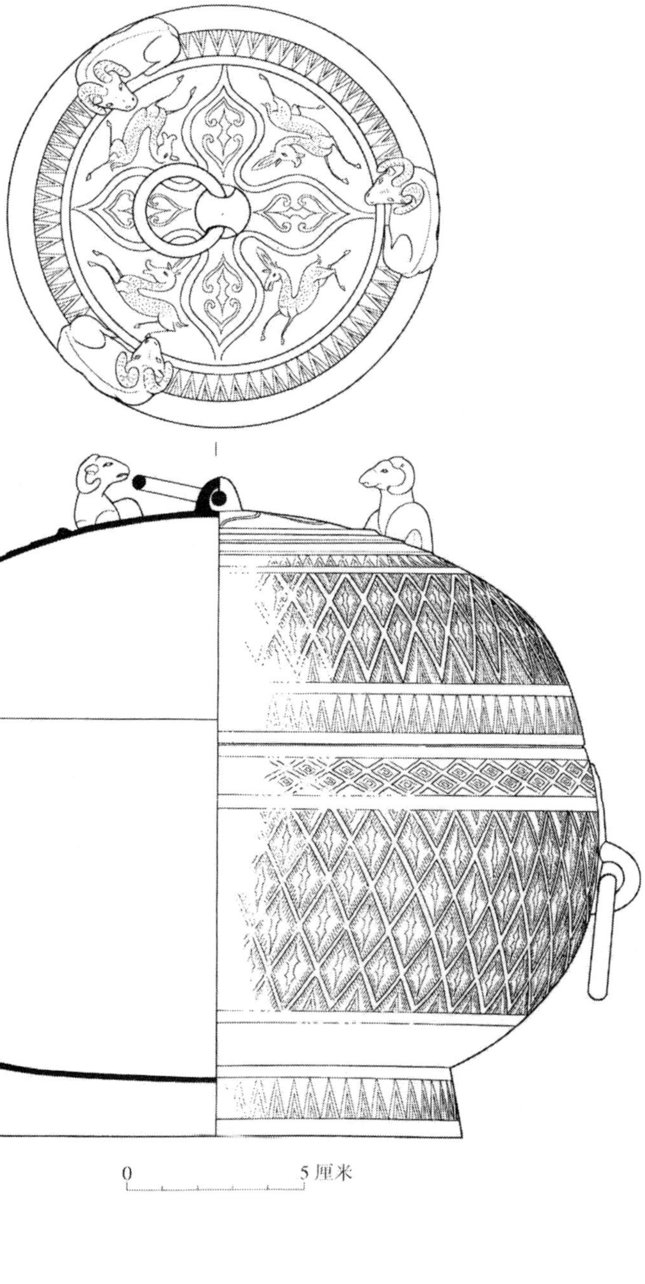

图3-6　出土器具上的菱形锦纹（图片来源：广西文物保护与考古研究所，合浦县文物管理局. 2009~2013年合浦汉晋墓发掘报告［M］.北京：文物出版社，2016）

绹纹呈立体的绳状，由两条以上的波线纹交错纽结而成，有粗细、松紧之别，是广西出土汉代器物中常见的纹样之一。

弦纹是器物表面凸起的平行线条，有两道、三道之分，常出现在青铜器、陶器、漆木器的腹部。

多角形纹常见的有三角形和六角形。三角形纹在丝织品、陶器、漆木器等多种材质中均有发现，以陶器中的形式最为丰富。

图3-7　合浦汉代文化博物馆收藏展出陶壶上的羽纹和饕餮纹衔环（陈建勋拍摄）

图3-8　合浦汉代文化博物馆收藏展出陶罐上的水波纹和阴刻弦纹（陈建勋拍摄）

图3-9　合浦汉代文化博物馆收藏展出陶罐上的方格戳纹（陈建勋拍摄）

图3-10　合浦汉代文化博物馆收藏展出陶提筒上的几何纹（陈建勋拍摄）

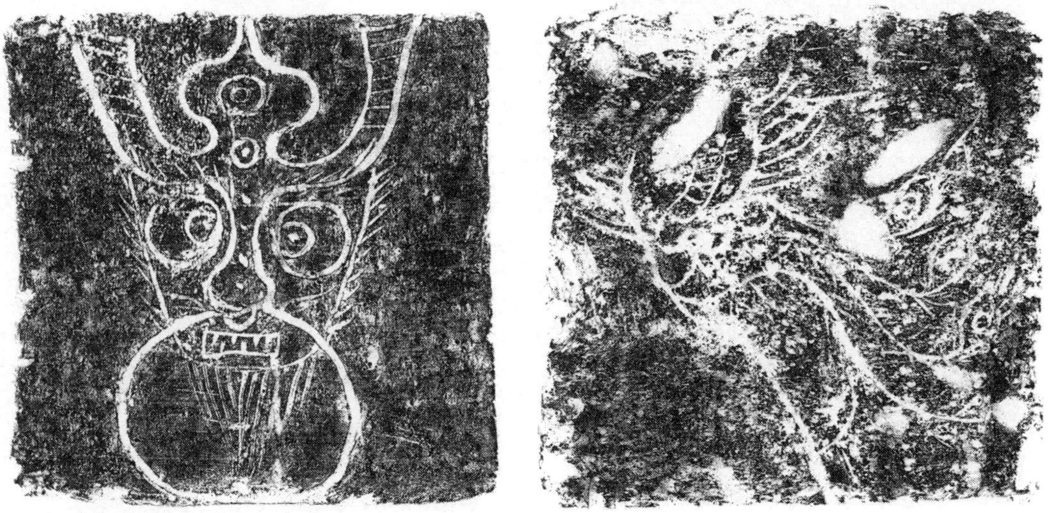

图3-11　东汉晚期墓砖纹样（图片来源：广西文物保护与考古研究所，合浦县文物管理局. 2009~2013年合浦汉晋墓发掘报告［M］.北京：文物出版社，2016）

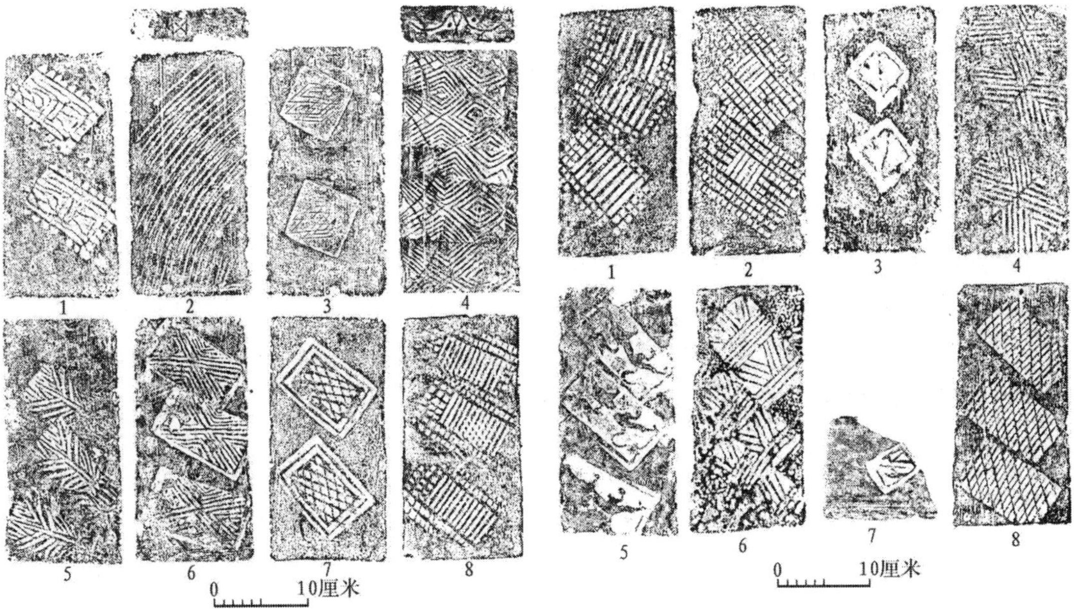

图3-12　合浦出土的陶砖纹样拓本（图片来源：广西文物考古研究所，合浦县博物馆等.广西合浦寮尾东汉三国墓发掘报告［J］.北京：考古学报，2012，（4））

e. 人物纹样

汉人器具中的人物纹样较少，有人形、武士像，见于墓砖和铜仓，或一些器具的局部造型，壮族铜鼓鼓身上则有较多的人物装饰。

2. 构成要素和装饰特征

随着海上丝绸之路的开辟，中原文明、瓯骆原始文化在广西境内融汇交流，产生了具有地域特色的装饰文化。装饰要素构成包括题材、造型、色彩、工艺、材料、构图等。如果把产品的设计看成是一个系统，那么它就是若干要素组成的综合体，各要素之间相互联系和影响，形成对立统一体。因此，研究广西汉代器物纹样，要将这些纹样放入当地的精神信仰等文化大背景下，综合分析纹样的各个构成要素给人带来的审美感受。

2.1 构成要素

a. 题材

广西汉代器物装饰纹样的题材始终围绕着表现广西汉越人民的精神信仰和生活方式，然后通过各类题材之间的搭配组合，以巧妙的造型组合，塑造出了精彩纷呈的特色。这些题材蕴含了独特的象征意义，是广西汉越人民精神世界的物化，具有较强的表意性。这些选用的题材既有现实中存在、具有南方地域特征的人物、动物，如虎、鹿、青蛙、蛇、猪等器物纹样，又有现实中不存在的幻想动物，如龙、凤、饕餮等，还有众多对自然造像抽象而来的纹样，如太阳纹、云雷纹等，这些纹样均服务于广西汉越居民的精神生活，体现了当地的神灵崇拜思想，或者反映了汉代人们对死后升天成仙的渴望，等等。总之，广西汉代器物装饰纹样所选题材与当时中央政府所倡导的“成教化，助人伦”的礼乐文化并不完全相同，其中融入了地域情感要素，充满了诗意和生命意识，极具浪漫主义特色。

整体而言，广西汉代器物装饰纹样多为继承楚越等地汉文化纹样，也有来源于南方土著民族的题材，还有部分来源于海上丝绸之路贸易往来流入的海外文化题材。这些题材的来源和器物造型的题材来源有较多的相似，都比较丰富，主要有以下几个类型：

第一种来源于神灵崇拜思想，是反映汉代广西地区移民精神世界及信仰的题材，以太阳、龙、凤、蛙、仙界神话等题材为主，也是广西汉代器物装饰纹样出现数量最多、频率最高的类型。这些题材所具备的象征意义，使它们反复地体现在各种礼器、生活器物的造型上，给当时广西地区的汉人移民带来较强的愉悦感。此类题材多出现在青铜器上，可称为广西汉代造物思想的典型代表题材。

第二种来源于日常生活中的一些场景，由于战国至秦汉以来的社会观念变革，礼器的要求有所下降，宗教题材减弱，人间生活和花鸟虫鱼逐渐成为纹饰的普遍题材。描绘的人物、动物、植物造型，显得轻松、自在，富有生活情趣。此类题材也有可观的数量，多出现在陶器和青铜器上，是神灵崇拜题材的补充。

第三种是各类几何形状的抽象题材，在器物中多以附加装饰的形式烘托主题，如多角形纹、弦纹、菱形纹等，其又有汉文化与骆越原始文化两个来源。由于汉代广西地区浓厚的原始特征，此类纹样无论是在汉文化陶器还是越文化陶器中都是使用最为普遍的装饰纹样。

第四种是海外文化带来的造型新特征，这些特征虽没有占据主体文化地位，但也拥有一定的数量，丰富了汉代广西的地域文化。如出土的首饰等器物上，有许多印度、东南亚乃至古罗马地区等海外文化题材的纹样。

此外，还有一些考证存在分歧的纹样取材，如合浦出土的印度玻璃器上的弦纹，有学者因弦纹在中国原始社会大量出现而认为是经由海上丝绸之路贸易流传到印度的中国装饰文化，而另外一些学者认为此类抽象纹样是人类原始社会共有的特征，无法证明是由中国传入印度。

早在春秋战国时期，随着中原等地社会思潮的活跃，先秦的百越人就吸收了来自荆楚、吴越等地的远古华夏文化。对于土著越人来说，没有中原等地发达的经济与技术支持，只有积极主动地学习他人之长，补己之短，学以致用，以谋求本氏族部落的发展壮大，因而具有开放性、多元性和务实性。这些特征多基于越人的善于学习和汉人官员、戍边将士、流犯、移民带入的汉文化。就是因为这种兼收并蓄的精神使得骆越艺术风格也由原始的封闭转向开放而体现丰富的题材。

b. 造型特点

与中原等地画像石、荆楚漆器等的纹样不同，以线为主的造型是广西汉代器物纹样普遍流行的表现方法。即便是相对于较多浮雕或立体铸造纹样的中原等地的铜器，南方地区日用品铜器仍以线刻的錾刻花纹铜器为代表。这种以线为纹样造型的方法，一方面可能是继承了相邻地区的荆楚文化，另一方面也可能是边远地区工艺技术的相对落后而被迫选择的形式，毕竟在器物表面上刻画线条比用面来塑造造型要相对容易。而且这些线条不像楚地纹样的线条那样有的为边缘线，有的是结构线，还有的是纯粹的装饰线，它们多为轮廓边缘线，样式比较单一。但是这些线的组合可以通过大小、疏密、位置、色彩等方面的变化，形成视觉形式的丰富变化，营造出纹样装饰的感染力，充分显示了边陲地区工艺匠人的智慧。

另外一个造型特点是骆越原始先民思维方式下形成图案纹样的原始抽象特征。《现代汉语词典》对“抽象”的解释是：“从许多事物中，舍弃个别的、非本质的属性，抽出共同的、本质的属性，叫抽象，是形成概念的必要手段。”视觉艺术中的抽象是从具象的形象中抽取其特征，把对象概括成简洁而有特征的形态。由于越人的原始社会特征，广西汉代陶器上存在大量应用抽象的造型方法表现的纹样。原始先民并不具有现代理性的提炼概况意识，他们只是出于互渗思维下对造型的本能分辨，在无意识中形成的抽象方法。他们自觉地在复杂的形体中抽取具有特征的元素，下意识地把一些无关紧要的细节省略，使新产生的形象显得简洁而具备独特的表现力和装饰性。这种原始抽象风格的纹样，在汉越文化融合的过程中常出现在造物表面。此外，中原等地大量的汉纹样也是从远古华夏先民对自然的抽象造型方法而产生的，一部分发展并流传到广西，如云雷纹、变形凤纹、龙凤合体纹、太阳纹等，这也是边陲地区对传统文化的一种传承。

除线描、原始性两个特征外，还有立体铸造的造型纹样。这些立体铸造的纹样体，也分为汉文化特征和骆越文化特征两种类型。中原等地的汉文化纹样，有些还具有复合造型、正负兼体造型等特征，有些还运用了造型上的打散重组等方法，但使用这些复杂造型方法制造的纹样在汉代广西器物上极少见，更多的是原始抽象的单纯组合。

c. 构图格局

受源头汉文化的影响，广西汉代造像纹样盛行的是阴阳五行观念下二元对称的构图格局。二方连续和四方连续是极为常见的纹样，从文字来看，“二”为二元，“四”则是“二”的倍数。中国传统的“阴阳”即为“阴”和“阳”二极，其相关学说是中华文化的根源，是传统中国“解释宇宙间诸现象”的理论依据。《老子》认为，“道生一，一生二，二生三，三生万物。万物负阴而抱阳，冲气以为和”。《易经·系辞》则记：“是故《易》有太极，是生两仪。两仪生四象，四象生八卦。”“五行”则是中国古代哲学的一种系统观，广泛用于中医、堪舆、命理、相术和占卜等方面。“五行”之说来源于古人把宇宙万物划分为木、火、土、金、水五种性质的事物，即“五材”。阴阳家根据“土、木、金、火、水”五材的特征抽象出五行之德，即“五德”。战国晚期邹衍将“五行”与“五德”相配，提出五德终始说，以五行相生相克、周而复始的循环变化观念说明事物的更替和制度的变化。这种说法为秦始皇所推崇，并为西汉董仲舒所继承。

儒家传统经典《尚书·洪范》记载：“五行：一曰水，二曰火，三曰木，四曰金，五曰土。水曰润下（滋润），火曰炎上（燃烧），木曰曲直（弯曲，舒张），金曰从革（成分致密，善分割），土爰稼穑（意指播种收获）。润下作咸，炎上作苦，曲直作酸，从革作辛，稼穑作甘。”五行的意义包含着阴阳演变过程的五种基本动态：水（代表浸润）、火（代表破灭）、金（代表敛聚）、木（代表生长）、土（代表融合）。中国古代哲学家用五行理论来说明世界万物的形成及其相互关系。它强调整体，旨在描述事物的运动形式以及转化关系。阴阳是古代的对立统一学说，五行是原始的系统论。在先秦，阴阳与五行分属不同系统，讲阴阳八卦者不讲五行，邹衍等五行家亦不谈阴阳八卦。

阴阳与五行学说在随后的发展中逐渐联系紧密，《吕氏春秋》将五行配合到阴阳运行的四时中，董仲舒则在邹衍等前人的基础上建立起“天”的哲学。“最明确地把儒家的基本理论与战国以来风行不衰的阴阳家的五行宇宙论具体地配置安排起来，从而使儒家的伦常政治纲领有了一个系统论的宇宙图式作为基石，使《易传》《中庸》以来儒家所向往的‘人与天地参’的世界观得到了具体的落实”。董仲舒借时学（阴阳五行学）发挥或者说发展《春秋》的天人感应思想，其思想固然奇伟怪谲，难以思议，但绝非无中生有，而是本着《春秋》穷天人之变的精神。董仲舒继承了经典中的五行思想，并发扬光大之，建立了一套囊括天人的宇宙学说。他认为，宇宙由木、火、土、金、水五种不同的属性组成。此五种不同的属性相生相胜，构成一个合理的宇宙关系。如木生火，火生土，土生金，金生水，水生木，反过来看则是水胜火，火胜金，金胜木，木胜土，土胜水。五行相生是一种生成关系，五行相胜是一种变救关系。宇宙按照这种五行相生相胜的关系生成变化，因而成为一个可理解的合理的宇宙。如木性主生故为春，火性主长故为夏，土性主养故为夏，金性主收故为秋，水性主藏故为冬。用五行来解释天时，天时即合乎理性可被理解。董仲舒提出“天地之气，合而为一；分为阴阳，判为四时，列为五行。行者，行也，其行不同，故谓之五行。五行者，五官也，比相生而间相胜也”。此处“比相生而间相胜”的具体表现为五行有序，“此其天次之序也”，且相生相克。“木胜土，土胜水，水胜火，火胜金，金胜木。……木壮水老火生金囚土死，火壮木老土生水囚金死，土壮火老金生木囚水死，金壮土老水生火囚木死，水壮金老木生土囚火死。……是故以水和土，以土和火，以火化金，以金治木，木复反土，五行相治，所以成器用”。班固的《白虎通》则进一步将五行看成是由阴阳分化出的五种气，将五行纳入了阴阳之中。阴阳五行学说在汉代得到确立后，人们不断发展扩充其内容，“把许多事物与五行的五相配合”。此后，与五相关的五行、五方、五色、五味、五官，等等，统统被纳入一个统一的阴阳五行思想体系中。

在董仲舒看来，不仅天时依五行构成，人事也依五行构成。如木为春生之性宜以农为本劝农事无夺农时，火为夏长之性宜选贤举能赏有功封有德，土为养成之性宜循宫室之制谨夫妇之别，金为秋收之性宜刑有罪伐无道安集天下，水为冬藏之性宜敬四时之祭与谛袷昭穆之序，等等。如此，依五行解人事，人事亦合理而可理解。

董仲舒的宇宙构成说认为，宇宙依五行被合理地安排，日月星辰、春夏秋冬、山河大地、鱼虫鸟兽等万事万物皆依五行之性合理地运行生成，因此人世间与自然界不应有灾异存在，之所以现实世界中有人世间之灾与自然界之异的灾异现象存在，是因为不依五行之性合理地生成运行，破坏了建立在五行之上的合理的宇宙关系所致。故董仲舒在《春秋繁露·治乱五行》一章中专门论述了灾异产生的原因是破坏了合理的五行关系。

这种统一融合的五行思想体系，在官民一致的宗教信仰下，在汉代推行儒家思想的政策支持下，迅速传播开来，至东汉时期在社会各阶层获得了广泛的认同，影响深入到包括装饰艺术在内的人们生活的各个领域。在中原地区，这种阴阳五行观念下二元对称的构图格局很多体现在墓葬的石、砖画像中，甚至可以凭此判断石墓画像的具体建造年代。广西以合浦为主的出土汉墓石画像并不多，刻画画像的墓室也很少见，多为刻画抽象划纹的砖，这种二元对称的构图格局在铜器等器具上比较常见。

具有骆越本土特征的几何抽象纹样，其构图组织又是另外一种比较单纯的格局，多在陶器中出现。

d. 材质表现

纹样由于各种材质的不同而表现形式不尽相同。器物的材质包括金属器、陶器、玉器、漆器、纺织品等，由于制作工艺的差别，形成线纹、浅浮雕纹、深浮雕纹、立体饰件等表现形式。

金属器具中的铁器基本用于生产工具和兵器，无装饰纹样且易于腐蚀，留存的数量不多，保存完好、可以清晰看出纹样的是铜器。铜器以两大类型为代表，一类是具有较强汉文化特征的各种生活日用品，包括灯、鼎、壶、匜、盘等，另一类是具有较强骆越文化特征的铜鼓。在广西具有汉文化特征的器具上的纹样多为简单的线刻纹，立体造型的铸造纹样除在铜镜背面及部分铜器的特定部位出现较多外，并不普遍出现。这些器具多采用錾刻花纹的工艺，显得精美华贵，纹样造型线条为錾刻线。立体铸造的纹样部件在越人铸造的铜鼓上普遍出现，太阳纹、凤鸟纹、云雷纹等都是制模铸造的浮雕状且有起伏的立体纹样，铜鼓上蛙的造型更是三维立体的。

陶器是铜器以外较具骆越文化特征的另一类器具，也有两大类型，一类是罐、壶等各种生活日用品，另一类是明器等陪葬品。生活日用品上的纹样制作工艺以模印和划刻为主，造型亦有自身的特色。模印纹样大多是在制作陶器的过程中用工具在胎体上进行拍打或刻划而成，也有运用预先做好的模型在器壁外压印；划刻则是做好泥质胎体后在表面划刻出纹样。陶器纹样均为具有原始特色的抽象纹样，有方格纹、划纹、云纹、水波纹、席纹、麻点纹等。广西汉代陶器用品的纹样并没有中原等地的彩绘彩釉的表现方式，多显得原始古朴。陶制明器等其他陪葬品除具有动物、人物、民居建筑等造型外，还有少量的几何抽象纹样装饰，这些纹样无一例外全是简单的线条刻画，不像中原等地的汉代明器有彩绘表现的纹样。

玉石类器物的材质有玉、玛瑙、水晶等，以雕琢工艺为主。玉器由于其珍贵，出土数量并不多，纹样中常见的表现形式有阴刻、阳刻、透雕、浮雕。玉器的纹样雕刻十分精致华美，且造型完全是汉文化造型特征，从其工艺水平、便于携带等方面考虑，应该是汉族官吏从发达地区带入。首饰品除造型外，也有不少雕刻的纹样装饰，这些纹样既有中国文化类型的，也有印度等海外文化类型的。

广西出土的汉代漆器与长沙马王堆汉墓出土的漆器有很大差别。首先纹样题材远不如长沙马王堆汉墓出土的漆器广泛，全为抽象的波浪纹、点纹、鸟头纹、流云纹、菱形纹、B字纹、星云纹、栉纹、弦纹、雷纹、云凤纹、变形龙纹等；其次在表现手法上只有漆绘一种，远不如长沙马王堆汉墓出土的漆器表现手法多，边疆地区的工艺技术与文化毕竟与发达地区客观上存在差距。

2.2 装饰特征

a. 装饰手法

广西汉代器物装饰纹样在表现手法上的特征明显为生活用器的平面线刻装饰。尽管有一部分器物是利用立体铸造的方法铸造出圆雕浮雕等效果，在造物上形成凹凸多样、富于体面变化的装饰形态，但总体来说，无论是陶器还是铜器，平面线刻均占了较大的比例。

视觉平面元素作为装饰手法在中原、荆楚等地大量出现，二维形态装饰是汉文化主要的装饰手法，如漆画、陶器彩绘、建筑上的彩绘和画像等，金属装饰的错金工艺也是建立于器物表面的二维形态的。画像砖、画像石虽有高浮雕、透雕工艺，但往往追求浑厚内敛的画意，图像都是平面化，并不遵循立体的透视法则。玉器、青铜器上的浮雕装饰，也都是建立在二维形态基础上的半立体意匠，错金博山炉在立体起伏的仙山造型上还附加有平面的云气纹饰。因此，平面装饰是汉代的装饰手法特征，但汉代画像石等造型往往是以面的视觉形式体现，而广西汉代器物中线刻占比例较多，这并不完全是技术上的原因，反映了礼器特征的宗教器物在广西汉人心目中地位的衰落，器物的造像和装饰更加倾向于生活化。而具有较多立体纹样效果的铜鼓，是越人的民间信仰和宗教用品，是越人的“礼”器而比生活日用品有更多的造型装饰要求。

b. 程式规律

纹样是按照一定的程式规律组织构成的。汉代的装饰手法形成一定的程式，反映了当时儒家文化主导下的相对稳定的审美类型和理想。同时，由于各地域及文化环境的不同，程式规律又有着一定的变体。在古代骆越地域，其具有原始特征的程式规律丰富了汉文化纹样程式变化的多样性，呈现出多元丰富与和谐统一的面貌，既有汉纹样的律动感，又有静态的美，很多时候表现出流水飞云的美感，整体画面仍有内在骨架对重复单元进行组织，流动飘逸又不失严谨，既具有汉代的浪漫主义气质又具有骆越原始特征。

表现复杂场景的纹样，其视觉空间还往往以上下层次的方式组织，并且前后大小相仿，以低位呈现近景、高位呈现远景的方式进行表现，合浦出土的铜池塘、贵港出土的铜案纹样，就是这种多视点组织的代表，体现了中国传统纹样的典型程式规律，雷圭元先生称之为“平视体”。平视方式使得装饰纹样都是以层层相叠列位并置的形象组织而成，每个单元或形象一般都以全貌呈现，不会被遮挡。另外，铜镜和铜鼓鼓面还有一种非常常见的组织方式，是以向心围绕的方式进行组织，体现出观念性和意匠化的特征。

3. 装饰思想与艺术规范

从视觉形式上看，广西汉代器物的装饰纹样结合自身的文化传统，吸取了地域文化的有用因子，形成了自身的形式特征，并与周边地区的装饰风格形成了一定的差别，表现出具有地域特征的装饰思想和装饰规范。

3.1 装饰思想

纹样的产生始于实用，自从原始人类意识到纹样所包含的精神内容之后，便充分地发挥了自己的想象，千方百计让纹样服务于自己的精神需求，如图腾崇拜、求雨问卦符号等。广西汉代器物的装饰纹样蕴含着独特的装饰思想，反映了汉越居民的审美倾向、神灵崇拜等观念。可以说，这些装饰思想始终围绕着汉越居民生活中存在的各种需求，使其获得了物质和精神上的满足，对现今的设计仍具有一定的参考价值。

a. 观物取象的装饰思想

华夏先民在造物时，是从原始仿生学的角度，并经过神学解释的万物比拟而来。《易经·系辞》说：“仰则观象于天，俯则观法于地，观鸟兽之文与地之宜，近取诸身，远取诸物。”《庄子·天道》曰：“夫尊卑先后，天地之行也，故圣人取象焉。”沈括著写的《梦溪笔谈·象数一》说：“四方取象：苍龙、白虎、朱雀、螣蛇。”又说：“所谓青龙者，东方厥阴之气，其性仁，其神化，其色青，其形长，其虫鳞。……其他取象皆如是。”说明了在神灵崇拜意识下的古代原始仿生学取象的原理。与沈括同处宋代的郑樵则认为古人造器不完全是为了器的实用，而“皆有所取象”。

观“象”之说体现了远古华夏的各行各业中普遍存在方法论。如天文、历法、农耕、医疗、冶炼、探矿、建房等，都认为“象”与事物的本质有一种密切的联系，能起到提示的作用。编制历法的人需要观察天象方能授时，通过观测自然界中存在的天象、物象、气象等，制定历法来指导农业生产。古人在建房时必须要先看风水之“象”，这种习惯至今在国内不少地方仍沿袭。在冶炼时则依赖于生产工艺过程所出现的“象”来判断冶炼的火候，《考工记》指导冶铸：“凡铸金之状，金与锡，黑浊之气竭，黄白次之；黄白之气竭，青白次之；青白之气竭，青气次之，然后可铸也。”古人没有准确的温度概念，只有通过不断地观察金属加热过程中随着温度升高逐渐形成不同颜色的火焰形成的“象”来把控生产环节。中医的“望、闻、问、切”，即观病人之“象”以定病情，是传统医学诊病的基本方法。著名的《扁鹊见蔡桓公》的故事即是扁鹊观蔡桓公之“象”而诊断出其有病。观“象”的方法被古人广泛应用在生产、生活、政治、经济、文化中，形成了“尚象”的装饰观念，在制器时把纹样装饰与器物造型统一作为诉诸视觉的“象”进行思考，最终形成了具有纹样装饰的器物造型。

广西汉越居民所尚之象与华夏文化传统、风俗习惯、地域信仰等紧密相关，脱离了这一点，将无法理解其中的内涵。他们铸造器物、设计装饰纹样所取的“象”不仅来源于自然界具象的形体，许多还经过抽象的造型提取，具有形而上的符号象征意义，含蓄地表现出他们的精神情感。这些纹样不仅有大自然中存在的人物纹、树纹、虎纹、蛙纹、蛇纹等，还有现实中并不存在的凤纹、龙纹、扶桑树纹、太阳纹、雷纹等。这些纹样大多具有符号的特征，由具象的原型抽象变形而来，或者是抽象概念的符号，易于识别。它们来源于人们生活中所熟悉的题材，或符合人类视觉规范的符号抽象提炼方法，让人们能够快速地体会到其中的象征意义。

b. 敬神祀鬼的装饰思想

汉代敬神祀鬼的民间信仰在意识形态中占据了重要的地位。在广西汉文化主要来源的荆楚和吴越等地，敬祀鬼神之风极盛。《汉书・地理志》中记：“楚人信巫鬼，重淫祀。”《吴越春秋・勾践阴谋外传》称越王“尊天事鬼神以求福”，“立东郊以祭阳，名曰东皇公；立西郊以祭阴，名曰西王母。”中原地区也同样有着浓重的敬祀鬼神之风。汉代人认为人死后的魂将飞升至昆仑仙境，而魄可以与遗体一起留在地下阴宅中享受与生时一样的快乐，故在安葬时有“事死如事生”之说，死者生前所用的器物大多要作为陪葬品。在制造生活、祭祀用的器物及选用纹样的题材时，努力塑造出一个超越自然的语境去取悦其崇拜的神灵，最大限度地接近神灵以得到庇佑。器具造型与装饰纹样围绕以美敬神的目的，想象力丰富。这种敬神祀鬼的装饰思想在造物与装饰中得到了全面的体现。

汉代人的生死观念体现在对死者的厚葬方面，器具装饰的纹样具有祭祀死去的神灵、引导灵魂升天的功能。广西合浦黄泥岗1号墓出土的铜仓左右山墙刻画了禽头兽身动物对舞、龟驮九枝灯的仙境，特别是门上刻飞凤即有引导死者升天之意。因此，敬神祀鬼思想是今人了解汉代造物与纹样设计思想的重要路径之一。广西出土的汉代文物中有不少铜镜陪葬品，这些铜镜往往塑造出了一个汉代人心目中以北极星和苍龙、朱雀、白虎、玄武四兽作为象征符号的四时神灵崇拜系统，汉代人相信死去的人和周行不殆的星象系统一样，可以升天而重生。因此，广西汉代造物与纹样设计中存在的敬神祀鬼思想，充分表达了民间鬼神信仰在汉代人心理需求中的重要地位。

本土越人更是有着比汉人更为浓重的原始神灵崇拜思想，纹样装饰无不是源于对天地鬼神、祖宗神灵的崇拜。

c. 喜繁好丽的装饰思想

以繁为美的装饰思想无论是在汉文化纹样装饰上还是少数民族装饰中都有突出的表现。与奴隶社会的商、西周时期的纹样相比，汉代纹样更具生活气息，并在南方地区体现了造型秀丽的特征，其中包含了大量的细节，具有强烈的秩序感，体现了汉代人喜繁好丽的装饰思想。汉代南方地区山川秀美，纹样中的写实造型大多较为纤细，线条之间的转折变化柔和而微妙，显得秀丽、灵动，注重各个局部之间的粗细变化，精致的造型令人感觉所塑造的形体仿佛能随时跃然于器物之外。这种秀美的艺术审美情趣是汉代南方艺术转向为生活服务所决定的。随着社会生产力的发展和社会物质财富的积累，生活中简单的装饰风格已经很难满足人们精神上的需求，而生产力的发展带来的技术进步，也使得应用繁复的工艺成为可能。古今中外各民族在步入成熟稳定的农业社会后，无论是写实纹样还是抽象的纹样，其中几乎都有丰富的装饰细节，只不过风格各异而已。如唐代纹样是富丽风格的繁复，宋代纹样是清秀气质的繁复，而南方的地理特征尤其是广西山水表现出的是秀丽的美。这些广西汉代纹样即使是抽象的几何纹，也往往应用在几何线构建出大体的骨架之后，在其中安排大小不一的形体，营造出了十分丰富的层次感，如各类菱形纹中的锦状菱形纹，与人类原始时期简朴的几何纹完全不同，也不可能相同。这种以繁杂和秀丽为美的装饰思想，也影响了原本比较具原始特征的土著居民的装饰文化，使其脱离了原始粗纯的装饰观念，成为南方少数民族装饰艺术特征之一。

d. 兼收并蓄的装饰思想

传入广西的汉文化，来源于中原、荆楚及吴越等地，来源的丰富多样性决定了其具有开放性，而文化的包容性会反映到装饰纹样之中。同时，广西地处边陲，远离帝国中心地区，文化中一些礼制规则等约束减弱，无论是本土地域的还是发达地区的装饰纹样都可能成为居住在广西的汉人生活中的一部分。在这种开放性的文化态度影响下，商周以来的文化，荆楚、吴越、巴蜀、岭南等地域文化，瓯骆土著民族等所用纹样的题材、装饰手法、材料等均成为其学习、借鉴的对象，表现出一种兼收并蓄的设计思想，形成了具有地域特点的一定创新。汉代开辟的海上丝绸之路就像一个具有向心力的磁场，把沿线各地域的文化元素融汇在一起，形成自身的特色。

e. 因地制宜的装饰思想

广西汉代工艺匠人在组织器物的纹样时，并不追求与发达地区完全一致，他们会根据地域特点，在不同的器物造型组织各类适宜的地域性纹样，适应了当地的生产技术要求。这些地域性的纹样增强了器物的形式美感和使用功能，实现了形式与功能的完美统一。

汉代中原等地制陶的工艺水平很高，造型优美，质地精良，出土的随葬陶器数量与品种都超过以往各代，纹样丰富，线条优美、色彩绚丽美观，有比较高的艺术价值。新石器时代以来的几何印纹陶器的工艺传统，在战国时期的中原地区达到了顶峰，在形制、装饰方面都极具地方特色，并延续到两汉时期。而汉代以前广西地区基本尚未开发，带有较多的原始特征。早期瓯骆文化的几何印纹陶器是出土器物中最具特色的，在位于中越边境的东兴等地都有发现。广西汉代陶器装饰并没有重复中原等地的式样，而普遍以明显的瓯骆原始特征的几何化抽象化纹样为装饰。许多陶器的造型、器型和纹样虽以中原风格为主特征，但与中原地区有较大差别，出现了地域本土化的因地制宜的趋向。早期瓯骆文化的几何印纹陶器成为广西出土陶器中最具地方特色的器物，在广西合浦几乎所有的汉墓均有出土。这些汉墓出土的陶器饰有中原文化特点的卷云纹、圆形方孔钱纹等各种纹样，但线条显得具有地域性，简洁粗犷，带有瓯骆原始纹样的一些特征，源自本土的骆越纹样被广泛应用于其中。

陶器纹样因地制宜的瓯骆本土化倾向可以理解为一方面是受限于一些技术的原因，边陲地区毕竟与帝国中心的经济文化发达地区有较大的文化与技术差距，纹样的制作与中原等地区相比在精致方面有一定的差距；另一方面，它也吸收了当地的原始文化精华。

3.2 装饰规范

a. 彰显器物功能

满足使用功能是汉越居民运用纹样装饰器物的重要规范。广西地处偏远，古代交通不便，生产技术落后，物质生活并不丰裕，因此人们制造器物时首先考虑的是满足使用功能。纵观当前所出土发现的广西汉代器物，其中的装饰均以满足或增强器物的使用功能为目的。可见，获取良好的功能是当时汉越居民造物的首要目的，以此提高生活质量。

这些装饰纹样首先是满足器物的实用功能。纹样装饰往往体现人的精神信仰，使其具有祭祀、礼制等精神功能，但与实用功能有着密切的关系。在器物中通过纹样所营造的场景能够实现某一种特定的精神功能，如通过太阳纹表现越人的太阳崇拜，通过云雷纹表现雷崇拜，等等，但这些纹样往往起到了加固器具、使器具更易于握持等实用功效。因此，装饰的目的是为了进一步增强器物的功能，这也是广西汉越居民对器物进行纹样装饰的首要原则之一。

b. 程式化特征

几乎每一类器物中都有一些习惯性的纹样装饰方法，仅在局部的细节上略有差别。如铜器表面相近部位各种宽窄不一的装饰带，铜镜以四分布局象征四季，铜樽盖通常为浮雕有立体形状的纹样，陶罐刻纹大体在相同部位且纹样风格多统一为抽象几何纹样，等等。这些装饰手法的使用说明工艺匠人在组织纹样时，存在着程式化的装饰法则，依据不同造型形成了各类器物多种不同的装饰布局，反映了汉越居民的精神需求。

几何纹样的格式是装饰范式程式化的直接体现，因而产生单独纹样、二方连续、四方连续、适合纹样等等。在实际的装饰中，如果需要一个带状的装饰纹样设计，往往是将一个独立单元的图形左右或上下连续排列，再赋予平行式、直立式、波纹式、折线式、相对式、一整一半式、旋转式、散点式等形式变化，形成连续的一个纹样带，称之为二方连续纹样。适合纹样则是为了适合特定的外形，如圆形、方形、三角形等，其外形与器内的纹样要达到完美的结合与变化，也由此产生了对称、均衡、离心、向心、旋转、多层等形式变化，几何纹样的程式特征因此产生。

c. 平面视觉形式

平面视觉形式是汉代艺术的特征，其来源于东方人的意象思维。立体的光与体积，从来不是中国传统造型艺术的追求。中原等地浮雕式的纹样装饰的造型观念是建立在平面上的。广西除壮族铜鼓外，青铜器采用的是盛行于南方地区的錾刻花纹工艺，是线刻形式的平面纹样装饰。陶器的刻纹也是平面的。其原因除工艺技术更加简单以外，意象性的审美思维也决定了装饰形式的平面特征。

d. 节奏与韵律

广西汉代器物的纹样装饰普遍运用了具有秩序感的装饰规则，显现出其独特的节奏与韵律感。器物上的纹样层次清晰，主题鲜明。节奏与韵律存在于装饰艺术的各个方面，体现了人的审美趣味。广西汉代器物的纹样装饰充分体现了汉越居民对视觉艺术中节奏与韵律感的把握。广西社会生产力相对较为落后，经济不发达，本土越人改造自然的能力远弱于发达地区，但本土越人仍然具有将自然中无秩序的现象概括提炼为有秩序的视觉形式表现的能力，工艺匠人已经能够通过一些秩序化的方法表现程式美感，在组织器物的纹样时，运用程式化的方法，形成纹样组织的节奏与韵律感。这些纹样虽然没有楚地等地方的繁复多样，但也会考虑到各种纹样之间的位置、大小、面积、色彩等对比关系，力求使各种纹样形成鲜明的节奏与韵律关系，最终突出器物的主题和提高实用功能。

IV

造像艺术中的神话符号

汉代是我国第一个封建盛世时代，其器物造型与纹样的内在意蕴经历了原始社会时代及夏、商、周、秦的发展演变，有其时代的新特色，也有其传承的内容。人类创造的每一个物质对象，当它在人们信息交流的过程中，“达到了传达关于实在——关于客观世界或交际过程的任何一方的感情的、美感的、意志的等等内在体验目的”时，它就成为一个传达意象的符号，也就是说，所有能够以形象、肌理、色彩、造型等方式表达思想和概念的都是符号，都传递了其内在的意义。这个所传递的内在的意义，在人类历史发展的各阶段中尽管有所不同，但基于人类的精神需求而产生的艺术，它们都具有共同的特点，就是通过艺术符号传递其精神内核。

李清华认为，“处于核心层面的人类文化语境，总是源源不断地向外辐射出其自身强大的影响力量，才使得人类一切设计实践和设计行为，其风格和整体风貌归根结底总要受到位于核心层面的文化语境层广泛而深远的影响与制约。”“……但是归根结底，设计人类学研究的最终旨归，还是要指向对于核心文化语境层的系统理解、呈现、描述和阐发。”器物造型与装饰纹样同属一个造物的审美整体，因此本文把二者联系在一起进行分析。

1. 造像符号的溯源、演进和特征

人类艺术产生的源泉来源于与自然斗争、征服自然的劳动。在漫长的与自然斗争的过程中，人类逐渐产生了意志，并随着人类历史的发展，逐渐丰富、完整和充实，形成观念和思想，并以图像等各种形式记录下来，形成了各种艺术。人类的生产劳动是造型艺术产生的源泉。在造型艺术的形成与发展中，观念和思想等精神内核具有至关重要的作用。这些精神内核在人类社会中的某一阶段是比较稳定的一部分，对社会文化生活、部落及国家的历史发展具有较大影响。

1.1 造像符号的溯源

许多部落的图腾就是该部落公众观念中的原始宗教崇拜的象征，原始宗教是艺术产生的原因。马克思、恩格斯在《德意志意识形态》中说：“我们首先应当确定一切人类生存的第一个前提，也就是一切历史的第一个前提，这个前提就是：人们为了能够‘创造历史’，必须能够生活。但是为了生活，首先就需要衣、食、住以及其他东西。因此第一个历史活动就是生产满足这些需要的资料，即生产物质生活本身。”马克思、恩格斯所说的“第一个历史活动”就是在人类本能支配下的活动。由于生命的存在，保持和延续是人类不可回避的首要问题，因而产生人类最早的观念——关于生命的存在与延续的观念，所以，基于生理的本能是观念产生的最早原因。

关于人类的本能，许多学者都有较深的研究，比较有影响的是麦克杜格尔、傅立叶、弗洛伊德、马斯洛等人的研究成果。比较一致的是，大多数的学者都认为人类最基本的本能都与生命的存在和延续相关，分为三种，即关于食物需要的本能、关于安全需要的本能和与人类繁殖相关的性的本能。

图4-1　仰韶文化时期的鱼纹盆

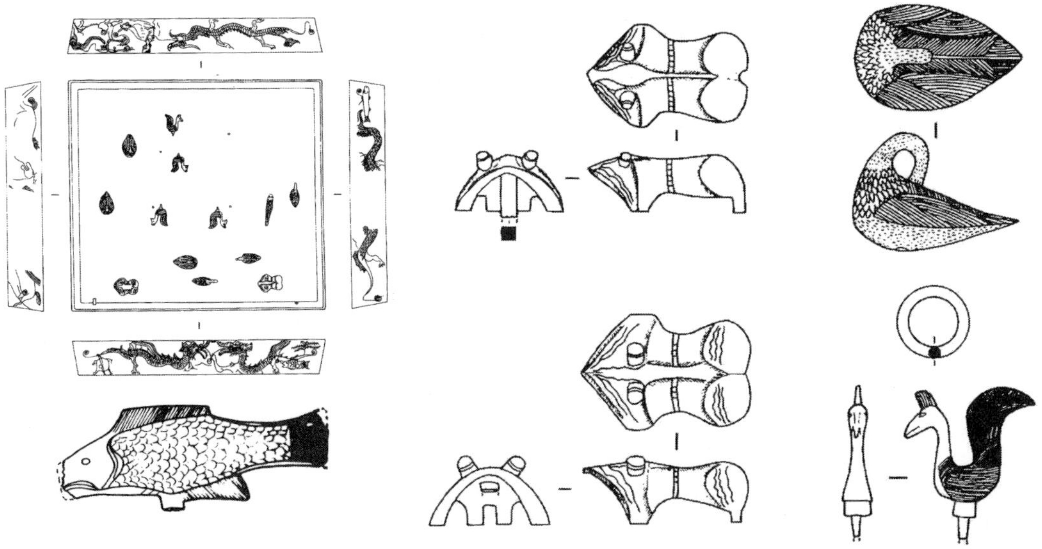

图4-2　合浦风门岭26号汉墓出土的铜池塘和鱼鸟放大图（图片来源：熊昭明，富霞.合浦汉墓［M］.南宁：广西科学技术出版社，2019）

a. 关于“食”的图像

人类为了生存就必须向自然界索取食物，最早征服自然的方式是狩猎，但狩猎的结果往往是捉摸不定的，为了祈求获得足够的食物，巫术也就应运而生，并催生了原始艺术。在原始人的眼里，形象与实体具有某种神秘的同一性。他们认为，若想得到某一对象或结果，只要将对象的造型形象描画下来，就可以有助于得到该对象或结果。由此产生了原始的造型艺术。欧洲的洞窟壁画，就是这一巫术活动的产物。中国原始社会的彩陶图案，其中有不少的鱼、鸟、鹿、马等动物纹样。这些纹样都进行了高度的艺术提炼和概括，具有符号化的特征，反映了原始社会人们对以狩猎的方式获取食物的祈望。以鱼纹造型为例，原始人类基于原始思维的互渗性，从巫术心理出发，认为只要把鱼的主要部分特征即鱼类所特有的鱼鳞加以复制和表现，其多产的法力就会显现。因此，他们将鱼鳞的纹样大量涂绘于各种彩陶纹饰中。这显然是一种巫术的运用结果，其产生不是从美学出发的装饰，而是承载了原始人类向自然界祈求食物的主观心意的巫术符号。此外，人们为祈求耕种的丰收所举行的祈雨祭祀活动等原始宗教仪式，产生了大量的图案、纹样、舞蹈，这些有声无声的艺术借用符号的形式，将远古原始的信息巧妙地传达给我们。

与“食”相关的鱼、鸟图纹的使用至今已有六千多年的历史。仰韶文化半坡类型与庙底沟类型“分别属于以鱼和鸟为图腾的不同部落氏族”。“中国许多母系氏族社会遗址出土的陶器上，都绘有或刻有鱼纹。西安半坡仰韶文化彩陶上的鱼纹，或为写实，或为写意，或为抽象，可以排出完整的序列”。从人类学的角度来看，文明社会的人类和原始人类对于本能、生理上的需求是共通的，而表现形式在各个时代有所不同。广西出土的汉代器物，如铜仓、陶仓、铜井、陶井、铜灶、陶灶、盘、罐等与“食”相关的物品数量众多，占据了绝大部分的比例。广西合浦风门岭26号墓出土的汉代铜池塘中有铜制凤鸟和铜鱼，27号汉墓出土的1件熏炉座足所刻图案有一鱼清晰可辨，营盘镇能村汉墓出土有双鱼纹铺首衔环铜洗，南康镇雷田村竹仔塘汉墓出土有变形鸟纹铜鼓，凸鬼岭19号汉墓出土有白玉鸟形带钩以及玉鱼、鱼形玻璃珠，等等，这些都是广西汉代人们对远古华夏“食”的符号的传承，都说明了“食”在人类历史中的重要地位。只不过到了封建农耕文化时代，随着生产力的发展和工艺技术的提高，人们不再以抽象粗犷的图纹来表示“食”的符号，而代之以相对更为优雅的形状和线条。

b. 关于“安全”的图像

原始纹样中具有普遍意义的图腾大约和氏族公社同时产生，这是一种基于安全的心理需求而产生的图纹。在原始社会中，每个氏族往往采用一种动物或植物图形作为本氏族的标志，并认为他们的祖先是由这种图腾演变而来的，可以保护庇佑他们，使之生活发展，子孙繁荣。这是人类在原始社会时期把自然物人格化，并赋予一种想象的超自然的力量，以祈求达到庇护自己的作用，是一种原始的宗教崇拜。这种图腾纹样，或被黥刺在身体上，或被绘刻于器皿和武器上，成为标志性的表号符号，也是最早具有实用意义的设计符号的应用。

人类为征服自然和保护自己，必须有武器，因而产生了各种各样的石斧、石刀、石铲等，也因此演变为后来的玉圭、玉璧、玉璋、玉铲造型。

红岭头 M2　　　　风门岭 M26

图4-3　合浦红头岭和风门岭汉墓出土的饕餮纹造型铜辅首（图片来源：熊昭明，富霞.合浦汉墓［M］.南宁：广西科学技术出版社，2019）

纹身艺术也是来源于对安全的心理需求，是原始神灵崇拜的结果，它包含了原始精神的意象，反映了原始人类模糊的文化心理。他们将各种图纹描绘于自己身上（有的是该部落的图腾图纹），以示自身的强大，并从中寻求一种精神上的安全感。随着这种习俗的不断发展，逐渐形成了不同民族、不同部落的独特识别符号，在原始各部族中起着凝聚群体、抵御外敌和满足对安全的心理需求的作用，在历史文化中形成了独特的现象。

饕餮纹是自青铜器时代以来一直被人们视为可以带来安全感的典型纹样。广西合浦风门岭26号汉墓出土的2件铜辅首为饕餮纹样造型，饕餮在《辞海》中被解释为“传说中的一种贪食的恶兽”，《左传·文公十八年》也把“浑沌、穷奇、梼杌、饕餮”称为“四凶”，“贪财为饕，贪食为餮”，“四凶”“掩义隐贼”“毁信废忠”，尧帝对它们没办法，舜帝则把它们流放到边疆镇压“妖怪”。《吕氏春秋·恃君览》认为“饕餮、穷奇”被流放的地方是“雁门以北，鹰隼、所鸷”的“四方无君者”之地。能够镇压“妖怪”说明其具备了驱妖辟邪的功能，因而，在商周礼器上，饕餮纹的出现，固然一方面是取其凶猛狰狞的面貌获得吓阻的作用，另一方面也有求福禳灾、驱妖除恶之意。饕餮纹是商周青铜礼器上最具代表的纹样，被广泛刻于祭祀礼器上，可见饕餮自远古即被视为神灵，饕餮纹是商周以来诸神灵视觉符号的呈现之一。

从历史的角度去考察，饕餮纹是中国从原始社会走向文明，进入有阶级奴役与压迫的青铜器时代的产物。华夏民族从黄帝时代到夏、商、周三代，一方面各氏族或部落联盟之间不断地发生大规模的兼并斗争；另一方面，社会分工日益明显，形成了一批专事思想研究的“巫”“史”等思想家，掌握了当时最先进的科学技术和人文思想，有的思想家还由最高统治管理者兼任。他们根据天文地理知识制定安排生产和生活的历法，预卜未来，确立本氏族或部落联盟的思想，并解释为上天的旨意。《史记·龟策列传》说："自古圣王将建国受命，兴动事业，何尝不宝卜筮以助善！唐虞以上，不可记已，自三代之兴，各据祯祥。"《礼记·中庸》曰："国家将兴，必有祯祥。""祯祥"就是吉兆。也就是说，进入青铜器时代，奴隶社会的夏、商、周三代民间信仰的图腾、神鬼、灵物、前兆、占卜、禁忌、祭祀和崇拜等信仰形式，具有早期宗教的特征，社会思想家打着它的旗号，编造一套"祯祥"的预言，为本部落联盟的贵族争夺统治权和维护政权服务，其核心是部族的图腾崇拜和祖先神崇拜。如果说原始社会的陶器纹样体现的是人与自然之间关系的萌芽意识，那么青铜器时代的纹样主要体现的是早期奴隶社会统治者的权威、意志和力量。饕餮纹正是这一意识的符号表现。

与出土于广西的汉代器具装饰纹样相对比，出土于山东益都（今青州市）的商代兽面饕餮纹铜钺，兽面也是狰狞可怖的饕餮头部。钺身为镂空兽面纹，眉、瞳、鼻部分突起，两眼珠圆睁凸出，阔口獠牙，全身布满雷纹，钺身上还刻夔龙夔凤纹与饕餮纹交缠在一起，刃加宽外移，显得狰狞可怖。两钺并列出土于墓室后壁，应是墓主人的仪仗近侍手持的兵器，是无上权威的符号显示。钺的功能并非出于实用，而是出于满足对安全的心理需求。确切来说钺就是大斧，但斧是实用品，其产生源于对工具的需求。在满足对工具需求的基础上，人们对斧的概念衍生了精神上的外延。据说中国上古部落联盟首领颛顼的墓室也有制作精致的大石斧陪葬。钺虽具有杀伤力，但更多的是奴隶贵族仪卫所用，是用于斩首或者腰斩的刑具，而不是兵器。在西方，封建君主权力的象征物是权杖，在中国是钺。原始社会时期，钺是成年男子的象征，到了封建时代，君主用钺象征军事指挥权。商代人把饕餮纹刻于钺上，生殖崇拜和神灵崇拜合二为一，是男权和无上君权的象征符号。汉代继承了商周以来的神灵崇拜符号，将兽面饕餮纹用于门辅首，通过镇邪之意以获得安全感。

c. 关于生殖的图像

生殖崇拜是原始人类比较普遍的崇拜现象。对狩猎的成败、生命的生死，他们都感到困惑和迷茫，但最令他们感到神秘的仍然是人类自身的生殖。对生殖现象的神秘感和敬畏心理，对种族繁衍的强烈渴求，使原始人类产生了生殖崇拜。

最早的人类还不懂得两性交媾与孕育的关系，而是看到繁衍后代的使命是由女性完成的，因此，女性理所当然受到敬仰，这时生殖崇拜的对象是生育的本体——女体自身。并对在生育过程中具有关键作用的部分，诸如女阴、乳房、臀部、腹部等进行了着力的夸张和渲染，以强化和突出女性的生育力。

当男性在繁衍后代的作用被逐步认识之后，原始崇拜进入了祖先崇拜的阶段，这时的生殖崇拜有两种形式：一是男性生殖器崇拜，二是交媾崇拜。在甲骨文中，"祖"字便是一个人向"且（男根）"膜拜的图形。考古学大量"石且（男性生殖器）"的发现证明"男根"被尊为祖先而被神圣化。

贺兰山祖先神灵面像的核心部分由男女性器交合图形构成，是一种性器表现的艺术符号，睾丸恰好可以充任祖先神灵的眼睛，狰狞而神秘，其意象效果的确非同凡响。

黔东南苗族在"人民少而禽兽多，人民不胜虫蛇"的情况下，希望自己的种族也像蝴蝶那样繁衍

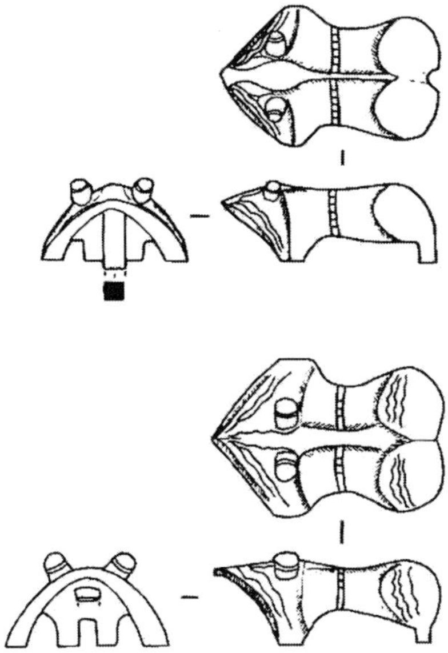

图4-4　合浦风门岭26号汉墓出土的铜池塘的蛙造型与北流型铜鼓蛙造型对比（图片来源：左图摘自熊昭明，富霞.合浦汉墓［M］.南宁：广西科学技术出版社，2019；右图来源于互联网）

旺盛，产生出蝴蝶生人的幻想，至今仍可以在黔东南苗族的刺绣和服饰中发现蝴蝶生人造型的图案。

在广西出土的许多汉代文物器具纹样中都可以看到生殖崇拜的内容，这些纹样与西南地区许多少数民族传统纹样的共同特点之一，就是都把青蛙视为生殖崇拜的神灵。青蛙纹样和造型在广西出土的汉代铜鼓中十分常见。合浦风门岭26号汉墓出土的铜池塘中有两只铜青蛙模型，考古报告中指出：“（两只铜青蛙）形制大小略有差别，造型较抽象，头三角形，柱状目凸出，不同部位之间以斜短线分隔，腰上刻画出分节的带状纹，状如腰带。腹内为空腔，下有榫头或凹形卯口。其一只长 5.1厘米、宽3.4厘米、高1.9厘米；另一只略大，腿部亦刻短线纹，长5.5厘米、宽3.8厘米、高2.3厘米。”这两只青蛙铜饰与铜鼓上代表壮族图腾的青蛙形状“基本相似”。

青蛙（或蟾蜍）器物、图纹和传说在中国传统文化中已有长久的历史。宋兆麟等说：“在中原和西北地区仰韶文化的彩陶上多绘有蛙的形象，如蛙纹盆、蛙纹壶，尤其在甘青地区最为突出。壮族认为蛙为雷神之子，能通天地，主雨水，因此在该族的岩画、铜鼓上多有青蛙形象，每年还过青蛙节，祈求五谷丰登。纳西族也奉青蛙为神，说蛙身上有三条金色花纹，能决定八方位、五行和十天干、十二地支，头、尾、腹、背象征四方，四肢代表四隅，形成‘巴格图’，进行八卦演算，占卜凶吉。这些信仰均与蛙图腾有关。”李泽厚说：“马家窑文化属于分别以鸟和蛙为图腾的两个氏族部落。”严文明通过彩陶纹样图例指出古代华夏鸟与蛙、太阳神与月亮神的图腾崇拜及其演变关系，“鸟的形象逐渐演变为代表太阳的金乌，蛙的形象则逐渐演变为代表月亮的蟾蜍”；“从半坡期、庙底沟期到

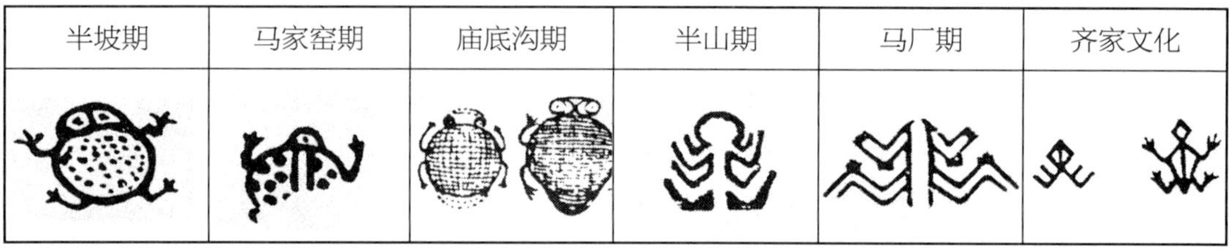

图4-5　仰韶文化彩陶蛙纹

马家窑期的鸟纹和蛙纹，以及从半山期、马厂期到齐家文化和四坝文化的拟蛙纹，半山期和马厂期的拟日纹，可能都是太阳神和月亮神的崇拜在彩陶花纹上的体现。”

赵国华指出，蛙纹（蟾蜍纹）与鱼纹是中国母系氏族社会文化遗存中的两种基本纹样，但是蛙纹比鱼纹出现稍晚，空间分布更为广泛：“东起河南省渑池县著名的仰韶村，河南陕县庙底沟，中经陕西省华阴县西关堡，临潼县姜寨，西至甘肃马家窑，青海省乐都县柳湾，有众多数量的蛙纹彩陶出土。蛙纹既有象生的，写意的，也有抽象的；纹样之丰富多姿，色彩之绚丽和谐，为世界所罕见。其中，青海柳湾的彩陶蛙纹可以排出完整的序列。”山西、辽宁、山东等地也有史前的蛙纹陶片或蛙形陶具出土。赵国华进一步剖析了青蛙崇拜形成的原因，指出从青海柳湾到河南庙底沟，再到陕西临潼姜寨一期的蛙纹图像，都有一个圆圆的肚子，原始先民以之象征女性的腹部和子宫；圆中所绘许多黑点，意为蛙产子甚多，生殖能力强；由于月有圆有缺，蛙腹有鼓有收，女性生子前后腹部与此相似，再者月的圆缺与女子的月经同以28天为一周期，于是原始先民便“想象月亮是一只或者月亮中有一只肚腹浑圆、可以膨大缩小的神蛙（蟾蜍），主司生殖”。因此蛙纹乃是远古母系氏族社会对女性生殖器崇拜的表现。梁旭达在《广西瓯骆文化浅析》一文中指出：广西瓯骆越人崇拜蛙，曾以蛙为图腾。青蛙的图像不仅见于蛇蛙纹铜尊，而且蛙的立体塑像出现于他们所铸造和使用的铜鼓鼓面。南宋曾任桂林通判的周去非所撰写的笔记《岭外代答》称：“广西土中铜鼓……面有五蟾，分踞其上，蛙皆累蹲，一大一小相负也。”萧兵先生指出“那是一只小雄蛙骑在雌蛙背上进行交配”，显然是“繁殖繁庶的象征”。因此铸蛙于鼓面，其意在祈求氏族部落“繁殖繁庶”。

广东阳江市大八镇出土的广东最大、全国第三大的“周亨铜鼓”，也是鼓边均匀地分布六只铜青蛙。青蛙纹样和造型不但在广西出土的汉代铜鼓中十分常见，而且在我国西南和岭南出土的其他青铜器上也均有出现。被视为铜鼓发祥地的云南滇西地区的祥云和晋宁两地，前者大波那铜棺墓出土的蟾蜍圆牌匾饰有蟾蜍纹，后者出土的铜矛、铜钺有虾蟆纹；云南洱海地区的青铜文化也有蛤蟆纹；滇池地域出土的战国至汉代墓葬兵器阔叶短矛上的诸多纹饰中有蛙纹；海南省博物馆藏有两件汉代铜鼓，鼓面沿边部分分别铸有四尊和六尊蛙饰。

易中天则从人类学角度指出，不但我国有蛙崇拜，“印度河文明的印章上有蛙纹，印度公元前三世纪的一尊母神陶像两鬓各有一蛙为饰”，印度最古老的诗歌集《梨俱吠陀本集》中有诗讴歌蛙神；大洋洲巴布亚新几内亚曾发现一幅槟榔树皮画，中间挂有一个圆目蛙眼、长着蛙的阔口和蛙的大腹及蛙形四肢的“蛙人”，其头上分别联结象征女阴的鱼形和男根的鸟形，腹部和下方则画有许多寓意多子多孙的黄点。因而蛙是古代许多民族崇拜的图腾，不仅仅因为中文“蛙”音同“娲”而被作为女娲的象征，还因为其旺盛的繁殖能力被膜拜为生育之神。古代人类敬畏蛙，以蛙做器皿和装饰始于母系氏族社会，表现人对女性的崇拜和显示女性的地位。

到了父系氏族社会，许多氏族部落则改为崇拜蛇，因为它象征男性的性器，并且由于冬眠现象被视为不死神物。中国人的龙崇拜也是由蛇崇拜演变而来。

1.2 造像符号的演进

美国人类学家莱斯利·A. 怀特认为：“全部人类行为起源于符号的使用。正是语言符号才使我们的类人猿祖先转变为人并成为人类，仅仅由于符号的使用，人类的全部文化才得以产生和流传不绝。”研究表明，人类意义的符号化过程是一个由低级向高级发展演化的过程，大致经历了由动作语言到话语，由话语到图画文字，由图画文字到象形文字，由象形文字到拼音文字，由拼音文字到电子媒介这样一个过程。纹样是设计符号的其中一个类型，主要以图形的形态呈现。

岩画是人类最早绘制的纹样之一。欧洲岩画大约分为两个阶段，即旧石器时代和新石器时代。旧石器时代的欧洲岩画分为三个时期：第一阶段是旧石器时代中期的莫斯特文化时期。这一时期的作品大多是一些神秘的线刻，形象的完整性还没有出现。第二阶段是旧石器时代晚期的奥瑞纳文化时期，距今约3万年。这一时期的作品以象征性的形象、动物的外轮廓和男女人物略图为特点。第三阶段始于旧石器时代晚期的梭鲁特文化时期，距今约1.5万至2万年，并持续到马格德林时期。这一时期的岩画，大部分形象复杂、色彩绚丽。新石器时代的欧洲岩画开始于新旧石器时代之交。这一时期，由于冰河消退，人们大规模北移，岩画分布地域也随之扩散。由于这一时期人们的生产和生活方式正处于由渔猎生活向原始种植农业的转变之中，作品内容也就出现了由以描绘野生动物为主到以描绘农业发生期的人物形象为主的转变。后来，随着技术及思维抽象能力的提高，诸如同心圆、小圆穴、通心粉式线条等大量图形纹样开始出现。

中国岩画的起源差不多可追溯到2万多年前的北方，阴山岩画是典型代表。从阴山岩画的题材和内容看，其反映对象大多是与狩猎生活密切相关的动物，如象、大角鹿、驼鸟等。无论是欧洲还是中国，远古时代的岩画在构图和造型上都经历了一个由模仿原型到相对自由创造的过程。这一过程反映出人类精神发展的进步以及运用符号表达内心世界能力的增强。

从中国古代农业社会装饰纹样的演进来看，商代以饕餮纹为代表，以后各朝代分别是：周代的窃曲纹，战国的蟠螭纹，汉代的四神纹和云气纹，六朝的莲花，唐代的牡丹，元代的松竹梅，明代的串枝莲，等等。这些图案图形，都反映了当时人们的社会文化意识。商周至汉魏六朝，以动物纹为主体的造型符号，反映出人们对于灵和神的宗教观念通过这些现实的和想象的动物纹体现出来。隋唐以后，花鸟造型的艺术符号在装饰中的主导地位，反映了人们生活水平的提高，生产力的发展，思想意识的解脱，人们把自然界的花鸟当作了主要的欣赏对象。

不同历史时期的造型符号有不同的艺术特点，如商代显现的是威严庄重，周代显现秩序庄严，战国清新，汉代凝重，六朝清瘦，唐代丰满华丽，宋代理性美，元代粗壮豪放，明代淳厚，清代纤

图4-6　红山玉龙造型与合浦出土的龙造型对比（图片来源：上图红山玉龙来源于互联网；中图龙首方匜来源于广西壮族自治区博物馆官网；下图龙首陶魁现藏于合浦汉代文化博物馆　陈建勋拍摄）

巧。商周至两汉，因为较为浓重的神灵崇拜思想，以神灵化的动物纹为主体。广西出土的汉代文物图案纹饰，不少通过神灵化的动物纹样传递远古华夏文化的神灵崇拜，具有很高的历史价值和观赏价值。如合浦风门岭26号汉墓铜池塘挡板的龙；望牛岭1号汉墓的龙首铜魁、龙首铜方匜和铜凤灯；罐头厂21号汉墓的龙首陶魁；红头岭3号汉墓的铜盘和博山顶盖人足铜樽的龙凤纹；黄泥岗1号汉墓的龙首金带钩、铜仓门上的飞凤、玉璧的双龙纹，等等，都源自远古华夏的龙、鸟图腾图形。中原地区河南濮阳仰韶文化遗址有蚌塑龙；陶寺文化有彩绘龙纹陶盘；赵宝沟文化有刻画鹿龙纹陶尊；河姆渡文化有雕刻日鸟图像的骨匕和盘底阴刻日鸟合璧图纹的钵形陶豆盘；良渚文化的玉琮和玉璧上刻有鸟；汉代铜镜常用四兽纹装饰；黄泥岗1号墓铜仓门上錾刻飞凤、饕餮纹、鼠图纹，左右山墙錾刻禽头兽身动物对舞和龟驮九枝灯，后墙中心錾刻一只回头张口的虎，等等。

西方的装饰图纹也经历了一个相当繁琐的时期，到了洛可可和维多利亚时代，图案图形的繁复达到顶峰。此后的工业革命对图形观念产生了极大的冲击，一度出现了以机器美为缘因的简洁、理性的造型概念。国际主义的设计可以说是这一方面的登峰造极之作。20世纪60

年代开始，个人和人文意识的觉醒，社会思潮的冲击，图形设计重新借鉴原始艺术和中世纪艺术造型，重归装饰与文脉符号形式。在中国两汉时期，这种具有符号意义的造型与装饰纹样以神灵化的动物形象为最多。

1.3 造像符号的特征

关于传统图像符号的特征，可以分解为符号特征、艺术特征和工艺特征三点。

符号特征是传统纹样最根本的特征。传统纹样凝聚了历史文化，具有符号的形式。首先，它具有构型功能，能够赋予人类无形的经验、精神风貌等内在意蕴和形式，从而便于人们感知和参照。苏珊·朗格（Susan Langer）说："符号的最主要的功能——亦即将经验形式化并通过这种形式将经验客观地呈现出来供人们认识和理解。"而艺术造像正是将经验形式化，并通过形式将经验、思想意识以物质为载体从视觉、触觉上呈现出来以供人们参照、逻辑直觉、认识和理解。其次，它是人类思维自觉抽象的结果，具有抽象性和理性特征，并且与其指称的事物具有形式的相似性或逻辑结构上的一致性。再次，艺术造像能表达某种概念，而且比其所企图表示的事物更容易感觉和把握，通过具有符号特征的图像，人们更容易感知设计制作者的精神意蕴。

艺术特征是传统图像符号比较显著的特征，但其与绘画、诗歌等纯艺术是不同的，艺术特征不能绝对化。首先，传统图像符号是传统观念与信息的物质载体，它同其他艺术符号一样，承载着人类的精神风貌、价值取向、情感理智等信息，但又与纯粹的艺术符号不同，传统装饰造像虽然也表现出一定的审美取向，但其物质载体仍占主导地位，各物质要素、技术功能、结构形态等都制约着图像设计、绘制与制作的表现，因而只能是有限地表达人类的普遍情感。传统图像具有独特的艺术表现性，但其同样受到物质技术的诸多制约，如造型完整的一件汉代南方錾刻花纹铜器的纹饰虽可给予人们完整的情感和理念形式，但与原始岩画等纯艺术形式不同，这些纹饰要经过铸模、浇制、錾刻等一系列工艺过程，具备基本完整的物质原型才能施工制作完成。

图像的艺术特征和物质属性等现实条件是互为关联而又相互分离的。艺术图像所表现的对象是人们的精神理念，对其诠释必然具有表现性，而有了这种表现性，必然使图像符号的内在文化意蕴与现实相分离。艺术图像和其他艺术符号一样与现实是相分离的。"形式直接诉诸感知，而又有本身之外的功能"，从而表现出一种与现实分离的特性，营造出一种以实用为基础的"虚幻"的艺术意境。

物质基础决定了装饰造像符号的工艺特征。装饰造像是由各种各样的材料构成的物质实在或图形，具有不同的色彩、质感、尺寸和相互之间的组合方式，因而形成了丰富的代码，并通过人们的视觉、触觉和体验为人们所接受，通过知觉、记忆和思维为人们所识别、贮存和理解。作为一种实用的艺术符号，和其他的艺术符号一样，也具有能指、指涉物和所指三个方面。指涉物在制作工艺最后呈现的形式中表现为色彩、图形和肌理等物质形态，所指则是其所表现的思想观念和情感。装饰造像的工艺特征有几个主要内容：

首先，装饰造像的实用性本质满足了人类社会诸多基本需求之一。工艺制作行为是人所在的那个时代的生活所必须的行为，图像制作工艺因而也是社会群体的产物，并为这个群体所共有，图像绘制的形式和语意的创新，必须让一般社会成员都能识别和理解。其次，装饰造像是由具体的物质材料载体构成的，其组合规律受结构、构造法则和经济、技术、自然等物质因素限制。但其内涵意蕴却是综合交叉的文化符号表现形式，因而具有丰富的意义。再次，图像的工艺特征还在于其抽象性、多义性和相对稳定性。图像符号不可能以对物理对象如动物、植物等机械复制为表现方式，而更倾向于对所指事物总体结构的主动把握，更多地运用象征和隐喻等各种手段，因而也带来了语意理解意义上的多义性，而这种抽象性和多义性进一步丰富了图像艺术的表现力，更加符合时代的审美需要。

装饰图像是人们时代观念的产物，因而具有时代的稳定性和符号的特征。但从历史的角度看，由于生产技术的提高，新材料、新技术的出现，人们生活内容的不断丰富和变化，人们处理各种复杂信息的能力不断提高，人们的知识和经验日益丰富，这种稳定性是不断变化的，是发展中的稳定性，因而其符号的概念与语意也在不断地发展变化中。

2. 造像符号的意象与语意

广西合浦风门岭26号汉墓出土的2件兽面饕餮纹样铜辅首大小、形制相同，两眼突出，环形鼻衔活环，两颊有两兽足，眼眶周围有鱼鳞纹，有其意象思维及其所表现的特定精神文化意义。

对于意象思维和造型艺术内在的精神含义，苏珊·朗格用情感心理学的理论做了阐述。“虚幻空间”是她关于造型艺术的表现本质的论述，其指的是艺术作品所体现的人类文化的意象。苏珊·朗格“系统地发挥了卡西尔的符号论，使符号论美学自成一派。她吸收了逻辑实证主义者I. A. 瑞查兹的语言方法，进一步把符号区分为推理的符号即语言符号，和表象的符号即非语言的符号。并进一步发展了非语言的符号论——把艺术视为具有表象形式的独立符号，即表现情感意义的符号。她继承了卡西尔的观点，反对科林伍德的表现说，认为‘艺术是人类情感的符号形式的创造’，她强调艺术表现的是人类情感而非艺术家个人的情感发泄，因此，她区分了‘表现’和‘自我表现’。苏珊·朗格的情感符号美学理论，自二战后一直对艺术美学理论产生广泛而深刻的影响。她认为艺术品由符号表象经由人们的直觉、经验等审美过程所形成的幻觉是艺术抽象的基础，而艺术抽象又是形成情感符号建立艺术符号理论的前提”（刘大基）。她在《情感与形式》一书中不惜笔墨，对各类艺术的“基本幻象”逐一进行了详细的说明，认为造型艺术的基本幻象是“虚幻的空间”，音乐的基本幻象是“虚幻的时间”，舞蹈的基本幻象是“虚幻的力”。苏珊·朗格的思想脉络基本如下：要表现情感概念就要抽象，抽象结果必须既为具体的视听形式又具有普遍意义，必须包含超越现实形式的内在意义，与现实鲜明有别，与自然形式相脱离，而建立基本幻象则使抽象成为可能。经过这样的一系列步骤，普遍的情感与形式被联系在一起，形式成为“有意味”的形式，表现了人类的普遍情感而具有审美的意象。苏珊·朗格的情感符号理论统一了美学中的表现论与形式说，对今天的设计来说仍具有普遍的借鉴意义。

在广西出土的汉代器物中，铜器纹样最为精美。1990年广西合浦黄泥岗1号墓出土的铜仓，仓门及壁板錾刻的图案纹样精致多彩、意蕴丰富，是汉代中国南方錾刻花纹铜器的代表作品之一。

图4-7　合浦黄泥岗1号墓出土的铜仓錾刻纹样（图片来源：蒋廷瑜.汉代錾刻花纹铜器研究［J］.北京：考古学报，2002，（3））

几乎每座合浦汉墓都有粮仓模型出土，这些粮仓模型有陶仓，也有铜仓。黄泥岗1号墓出土的铜仓为一大间，人字坡瓦顶，平底，下部有四只高脚将仓体托起。蒋廷瑜先生对铜仓及图案纹样做了如下描述："正面开单扇门，其他三面板壁封闭，人字坡瓦顶，平底，下附四只高足。门及左右板壁，两边山墙及后壁，全刻图案花纹。门上刻飞凤、饕餮面、鼠。左右板壁刻武士。左右山墙刻禽头兽身动物对舞，龟驮九枝灯。后墙三格，中心刻一只回头张口的虎，左右两格各刻云山，上植一花树，树顶各刻一飞凤。全部画面錾凿刻镂精细。"

这些纹样寓意深远，含有丰富的艺术意蕴，传递了汉代人的普遍情感和审美意象。汉代民众普遍信仰神仙思想。仓门主要画有飞凤、饕餮和老鼠纹样，饕餮和飞凤都是中国传统图腾纹样，合浦风门岭26号汉墓出土的2件铜辅首亦为饕餮纹样造型。飞凤在《山海经》中有记载，称帝俊"使四鸟"，因而刻于门上的飞凤有可能是天帝的使者，具有引导死者灵魂升天的意义。因为是粮仓，所以刻画饕餮恐吓赶跑偷食的老鼠，并在左右板刻画武士作为粮仓的守卫者。

左右山墙刻的"禽头兽身动物对舞"纹样应是描绘欢乐的仙界。古代多枝灯一般为贵族使用，而龟驮的九枝灯纹样，也应是仙界的描绘。郭璞注《山海经・海内经》称："西南黑水之间，有都广之野，后稷葬焉。其城方三百里，盖天地之中，素女所出也。爰有膏菽、膏稻、膏黍、膏稷，百谷自生，冬夏播琴。鸾鸟自歌，凤鸟自舞，灵寿实华，草木所聚。爰有百兽，相群爰处。此草也，冬夏不死。”描绘的正是这样一个有动物欢乐歌舞的仙界，是想象中的艺术幻象。

龟驮九枝灯纹样，应是仙界的描绘。龟自古以来在中国被视为神灵之物。红山文化出土有玉龟，距今约5000年的安徽含山县凌家滩新石器时期遗址出土有玉板、玉龟，前者刻有包含洛书九宫的八角星图，四周还分别刻有4、9、5、5等数字，后者由背甲和腹甲组成，玉板夹在龟腹甲和背甲之间，即“元龟衔符”“大龟负图”之意，蕴含了极为丰富的远古天文学知识和原始宗教意识。今天在许多地方仍可见到巨龟背驮高大的神道碑。

后墙三格，左右两格各刻云山，上植一花树，树顶各刻一飞凤。《玄中记》云：“蓬莱之东，岱舆之山，上有扶桑之树。树高万丈，树巅常有天鸡，为巢于上。每夜至子时则天鸡鸣，而日中阳乌应之。阳乌鸣，则天下之鸡皆鸣。”“天鸡”即凤，因而，花树上有飞凤，此花树应是神树。

后墙中心纹样为一只回头张口的虎，虎纹也是中国传统纹样中常见的图案。距今6000年左右的河南濮阳西水坡仰韶文化遗址45号墓室（墓主疑为上古帝王颛顼）左右分别有蚌塑青龙与白虎。距今5000多年的新石器时期马家窑文化有人头虎状彩陶器盖，盖纽为人头形，扁平猫头状脸画满垂直虎面条纹，头上凸起两角，后脑下为一条蠕动的蛇，人头虎面龙尾。西周青铜器有虎尊。汉代人们普遍崇拜的西王母，在《山海经·西山经》中有记载：“又西三百五十里，曰玉山，是西王母所居也。西王母其状如人，豹尾虎齿而善啸，蓬发戴胜，是司天之厉及五残。”《山海经·海内北经》则记载：“西王母梯几而戴胜（杖），其南有三青鸟，为西王母取食。在昆仑虚北。”《山海经·大荒西经》记：“西海之南，流沙之滨，赤水之后，黑水之前，有大山，名曰昆仑之丘。有神人面虎身，有文有尾，皆白处之。其下有弱水之渊环之，其外有炎火之山，投物辄然。有人，戴胜虎齿，有豹尾，穴处，名曰西王母，此山万物尽有。”根据《山海经》的记载西王母乃是虎状打扮的部落女巫首领。“蓬发戴胜”“戴胜虎齿”是说蓬头乱发中插着玉胜，以虎牙装饰在口部，西王母是个披头散发的吓人的女巫师。《海内北经》和《大荒西经》记载她居于昆仑山，形状大致相同，“有文有尾，皆白处之”，且“虎齿而善啸”。“司天之厉及五残”，“厉”指毒害人类的蛇蜥之类的毒虫，意思是说秋天来临，寒露、霜降继至，天地间充满肃杀之气，万物开始凋零，蛇蜥之类进入冬眠，故西王母“司天之厉”应为秋季神。汉代普遍的民间信仰是在西方昆仑仙境的西王母信仰。根据《竹书纪年》所载周穆王西征昆仑丘会见西王母之事，以及《尔雅·释地》和《汉书·地理志下》等文献的相关记载，西王母原是居于西方的氏族部落女首领，在战国始被神化，成为代表西方的虎神。

汉代人还以苍龙、朱雀、白虎和玄武四象分别配东南西北四宫（每宫又有七宿，共二十八宿），分别为四方（东南西北）和四季（春夏秋冬）之神。西宫所辖七宿依次为奎、娄、胃、昴、毕、觜、参。但司马迁的《史记·天官书》所载西宫仅指觜、参两宿，说：“参为白虎。三星直者，是为衡石。下有三星，兑，曰罚（伐），为斩艾事。其外四星，左右肩股也。小三星隅置，曰觜觿，为虎首，主葆旅事。”意思是说，参宿一至三东西直列，状似秤（古称衡石），其下三小星为罚（伐）星，六星之外有四颗大星分别为参宿四至七，形似白虎的四肢；参宿四、五星之间有三颗小星。正处于虎首位置的乃是觜宿，“觜”是“嘴”的古字。如此，它们所构成的形象便似悬挂于天空的虎皮。河南南阳出土有东汉白虎星宿石刻画像。虎在汉代既被视为代表西方的神灵，又是具有雄风之百兽王，且和西王母颇有渊源，因此可看出后墙中心錾刻高大威猛的虎纹的意义。

造像艺术塑造的“虚幻空间”蕴含了丰富的意象，是每个民族特征重要的外在视觉形式表现。当前国家重视加强对非物质文化遗产的保护，关注民族特色设计的发展。设计不仅包含了功能，还包含了形式或别的意蕴方面的内容，民族特色设计的内核需要理解传统图像蕴含的意象。信息技术的迅猛发展，对于传统设计风格既是挑战又是机遇。反观历史，战后国际主义风格的盛行并未能扼杀传统，古典主义并没有出现某些人所预言的消亡迹象，反而出现了新的形态变化。现今对于民族特色设计的探索很多，在此论述造型艺术图像的精神与文化意义，分析造像的设计语意特点以及其与作品意象之间的关系。

2.1 图像意象

关于意象，中外文艺理论界的学者对此有不少论述：哲学家康德将审美意象界定为构成天才艺术的某种独特的“心意能力”，认为由想象力所形成的形象显现，就叫“意象”。在艺术创作和审美中“意象的内蕴统统大于我们所能确切说明的思想”。比康德晚一百多年的意大利美学家克罗齐进一步发展了康德的审美意象理论，认为“意象是艺术固有的优点”，认为有无审美意象是区别审美直觉与概念，区别艺术和哲学、历史的重要特征。美国“意象派”诗人庞德则将审美意象的价值强调到极致：“一个人与其写万卷书，还不如一生只呈现一种意象。”古希腊哲学家亚里士多德则断言：“心灵没有意象就永远不能思考。”当代美国格式塔美学家鲁道夫·阿恩海姆（Rudolf Arnheim）则在研究大量的艺术表象与视知觉的规律后得出结论：“任何思维都是创造性思维，都是通过意象进行的。”

鱼、鸟图像符号传达了生殖崇拜的意象，而前面我们提到的广西合浦风门岭26号汉墓出土的2件铜辅首为饕餮纹样造型，其传递的是另外一种意象。饕餮纹到底是由何种兽类纹样演变而来，历史上学界有各种观点。李泽厚基本上同意饕餮纹是由牛头纹演变而来，并认为它并非一般的牛，而是巫术宗教礼仪中的“圣牛”，并举西南地区一些少数民族至今还保留以牛头作为巫术宗教祭祀用品的事例为佐证。

陕西绥德四十铺汉墓门上刻画的图像是饕餮铺首，中间金属圆圈穿鼻，由此一些研究者认为饕餮的原型应是牛。传说炎帝人身牛首，头上有角，可见炎帝族以牛为图腾。蚩尤和炎帝本同属一个部落，后来蚩尤离开炎帝自行发展，是牛图腾和鸟图腾约81个氏族部落的首领。《左传》中记载：“缙云氏有不才子，贪于饮食，冒于货贿，侵欲崇侈，不可盈厌，聚敛积实，不知纪极，不分孤寡，不恤穷匮，天下之民以比三凶，谓之‘饕餮’。”《集解》引贾逵曰：“缙云氏，姜姓也，炎帝之苗裔，当黄帝时任缙云之官也。”《正义》曰：“今括州缙云县，盖其所封也。字书云缙，赤缯也。”又“谓三苗也。言贪饮食，冒货贿，故谓之饕餮”。可见饕餮是以牛为图腾的炎帝族的后裔。西周早期的青铜器“古父己卣”腹部的牛头浮雕双角翘起突出，一双巨大的眼睛深沉凝视，显得威严神秘，其形貌与饕餮纹极为相像。

无论是饕餮纹样符号还是其他，符号都是思想概念的物质记号标记，是脱离现实事物而引导我们的思想、意识指向共认的、特定事物的标记。符号与信号不同，卡西尔指出：符号在我们的意识中创造并显示了知觉信息同它们所包含的内在关系，二者在符号中构成了一个整体，从而使其超越了信号的意义。在卡西尔理论的基础上，苏珊·朗格对信号与符号的本质做了进一步区分。她在《哲学新解》一书中指出：尽管信号与符号有着极为密切的关系，有时甚至出现交叉和重合的情况，但就本质来讲，它们是截然不同的两回事。“对于有经验的观察者来说，它意味着某种显著特征的静止状态，它是事态的征兆”。因此“信号是指令行动的某物或某种方法”。符号则不然，它可以传达某种意味或某种内在含义，它不是事件的替身而是概念的媒介，因此，二者在对应形式上也有所不同：指示信号与其代表的物体一一对应，象征符号的内涵则包括多层意思。这和意象的不确定性是相似的。

苏珊·朗格对符号与信号的本质做了严格的区分，她的论著还阐明了以下事实：一是符号活动已经包括某种抽象、概念活动，已经不是停留在个别之上，它经过了一个由个别到一般的抽象过程。二是人类所具有的全部本能中，必然有某种本能自发地进行了理性活动，人类的抽象思维就是在这个基础上发展起来的，这种本能的抽象活动就是符号活动。而审美意象是艺术家或观众思维在审美直觉基础上进行的概括和抽象活动，这和朗格的符号理论是相一致的。朗格还指出，语言虽然是人类最典型的符号，但语言是推理形式的符号系统，其表达含义的固定和明确，严格的逻辑结构，排除了它表现情感或内在生命的可能。而艺术符号是服务于情感表现的另一种符号，它不是推论形式，不诉诸人的推理能力，从而造就了它的两种品格：它是包含了复杂多义的综合体；它必须直接呈现在人类的知觉面前。这和我们所说的“意象”的种种特征又是多么的相像。

苏珊·朗格把艺术称为“表现性符号”，为人类情感的种种特征赋予了形式，从而使人类实现了对其内在生命的表达与交流。同时，朗格否定了艺术是一个符号系统的说法，她指出：艺术中的每一组成因素，一旦离开了整体就完全失去了它的意义。显然，那些单独的没有进入作品的“象”是不能称之为意象的，只有那些在设计过程中根据作者的“意”对这些具象之象或抽象之象进行组织和加工，使之融入作品，成为能够充分体现作者的主观心意的可论之象，才能称之为意象。朗格又说：“艺术没有使各种成分组合起来的现成符号或规律，艺术不是一个符号系统，它们永远是未定的，每一件作品从头开始都有一个全新的有表现力的形式。”“艺术只能呈现于直觉与想象，艺术的意味只能由直觉来领悟……它（艺术符号）是一种诉诸直觉的意象，传达出内在生命的消息。”在此，苏珊·朗格对艺术符号的意象性做出明确的结论。

饕餮纹样传递的是本氏族部落的人以之为庇护的图腾意象，它对本氏族部落有亲和、保护的意义，而对非本氏族部落的外人则有恐吓的作用。《左传·僖公十年》说：“神不歆非类，民不祀非族。”意思是，祖宗神灵不会接受非本氏族的祭祀，人们也不会祭祀非本部族的神灵。《左传·宣公三年》又说，“昔夏之方有德也，远方图物，贡金九枚，铸鼎象物，百物而为之备，使民知神奸”，“用能协于上下，以承天休”。意思是说，当初夏朝推行德政时把远方各地进贡的“图物”和“贡金九枚”用来铸造在祭祀的鼎器上，让黎民百姓能够区分神圣和奸邪，因而能够使朝廷上下协和，以承受上天的庇佑。夏代是中国奴隶社会开始的朝代，离原始氏族社会不远，远方进献的这些“图物”很可能是各地氏族部落的图腾图像。

饕餮图像纹样具有原始图腾的审美意象，由于不同的审美心理，李泽厚认为它在视觉呈现上给人两种不同的感觉：乍看凶残，但只要仔细观赏，却令人有亲和之感。它“一方面是恐怖的化身，另一方面又是保护的神祇”；“对异氏族、部落是威惧恐吓的符号，对本氏族、部落则又具有保护的神力”；“这种双重性的宗教观念、情感和想象便凝聚在此怪异狞厉的形象之中”。广西合浦风门岭26号汉墓出土的2件兽面饕餮纹铜辅首，最吸引人视线的是两只狰狞、恐怖的眼睛，但细加观赏体味，便又觉得两只狰狞的眼睛变得妩媚、亲切了许多。

眼睛是情感表达最为丰富的器官。在原始社会，作为部族斗争中胜利的一方往往举行盛大的宗教祭祀活动，胜利者掠夺的牲畜和所杀死的敌人尸体都是战斗胜利的成果，载牲和载尸游是很普遍且很重要的内容，“牲和尸的巡游间接或直接体现着祖考神对其子孙的‘降观’和‘赐福’”。《山海经》中有多处“视肉”的记载，“视”即观、看，“肉”指杀祭仪式中用以献神的祭牲之肉，“视肉”指神灵在杀祭仪式中的“降观”和享祭。在这里，牲目和尸目（主祭者的眼睛）都可以作为享祭神灵的“工具”。也许是这个原因，在许多人兽合体的“神面纹”中，眼睛的表现具有符号化的倾向，成为最突出的表现对象。由于饕餮纹具有对内亲和、对外恐吓的两重审美意象，故在原始社会氏族部落之间的残酷战争中起到凝聚本氏族人心、威吓敌人的强大心理作用。

中国传统美学对意象的研究论著成果丰富。几千年前的中国古代哲学论著《周易》对意象有“圣人立象以尽意”的论释。《周易》在这里所指的是宗教伦理与象征物之间的哲学对应关系，但我们由此可以解读古人对于意与象的关系的思路。“意象”在中国古代文论中的含义，首先是指艺术家主观情感与客观物象的结合，形成头脑中的意象，然后才能物化为艺术作品的形象。它也是艺术家审美旨趣的具体体现，它所强调的是物我交融的艺术境界。刘勰的《文心雕龙》是中国古代一部完整的文艺理论著作，在《神思》篇云：“思理为妙，神与物游……独照之匠，窥意象而运斤。此盖驭文之首术，谋篇之大端也。”比较具体地论述了艺术意象在艺术创作中的重要作用。其中“此盖驭文之首术”非常清楚地指出了艺术创作的规律，意象可以说是艺术创作中思维活动的必然过程和重要环节，也可以说是艺术形象思维在作品上的反映和结果。按照明代哲学家、文学家王廷相的说法，意象形态就是“摆脱形模，凌虚结构”，使得象中有意、意象融和。清代学者纪昀说“意象所生，方圆随造”，道出了意象思维给艺术创作活动带来的自由。

中西方的文艺理论尽管在意象这一意义的表述上各有不同，但在美学结构、美感效应和呈现技巧上是相通的。在审美意象的美学结构上，庞德下的定义是：“一瞬间所呈现的理智与情感的复合物。”中国古代意象理论同样讲求“心物交融、情景交融”。唐朝诗人王昌龄的“搜求于象，心入于境，神会于物，因心而得”简练而清晰地表达了这种客观物象与主观情感的“复合”过程。庞德后来把“复合物”的概念扩展为“主观意象”和“客观意象”两种。中国古代文论则把意象分为“内意”和“外意”。在审美意象的效应上，庞德认为：“正是这个复合物（指意象）的呈现，同时给予人一种突然解放的感觉，那种从时间局限与空间局限中摆脱出来的自由感，那种当我们在阅读伟大作品时经历到的突然成长壮大的感觉”。我国清代画家郑板桥在写给黄慎诗中的两句则表达得十分精辟：“画到神情飘没处，更无真相有真魂”。在审美意象的呈现技巧上，西方意象派主张直接处理呈现对象，绝不用无助于意象表达的繁冗技巧。中国古代诗画则更讲求“删繁就简”的凝练技巧，讲求惜墨如金，以“少少许胜多多许”。

对于艺术意象，苏珊・朗格有一段关于造型艺术的表现本质的论述，她认为艺术家在作品中创造出了一个“虚幻空间”，这个空间实际并不存在，而是人为制造出来的幻想空间。她认为：通过视觉表象建立起来的“虚幻空间”是各种造型艺术的基本幻象，“虚幻空间”是在所有造型艺术中都普遍存在的。造型艺术家创造艺术品，即是用符号等的形式创造“虚幻空间”。并根据空间概念表现的三大形式——绘画、雕塑和建筑的特点，把这“虚幻空间”分为三种不同方式：虚幻的“景致”、虚幻的“能动体积”和虚幻的“种族领域”或“场所”，并对此做了详细的论述。

苏珊・朗格在《情感与形式》一书中说，一幅绘画是一个完整的视觉领域，它的第一个作用更是创造一个独立的、内容齐备的感情空间，这个空间就像我们举目眺望现实世界，各种景致出现在眼前一样自然。也就是说，绘画艺术创造的幻想是一种虚幻的景致。她接着补充说明：“我的意思不是指‘风景’这个特定意义上的景致——一幅画可能是再现一件物品，也可以画没有任何再现意义的纯料装饰形式——但总是创造了一个面对眼睛，与眼睛发生着直接关系的本质的空间，这就是我所说的景致。”在这里，苏珊・朗格说的“景致”，实际上就是画家表现情感的空间，一件艺术品就是一个表现人类情感的符号。

对于雕塑，朗格也进行了她的阐述，认为雕塑的体积确确实实存在并可以触及，雕塑的作用除了表现体积，还在于把它的材料完全转化为视觉术语，即把触觉空间转化为视觉空间。雕塑是生命体的情感表现，因而一件雕塑作品就是一个“虚幻的能动的体积”。她进一步补充说：“雕塑形式是对实物的有力抽象……布鲁诺・艾迪里亚尼把雕塑空间比作一个以人的自身的能动体积为中心的主观结构，我们的见解不谋而合……”“……它创造了一个空间的表象，而且进一步创造了视觉表象，形成了视觉环境。确切地讲，雕塑是感觉空间的能动体积的意象。”她在随后的论述中强调，雕塑所体现出来的能动体积和创造出来的环境是虚幻的，雕塑只是为人们的视觉存在的，是艺术家表现自我和自我世界的表象，凝聚着拟人化的幻想。

对于第三种方式的虚幻空间，朗格进行了更为详细的说明。她在论述中说到，建筑是因为实用的价值非常重要和明显，所以人们对它所产生的那种“幻象”极易消失。但是，“建筑是一种造型艺术，不管有意无意，它首先获得的是一种幻象，一种转化为视觉印象的纯粹想象性或概念性的东西。这种基本思想的影响在‘形式’‘空间生命’等等一些极为重要的措词中显示出来”。她认为“一个种族领域”是建筑的基本抽象。

对“种族领域”，朗格做了简单明了的举例说明：“游牧民族或航海中的文化现象，都没有刻画人们在地球某一固定地点的生活，但是一艘不断改变自己位置的船，却仍然是一个独立自在的环境。还有吉普赛人的营地，甚至一个马戏班子的营地，不管它们多么经常地更换位置，都始终是一个独立自在的营地。从实际上讲，我们说营地设在某个地方，而从文化上说，营地就是指某个文化场所。尽管吉普赛人所设营地从地理位置上看可能就在印第安人过去常驻的地方，但却是一个不同于印第安人营地的环境。”因而，“一个环境，从非地理的意义上讲是一个创造物，一个被创造为可视、有形、可感的种族领域。就此而论，它当然是一种幻象……”朗格这个关于建筑概念“种族领域”可以理解为特定民族文化的领域。事实上，朗格也进一步说明了她的观点，她说：“建筑就像其他造型符号……组成一个可见的实用领域——一个虚幻世界的中心。”并结合人类文化的某些特征进行了论述。

对于造型艺术作品所表现的人类文化，苏珊·朗格说：“事实上，文化是由人类的活动组成，它是一种连锁、交叉的行为体系，一种连续的功能形式。因此，它当然是不可触知不可看到的。”并且解释了文化具有有形的部分，也有有形的征兆，但我们看到的这种有形部分都仅仅是枝节或片断，只是文化的组成部分而不是它的意象。而建筑师则创造了这种文化的意象：“一个有形呈现的人类环境，它表现了组成某种文化的特定节奏的功能样式。”并说：“这种样式是沉睡与苏醒、冒险与稳妥、激励与宽慰、约束与放任的交替……是平静或跌宕起伏的生命过程；是童年时期的简单形式和道德境界充满时的复杂形式，标志着社会秩序神圣和复杂变化莫测的基调与虽然进行了一定选择却依然被来自这种社会秩序的个人生活所重复的基调的交替。”此外，苏珊·朗格还列举了日常居住的房屋、大型的公共建筑、陵墓等建筑，总结出：“建筑创造了一个世界的表象，而这个世界则是自我的副本”，是集体的自我，公共的自我。

由上述论述我们可以理解为，苏珊·朗格所说的“虚幻空间”是指艺术作品所体现的人类精神文化的意象。造型、纹样、装饰构图、色彩肌理等视觉元素，构成了一个“虚幻的”情感空间。

造像符号以从具象抽取提炼的形式，“少少许胜多多许”，创造了一个“虚幻空间”，传递了丰富的意象，古代中国称之为“观物取象”。

这个丰富的意象，在此还是以饕餮纹为例，如果从历史文化角度看，它蕴含着深厚的内容。我们知道，自炎帝和蚩尤时代起到夏、商、周三代，远古华夏和世界绝大多数有古老历史的民族一样，由原始社会进入文明都经过一个“血与火”的时期。在这时期大规模的氏族部落与部落联盟之间的战争连绵不绝，随之而来的便是胜利者对失败部族的大规模屠杀、掠夺、奴役和剥削。青铜器时代因此又被称为“血与火”的时代。

《左传·成公十三年》说得很清楚：“国之大事，惟祀与戎。”“祀”即祭祀，“戎”即战争。“祀”“戎”二者又往往是联系在一起的：祭祀的内容主要是对本部族及祖先的野蛮征战的颂扬，因此举行祭祀仪式时往往屠杀大批战俘和奴隶，这在商代是常见的。郭沫若研究指出：“在甲骨文中，有许多为祭牲与牛羊犬豕同用的记录，最多的一次达到上千人。”

《史记·殷本纪》载：殷先人契“佐禹治水有功”，“兴于唐、虞、大禹之际”，传十三世至成汤，日益强大。他发动了一系列战争。《孟子·滕文公下》说成汤“十一征而无敌于天下”。《史记·殷本纪》载“汤曰：‘吾甚武’，号曰武王”；又载“汤自把钺，以伐昆吾，遂伐桀”；《诗经·商颂·长发》说成汤伐夏“如火烈烈，则莫我敢易”，是说商王成汤挥舞大斧，征战所向无敌。最后成汤乘夏桀荒淫无道之机，联合其他部落和邦国，打败了夏桀，建立了商朝。从甲骨文上的卜辞记录可知：殷人一次出征征集3000至3万名士兵，一次屠杀往往达2500人，一次征战往返常为十个月，而每次战争一般都掠夺了大量的俘虏和财物。郭沫若认为商朝是当时世界上为数不多的文明大国，为我国文明的发展奠定了基础。但它也同样是通过“血与火”的战争道路而走向文明的。

《吕氏春秋·先识览》说："周鼎著饕餮，有首无身，食人未咽。"饕餮"食人"和上述屠杀战俘、奴隶用以祭祀，现代文明社会视为惨无人道，但古代出于"非我族类，其心必异"的观念，对于当时刚刚从原始社会过来的人们来说，屠杀异族人是理所当然的。在奴隶社会部落之间的残酷兼并战争不断的"血与火"的时代，饕餮纹由于其怪异狞厉的审美意象，在商周青铜器中常出现。

我们可以理解为："意"指主观的心意，"象"即为客观的物象，两者结合起来，"意象"是指具有客观物象的形态而又赋予或体现着人的心意、主观思想的复合体，是艺术作品通过形象表现出来的境界和情调。

中外文艺理论都说明艺术作品都是有意象的，包括设计作品也不应该例外。艺术设计意象中的"象"，即为设计作品的表面视觉形象，既可以是比较具体的形象，也可以是较为抽象的点、线、面、体、色彩等视觉元素。这些形态各异、抽象的视觉元素之象作用于人的感官，给人不同的感觉和心理联想，具有表达特定意义的特性。

设计作品中所体现出来的"意"，有时可能是比较具体的主题，比如用较为具体的形象或具有特指表意作用的抽象符号，去直接指向设计所要表现的主题，或表现出与主题较为明显的关联，这都是直接的表现。在许多情况下，设计艺术的表现则更为含蓄委婉。我们知道，审美意象是介于外在物象与艺术形象之间，集知觉、情感、意念于一体的特殊的心灵产物，是一种非实体的想象性形象，因而是比较含蓄和模糊的，无非常明显的界限与轮廓。设计艺术中"意"的表现也常常如此，常常是一种并不直接具体的间接表现。经常是借助于某种形式手段去烘托与设计主题相关的气氛，传达一种朦胧的意义和宽泛的情感，甚至有可能只是形成一种格调、趣味、气韵和感觉。而设计的主题并不直接呈现，如同现代广告力求避免直向式的告白，这种间接的表现具有更典型的意义。即使设计作品采用直接表现的方法，但其所追求的格调、趣味、气韵和气氛等也都应该和设计的具体主题紧密关联，只有这样，设计艺术中的"意"才能得到完整的表现。

设计艺术中的"意"有丰富的复合的层次。宋代诗人梅尧臣说："诗有内外意，内意欲尽其理，外意欲尽其意，内外意含蓄，方入诗格。"指明了艺术的形象性特征："内意"和"外意"分别为倾向于主观表达和客观描述。可以说，整个设计作品所呈现出来的格调、情趣、品味、气韵和气氛，都是设计艺术之"意"的表层含义。而作品所涉指的主题、意义则是"意"的另一个更深的层次。表层的"意"，即设计作品的图形、色彩、文字、版式等所体现的格调、气氛、气韵、趣味，要与深层的"意"即作品的表现主题相符合和统一。

中国传统艺术中的绘画理论有"意在笔先"之说，在设计艺术中，意也起着主导的作用。因而在设计中，要先立意，并强化和深化这个"意"，作品所体现出来的精致、讲究、关联、趣味、意蕴和品味，归根到底都是"意"的强化和深化的体现。清代文人方薰认为："意奇则奇，意高则高，意远则远，意深则深，意古则古，庸则庸，俗则俗矣"，对设计格调的定位有着很好的借鉴意义。由此我们知道，"意"为设计艺术之本源。设计师自身的修养、心意，对主题、对事物的理解，对作品的设计有根本的意义。

"意"是作品的根本所在，而"意"又终究要通过"象"才能表现出来。所以我们也不能忽视对“象”的表现规律和方法的研究，寻找那些使我们的“意”尽可能充分地表现出来的成“象”艺术。设计师在“象”的创造过程中创造了自然本身并不存在的新造型，这个造型可能是立体的也可能是平面的，这个自然中并不存在的新造型体现了人的主观心意，在造物装饰设计中，我们常见到作品中出现比较具体的接近自然的形象，但那也是由于设计表现的“意”的表达需要而出现，是作为一种形式要素而被使用。“象”是符号的表现，设计符号的物质形态具有构型功能，赋予无形的人类情感与形式，以便于人们的感情认识和参考。“象”的表现，也就是从倾向于客观的描述的表现方法，到渐次增强我们的主观感受，更加凝练和符号化，在符号语言中更多地注入我们的心意的“夸张”“比喻”“象征”“抽象”等方法，都是设计中常常采用的方法。在造像设计中，设计师用线条构成造型之“象”，以上述的种种方法表现了自己的设计意象。

商周时代的工艺匠人以青铜饕餮纹饰狰狞凌厉的“象”传达了其无与伦比和无可取代的审美意象之“意”。李泽厚说：各式各样的饕餮纹样及以它为主体的整个青铜器其他纹饰和造型，特征都在突出指向“一种无限深渊的原始力量”，“它们呈现给你的感受是一种神秘的威力和狞厉的美”，体现了“一种无限的、原始的”宗教的情感、观念和理想，配上那沉着、坚实、稳定的器物造型，极为成功地反映了中国古代“那个血与火的野蛮年代”。他在此解释了饕餮纹的审美意象。饕餮纹被创造于那个“血与火”的野蛮年代，尽管有意识地夸张并显得狰狞可怖，但广西汉代饕餮纹有几分稚气甚至妩媚，具有某种原始的、天真的、拙朴的美。它形象而生动地反映了当时广西汉人造物艺术的情感、观念和精神意象已更趋生活化。

马克思称商周的青铜饕餮纹饰无与伦比，他认为：古希腊艺术“仍然能够给我们以艺术享受，而且就某方面说还是一种规范和高不可及的范本”。倘若将人类历史的发展比拟成人的一生，那么古希腊则是人类“童年时代”儿童天性“发展得最完美的地方”，从中可以看到人类天真幼稚和富于幻想的天性，它只能产生于人类早期“那些未成熟的社会条件”。随着社会的发展，那种原始、稚拙、狰狞的美永远不会再出现了。汉代继承了商周以来的神灵崇拜信仰，但是也增加了许多属于本时代的内容。在造像的表现上，广西合浦风门岭26号汉墓出土的2件铜辅首，它的饕餮纹样相对于商周时代的饕餮纹，显得优美了许多，线条也显得更为繁复柔美。它的审美意象，虽然有原来的凌厉狰狞之美，但已经变得柔和了许多。

2.2 符号语意

语意的原意是语言的意义，是指如何以形式语言表现作品的意义。语意学则为研究语言意义的学科。符号学的结构（美国哲学家莫里斯提出的符号学结构）可以分为符号语用学、符号语意学和符号语构学三个部分。将符号语意学的研究应用到设计的各个领域，有建筑语意学、产品语意学、广告语意学等等。设计符号学则可分为设计语用学、设计语意学和设计语构学三个部分。设计语用学研究设计的可行性及其与人的关系；设计语意学研究设计形式与意义的关系；设计语构学研究设计形式与设计功能结构的构成关系。因而，设计符号与符号语意的关系不言而喻，设计语意是设计符号学科结构的细分，指设计形式与意义的关系。

语意和意象二者有较多的联系，但二者是不同的概念。首先，在符号学科中，设计语意是基于索绪尔创立的现代语言理论提出来的，其观点是以符号的认知观来认识万物，并将符号作为一种人类的语言进行研究，其中包括了许多逻辑学的成分，而设计意象则是基于美学中的直觉论提出来的，无论在东方还是在西方都有其悠久的理论渊源；其次，设计语意和设计意象的思维特征不同，语意学是建立在符号具有语言特征的学术观点上的，因而其思维特征具有较多的类似语言的逻辑性因素，而意象是建立在人们的经验与审美直觉的思维基础上的，具有直觉性的思维特征；再次，语意的特征是具体的、逻辑的、明确的。如纹样语意指的是纹样如何传达其意义，因而必须是明确的，语意的模糊将导致传达的不足或错误，而意象是对精神内涵的大致理解和把握，因人的经验知识和文化等有所不同，具有模糊的特征，意象的模糊有时候反而给人更为丰富的想象，因而不能把语意和意象混为一谈。从纹样的语意来说，其不但具有精神上的象征功能，而且具有实用的功能因素。但习惯上我们往往只说作品的意象，而一般不会说纹样意象。纹样意象这一说法，指的应是通过纹样表达的精神文化内涵。

意象的表现不是空洞的，而要通过特定的形式表现出来，如何以形式来表现意象，这就是语意的内容之一。符号语意提供了符号意象的表现方法和途径，对于欣赏者，了解艺术意象已经足够，而作为设计者，涉及深入的问题时不能满足于“大概如此”，而要提供更为深入的、具体的、可以把握的、有规律的方法，这也是我们研究设计语意的目的之一，对符号意象的深入研究，必然导致对符号语意的研究。

对于语意学的研究及运用较早的是建筑设计与产品设计领域，其理论架构始于1950年德国乌尔姆造型大学的设计记号论。1969年美国出版的《建筑的意义》一书，作者受语言体系中暗喻等手法的影响，探索将象征手法应用于现代的设计思路，提出了建筑语意学的理论探索。1983年，设计师克里彭多夫（Klaus Krippendorf）和朗诺何夫妇（R. Butter）先提出了产品语意学的概念，后由美国工业设计师协会在匡溪艺术学院召开的“产品语意学研讨会”明确给予定义。造型设计中对于作品形式与意义及内容的关系的研究其实早已有比较丰富的成果，但运用符号学的观点来解释设计作品的语意则是现代主义设计以后的事情。

语意学的研究及运用较早的是建筑设计与产品设计，因而从建筑和产品设计的角度切入相对容易理解。建筑语意学的观点是，建筑不仅仅提供了满足功能的架构，它实际上更多地参与到人们的生活中。传统图像蕴含着形式以外的更多语意，现代设计自从现代主义的设计风格终结以来，已脱离了传统功能主义枯燥无味、无鲜明特点的风格，而更多地注重个性和人文因素，似乎和古典主义不谋而合，然而并非如此。

后现代主义的建造师迈克尔·格雷夫斯（Michael Graves）认为建筑的表层意义是根据实用、构造、技术等因素产生的意义，它建立在结构与使用功能的合理因素之上，是技术性的实用主义；深层意义则是建立在广泛的文化基础之上，包括文化、哲学、宗教、审美、价值观等等。他更关心建筑的深层意义。对产品设计语意影响较大的也是后现代主义，后现代主义设计大量运用符号语意，强调产品形态的隐喻、符号和文化的历史，力图使技术成为一种象征手段或语意学下的“隐喻”。以产品的使用功能为基础，高度重视人们的生理、心理和历史文化因素，创造出丰富复杂的产品形态，并以之作为产品与消费者互动的语言，力图达到使用时人机高度协调的境界。

合浦望牛岭1号西汉晚期墓出土的国家一级文物羽纹铜凤灯，是汉代人机（器具）高度协调的产品设计。灯为凤鸟形，双足分立，尾羽下垂及地，足与尾形成三点鼎立之势以支撑灯身取得平稳，双足并立作顾首回望状。头、冠、颈、翅、尾、足各部位轮廓清晰，比例匀称。凤鸟颈部由双层套管衔接，在操作上可以上下调节高度和自由转动，便于调节灯光和拆卸冲洗体内烟垢。凤鸟背部开一圆口，放置有长手柄的灯盏。灯盏垂直正上方是凤鸟回首嘴衔的喇叭形灯罩，灯罩与颈部及腹腔相通，腹腔中空，可以贮水。当灯盏中的照明物体被点燃时，烟火经灯罩引进颈管，再由颈管导入贮水的腹腔，经溶解后由尾部排除。整个羽纹铜凤灯造型独特，灵巧优美，活泼可爱，寓意吉祥，具有浓郁的生活气息。灯的铸造采用了用模具分别铸造出胎体后组合为一个整体的分铸法，通体纹饰用当时岭南地区新兴的錾刻花纹工艺錾刻羽状花纹，精美华丽，显示了高超的工艺水平。

羽纹铜凤灯是2000年前的环保科技产品，构思巧妙，是科学与艺术的结晶，在当时处于世界先进设计水平。在油灯上加装导烟管，将环保观念应用于灯具的设计制作，是汉代首创，也是世界灯具史上在当时处于领先地位的设计。汉代这些具有环保功能的灯具不少，不断有考古发掘出土。如陕西神木店塔村出土的汉代水禽衔鱼釭铜灯、江苏邗江区甘泉东汉墓出土的错银铜牛灯、河北满城汉中山靖王刘胜之妻窦绾墓出土的长信宫灯、山西出土的彩绘雁鱼铜灯等。这些利用清水净化烟尘的室内灯具设计，说明西汉时期人们实施设计行为时已经重视灯具的环保功能。

汉代这种具有环保功能的灯具较多。陕西神木店塔村出土的汉代水禽衔鱼釭铜灯，形状为水禽昂脖低头回望，嘴衔灯罩，颈部由两条铜管相套组成。江苏邗江区甘泉东汉墓出土的错银铜牛灯，形状为牛背放置灯体，灯罩上方有排气铜管接入牛头。河北满城汉中山靖王刘胜之妻窦绾墓出土的长信宫灯，形状为宫女左手执灯，右手提灯罩，右手衣袖内有虹管，用以吸收油烟。以上灯具造型形态各异，唯独合浦出土的羽纹铜凤灯以凤鸟为造型。

凤鸟形象是中国传统纹样符号之一，传达了丰富的含义。合浦汉墓出土的羽纹铜凤灯是中国代表性的汉代錾刻纹样铜器文物精品，它和合浦出土的铜仓、龙首羽纹铜魁、提梁铜壶等入选1978年“中华人民共和国出土文物展”，到北美、欧洲、日本等地巡回展出，广西壮族自治区博物馆则以其图像作为馆标识。

建筑、产品的语意是和它的使用功能相联系的，图像设计作品的使用功能为传达特定信息，因而语意即是它所要传达的具体信息内容。装饰艺术作品的语意，既满足了使用功能的需要，也有信息传达的内容，这些信息内容往往蕴含在具有符号特征的装饰纹样内。合浦母猪岭东汉1号墓出土铜镜1面，中心为圆纽，三线方框纽座，座内为四叶纹，座外饰规矩纹、四兽（神）纹、四乳纹等，再往外缘是较宽的无纹素环；合浦县城东郊的罐头厂19号汉墓和北插江1号汉墓出土有蟠螭纹四乳铜镜。

沈从文在《铜镜史话・题记》中说：“（汉代镜子）有一种中型或大型的四神规矩镜，用青龙、白虎、朱雀、玄武分布四方作主要装饰，上下各有规矩形，外沿另加各种带式装饰，如重复齿状纹、水波云纹、连续云藻纹、连续云中鸟夔凤纹等，主题组织和边沿装饰结合，共同构成一种活泼而壮丽的画面”。

材料考证，铜镜是中国传统文化的代表性器物之一，最早的铜镜发现于齐家文化的墓葬中。西汉时期，由于铁器的广泛应用，加之漆器、釉陶也相继兴起，手工业生产的重点开始转移到新的部门，铜制的日用器皿日益衰落，而逐渐被铁器、漆器和釉陶器所取代。但是，人们日常生活需用的铜镜，由于当时还没有其他更好的质料可以代替，所以获得了继续发展的条件。这时期铜镜的形制、纹饰、铭文都具有鲜明的风格和特点。据新中国成立以来的出土记载，从西汉开始有鎏金、包金和漆背加彩绘人物等各种不同工艺形式的铜镜出现，特别是西汉中晚期铸造的透光镜，代表了铸镜工艺的新水平。秦汉初期设有尚方令丞，属少府，主持监造皇室所用剑、弩机等兵器及鼎、壶、钟、镫镜等青铜用器。汉武帝以后除京师、尚方官工特别制作铜镜外，铸镜工艺在国内其他大城市，也发展成为一种专门手工业，洛阳、广陵、西蜀、长沙都有专门名家，铸造各式精美铜镜，罗列市上出售。

秦汉初期尚方官工制造的铜镜，到王莽时代开始普遍流行，合浦出土的这些铜镜是西汉中期到末期官工镜子的标准式样，这些镜、盘的四鸟（兽）图纹，蕴含了丰富的符号语意。

从使用功能来看，镜子的背面雕刻花纹，显然更加符合人体工学，比光滑无纹理雕刻的背面更加易于握持。从传递的信息看，四鸟纹样传达的语意是古代历法天文学意义上的四季更替。

古人用四鸟纹样表达四季更替的语意是有更远久的历史来源的。从仰韶文化、良渚文化到汉代石刻图像，均有飞鸟负日纹样。玄鸟的原型燕子被视为殷人的祖先，殷人认为其先祖契乃是简狄吞燕卵所生，凤鸟乃是天帝的使者，飞鸟可传递天帝的信息与旨意。《山海经·大荒东经》曰：“汤谷上，有扶木，一日方至，一日方出，皆载于乌”，因此铜镜、铜盘中的四鸟盘旋飞翔，意思就是飞鸟背负太阳运行。先民在农耕实践中认识到农作物的生长依赖于阳光，形成“万物生长靠太阳”的观念，于是“飞鸟负日”就不仅仅是飞鸟负载太阳飞行，还负载、传播生命的种子，候鸟飞行还传递春天来临的信息，因此能传达天帝的旨意。

河姆渡文化出土有柄骨匕、象牙雕片和陶豆盘，皆雕刻有精致的日鸟合璧图像纹样。骨匕和雕片的一日二鸟图“体现了二分日时太阳分主东、西两方的古老观念”；陶豆盘盘底阴刻的日鸟合璧图像为四鸟盘环相绕，分指四方，中央刻有圆日，表示“金乌运载着太阳东升西落，南行北进”，日行四方。不仅仅是在中国古代，李泽厚发现，“在东北亚乃至美洲印第安民族的早期文化中居然也找到了这种传统的痕迹”。

中国古代天文历法学历史悠久，华夏先人很早就认识到二分（春分、秋分）、二至（夏至、冬至）和四气（四季）的节气变化。由于古代黄河流域中下游及中原一带终年可见北斗星，而且斗杓呈现围绕北极星周年旋转的现象，巫师学者观察斗杓方位预知四季变化，由此建立最早的观象授时系统。其确定季节月份的方法是观察北斗星斗柄的指向。良渚文化的玉璧、玉琮有猪身刻有象征斗魁的四星和猪与斗魁合璧的玉器，它是“北斗拱极运动而建时的反映”。

《山海经·大荒东经》记载有帝俊后裔“使四鸟”，《山海经·大荒北经》亦载有颛顼后裔“使四鸟”。在广西出土的战国至西汉年间的铜鼓上则清楚地呈现了“四鸟围绕着太阳分居四方”的完整图像纹样。《尚书·尧典》载：天帝分别任命四子（羲仲、羲叔、和仲、和叔）分居四方（其部族分别为析、因、夷、隩）掌管四时（四季）。最后天帝称赞羲、和“期三百有六旬有六日，以闰月定四

图4-8　合浦望牛岭1号墓出土的羽纹铜凤灯的造型与纹样（图片来源：蒋廷瑜.汉代錾刻花纹铜器研究［J］.北京：考古学报，2002，（3））

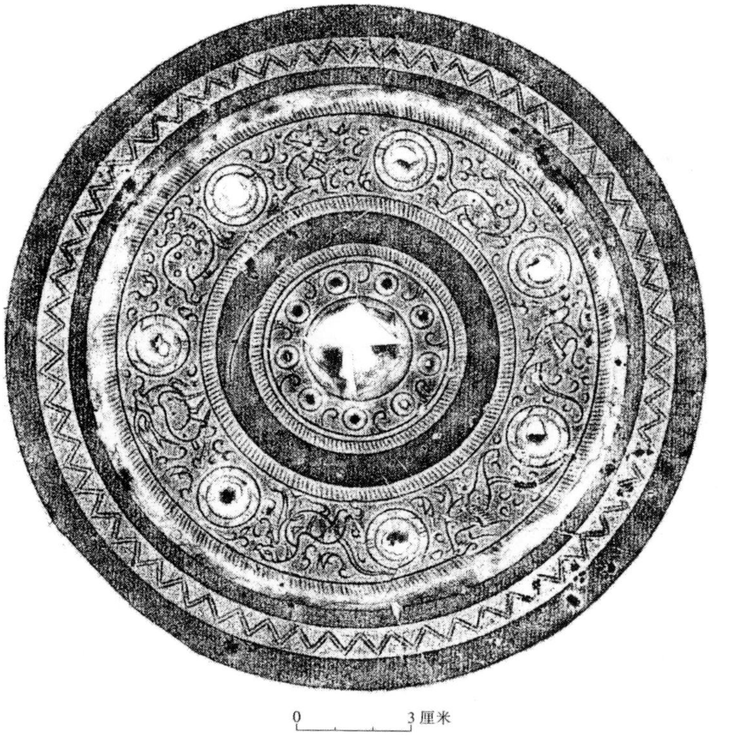

图4-9　合浦文昌塔汉墓出土的乳钉纹铜镜（图片来源：广西文物保护与考古研究所.广西合浦文昌塔汉墓［M］.北京：文物出版社，2017）

图4-10　汉代瓦当四神图

时，成岁”，即完成制定四季的历法。帝俊、颛顼后裔“使四鸟”的意思应为推行一年分为四季的历法。《山海经》还载有四方神名：东方名“折（析）”、南方名“因”、西方名“夷（彝）、北方名“鹓”。《山海经》中的“神名”指氏族部落或邦国的名称，可知它们分居四方，西方的“夷”“处西北隅以司日月之长短”、北方的“鹓”“处东极隅以止日月”，负责测定四时（春分与秋分、夏至与冬至），《尧典》也称羲、和四子为历官。《淮南子·天文训》说：“天维建元，常以寅始”，意思是岁星纪年法的首岁和斗建法的首月均始于寅位（东北陬），即东北维是四季立春和十二月首月的起点，因此《大荒东经》称北方之神鹓“处东极隅以止日月”。

《左传·昭公二十九年》载：“社稷五祀，是尊是奉。木正曰句芒，火正曰祝融，金正曰蓐收，水正曰玄冥，土正曰后土。”“五祀”即祭祀五方之神：中央天帝（其佐后土），其余即四方之神。这和《山海经》所载的四方和四季神是一致的：“东方句芒，鸟身人面，乘两龙”“南方祝融，兽身人面，乘两龙”“西方蓐收，左耳有蛇，乘两龙”“北方禺强，人面鸟身”，珥、践两青蛇。其中东方句芒和北方禺强均为“鸟身”，仍保留原型为飞鸟的痕迹，四神的坐骑均为龙蛇。此外，《管子》《礼记·月令》《吕氏春秋》《淮南子·天文训》等文献均大同小异地详细记载：黄帝为中央之神，其佐后土，执绳而制四方，地位最高，权力最大。其余四帝（四方联盟的首领）也有相当的权力，春神东方太皓，其佐句芒；夏神南方炎帝，其佐祝融；秋神西方少昊，其佐蓐收；冬神北方颛顼，其佐玄冥。《史记·五帝本纪》则记载黄帝“时播百谷草木”，颛顼“载时以象天”“治气以教化”，帝喾“顺天之义，……历日月而迎送之”。上述古籍文献详细记载了先人认为的一年四季的节气物候和主管之神，以及帝王如何根据四时运行向天下发令行事。

《山海经·大荒东经》称帝俊后裔“使四鸟”，《山海经·大荒北经》除了称颛顼后裔“使四鸟”外，还称“四鸟”是“虎、豹、熊、罴”。其意思并非是四种兽名，而是东、西、南、北四个部落邦国（或神灵）的名称。汉代则以苍龙、朱雀、白虎和玄武（乌龟，原为鹿），分别指东、西、南、北四宫，与天文星象有密切关系，因此汉代四季更替也用四兽纹样表达。

综上可知，远古华夏先民从观测天象中掌握了系统的天文历法知识，并以此作为安排人们耕作生产、生活的依据，以有具体形象的“四鸟”象征抽象的四季。因而，四鸟纹样是中国古代天文历法知识的符号语意表现。另外，使用铜镜的人从镜子反射的容颜变化可以感受到时光的流逝，寓意四季更替的图像纹样正是时光流逝的恰当表达，由此我们可以看到汉代造像中蕴含的丰富含义。

3. 造像艺术的神话意义传达

器物造型图像与装饰纹样以造型、构图、线条、色彩、肌理等外在造像形式实现与观众的情感交流。在形的塑造、刻画方面，中国传统文论中有把其传达的意义分为图形、图识和图理的说法。按皮尔士的逻辑符号学则把符号由其指涉物的关系分为图像符号、指示性符号和象征符号三种。造像的线条等视觉元素总是通过其意义的表达、传达，体现某种特定的人类文化的意象。人们是由经验去认识事物的，我们在这里按符号的分类，分析广西汉代器物造像艺术所传达的意义是基于先民生产、生活的经验沉淀而成的符号传达。

3.1 图像符号传达

图像性设计符号是属于再现意象的表现，它是通过“形象相似”的模仿或图似存在的事实，借用原已具有的事物来表达它的意义，是一种比较传统的意义表达方法，直接明了，容易理解。但它也并非仅是描绘事物的外部形状，还经过一定的抽象与概括，以显现客观事物的本质特征。不管是否是“天人合一”的思想支配，但人类从自然中来，在自然中生存，因而在早期图像意象符号的使用上都竭力使用大自然中的形象来表达所代表的意义。图像设计符号的表现方式又可分为表现性手法、类比性手法和几何性手法。

表现性手法基本上是图似和模仿自然对象以表达所要传达的意义。合浦出土的羽纹铜凤灯是图似和模仿自然对象的凤鸟造型。凤鸟的图形纹样也是广西铜鼓等器具上常见的表现性手法纹样，其不仅仅与太阳崇拜相关联，也和生殖崇拜相关联。贵港市罗泊湾1号汉墓出土的铜鼓，中心是一个光芒四射的太阳纹，围绕太阳的则是飞鸟纹。鼓面的纹饰，表现出东方民族原始宗教崇拜的意义，即鸟与太阳并驾齐驱，原始先民认为太阳要依靠鸟来背负才能升上天空。因此原始先民对鸟的崇拜和对太阳神的崇拜是联系在一起的。仰韶文化彩陶有飞鸟负日图，红山文化有三足乌图，汉代也有太阳中的三足乌图像。

蛙纹图像在广西壮族纹样中极为常见，蛙纹是广西壮族人喜欢的纹样，而中原汉文化则认为女娲造人，“娲即虾蛙即蟆，春天蛙类动物出河泥孵化小蛙，是生育神最具体的形象，故女娲有捏黄土造人的神话；而蛙类动物春天苏醒，也是最形象的‘死而复生’，因以蟾蜍为月精，救月之‘死而有育’。”（陆思贤）这些日、鸟、蛙的纹样，许多采用表现性的手法。

类比性手法则是用和现实对象有某种关联的虚拟的对象来表达意义。

龙、麒麟等形象，就是虚拟出来的形象。在自然界中并不存在龙，但是人们无法解释自然中行云降雨等现象，因而用鸡爪、蛇身、马鼻、鹿角等组合出龙的形象，并赋予其权力、威严、长生不老等象征意味。凤也是不存在的，但其形象集中了鸟类最美的造型，凤的尾可以明显地看出孔雀尾羽的翎眼。1971年合浦望牛岭1号汉墓出土了制作精美的龙首羽纹铜魁、龙首铜灶和龙首方匜。龙形图像纹样源于远古华夏图腾，意蕴丰富，表现了特定的精神意象。

饕餮纹是殷商时期的主要纹样，多饰在器物的显要部位，是人们臆想的一种象征化，其造型来源于猛兽形象但又非常抽象化，具有强烈的宗教祭祀的意义。

西方也有不少来源于自然形象而又不同于原有形象的神话形象。这些形象都被人们赋予了神灵的象征，反映出人类早期对自然的崇拜。

几何性手法则是对现实形象的较为抽象的概括，有现实的依据而其造型形象已经极为理性抽象化、几何图形化。这是一种“形式意欲”的表现，极为形式化。佛教中的卍字纹是几何图形，代表宇宙动力和创世能量。从外形来看，卍字纹酷似太阳之轮旋转时从其轴上甩下的抹抹金光。其所象征的生命力、太阳能量和转世再生的含义常被引为指代上帝。佛教中的卍字纹通常出现在佛祖的脚掌或胸前，象征转世之轮永不变的中心。基督教的十字符则是忠诚的象征，同时也是远古时代宇宙最为简单的表达图形：两条线相交便形成了四个指向，代表东、西、南、北四个方向和为大地带来甘露的四大风神，庄严肃穆。几何性手法也是原始艺术纹样的代表性手法，在广西汉代纹样中，几何性手法的纹样常用于陶器饰纹，因而带有较强的原始既骆色彩。

合浦黄泥岗1号汉墓出土的玉璧是图像纹样符号、几何纹样符号和文字纹样符号的有机结合。它整体高27厘米，外径18.3厘米，孔径3.2厘米，外廓有“宜子孙日益昌”六字和双龙透雕，主体部分为中心有圆孔的圆环形玉璧。圆形是常见的几何形状，中国古代说“天圆地方”，因此圆环外廓大圆象征天，《易经·系辞》则说：“天地之大德曰生”，就是说天地具有孕育万物、生生不息的特征。可见玉璧的圆形象征的“天”具有孕育万物、生生不息的无穷生命力。

玉璧中心圆孔与外廓大圆之间的环状部分密布几何斑点纹，为云气纹或谷纹，也是抽象的几何性符号表现方法，用抽象的几何图形表现了其符号意义。云气为生命之源，谷为庄稼和粮食的总称，人类从稻谷的播种生长体悟出生命的延绵不绝。《老子》中记载：“谷神不死，是谓玄牝。玄牝之门，是谓天地根。绵绵若存，用之不勤。”意思是：“生养天地万物的道（谷神）是永恒长存的，这叫作玄妙的母性。玄妙母体的生育之产门，这就是天地的根本。连绵不绝啊！它就是这样不断地永存，作用是无穷无尽的。”是对生命神灵崇拜的解释。

图像符号通过具体的、表现性的形的运用，塑造特定的精神意象，这也就是苏珊·朗格所说的体现人类精神文化的“虚幻空间”的意象。传统纹样大多为图像纹样符号，不仅仅中国传统纹样是如此，许多国外的传统纹样也是如此，这是因为，人类社会的阶段划分标准是相同的，相同的社会阶段有许多共同的特征。

几何性手法的图像符号除了在玉器、陶器上可见以外，在铜器中的运用也是十分丰富的。根据广西壮族自治区文物工作队2006年考察报告，合浦风门岭10号、26号汉墓都出土有八角星图纹的日光铜镜。10号墓出土2件：其一半圆纽，圆纽座，外饰三周栉齿纹间八内向连弧纹、鸟纹、涡纹，宽素缘，直径18.7厘米；另一半圆纽，圆纽座，外饰一圆凸弦纹和八内向连弧纹，两周栉齿纹间有铭文“内清以日明光阴日月光”，素缘，直径10厘米。26号墓也出土2件，置于棺内头部：一为圆形，

图4-11　合浦出土印度传入的钵生莲花器（图片来源：熊昭明，富霞.合浦汉墓［M］.南宁：广西科学技术出版社，2019）

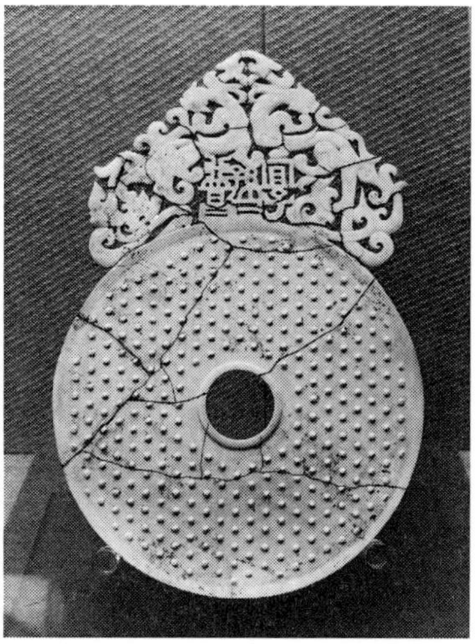

图4-12　合浦黄泥岗1号汉墓出土玉璧，现藏于合浦汉代文化博物馆（黄洛华拍摄）

扁圆纽，窄缘较高，纽外为十二乳丁及连弧纹，一周凹弦纹与外侧短斜线纹之间有一圈铭文“见日□□，□□□明”，两字之间间以一云纹或田字方格纹，直径8厘米、缘厚0.55厘米；另一较大，圆形，扁圆纽，窄缘较宽，缘厚0.6厘米，已残碎。四镜的共同点是中心都是一个八角星。

此外，合浦风门岭1号汉墓、合浦北插江1号汉墓、合浦红头岭34号汉墓也出土有日光铜镜。其图纹结构大体相同。与此相对比，湖北省鄂州市鄂钢73号汉墓也出土日光连弧纹铜镜1件，直径9.1厘米，边厚0.2厘米，圆形，半球形圆纽，纽座外饰八内向连弧纹，再外为一周辐线纹。外区为铭文环带，铭文为“见日之光，天下大明”。字间也是用云纹或田字方格纹相隔。纽座外的内向连弧纹和铭文带共同构成镜的主题纹饰。它继承了战国以来铜镜内向连弧纹寓意光明的传统。沈从文所著《铜镜史话》亦记有汉“见日之光毋相忘”铭文镜，其中心图纹也是一个八角星。此类日光镜的铭文及其内向连弧纹蕴含了汉代人对宇宙天体知识的认识，其中八角星图是几何性手法的图像纹样符号的运用。

人类社会早期，由于塑形能力和技巧的局限，原始人类常以抽象的几何符号图形概括对宇宙和世界的认识。八角星纹最早出现在新石器时代距今约6000至4000年的中期、晚期陶器中。它的原始形状与后来简化的由两个正方形重叠而成和八等分圆周画成的八角星纹是不同的，原始形状画法为：中间为正方形，四边的外侧各画一组燕尾式交角（每组交角为两个直角三角形），构成“四方八角”图形；再以每边的直角顶点连成直线又构成一个正方形，由此构成四方四隅各有两个直角三角形的八角星图；最后连接八角顶点画一个圆，便成重圈纹内套八角星纹图案。在东起山东海岱和山东泰安与江苏北部的大汶口文化，西至甘青黄土高原的马家窑文化，南至钱塘江流域和太湖流域的良渚文化，西到湖北和重庆交界的大溪文化，北达长城地带、内蒙古东部与辽西山地的小河沿文化的广大范围内均有发现，地域之广、涉及文化类型之多是少见的，“大致包括了夏、商、周三代所控制的疆域”。至今在西南地区的壮、侗、彝、苗、傈僳等少数民族的装饰图像中还“随处可见”。

冯时考证，安徽省含山县凌家滩村出土的新石器时期玉板中心也有八星纹样，但玉板整体图纹除中心的八星纹样以外，内外共四层构成，更是清楚地传达了华夏先民丰富的天体天文知识：中心内层由小圆内正方形与八角构成中心九宫图；第二层由中心九宫之外的两个同心圆构成，两圆之间按四方八角所限定的方向分为八区，八区与中心内层的中区便构成一个新九宫图；第三层在大圆八区之外分别以四矢表示四方、四维，由此构成八方九宫体系，是古代用于推算历数或用于式占的式盘。式盘由天盘和地盘组成：中心圆形为天盘，外廓方形为地盘，象征天圆地方。天盘布列九宫，地盘围绕四周布列八方，以应八节（节气）。含山玉板中央双圆为天盘，外廓方形为地盘，八矢表示八方、八节。玉板周缘有数字4、5、9、5，是表示中宫太一天神行移九宫的数字。玉板出土时夹在玉龟中间，嵌夹玉板的玉龟背甲为圆形弧拱，象征天盖，而龟背甲上部中央位置钻有四个圆孔，象征北斗斗魁的天枢、天璇、天玑和天权。北斗星（即中央九宫）是太一神的居所。玉龟腹平也钻有一孔，恰好处在与背甲的北斗斗魁相对应的位置之上，象征极星（天枢）。汉代式盘中心所绘的是北斗七星。玉龟与玉板配合使用，即是以北斗旋转来确定季节时间的工具。洛书的中心数字为5，而玉板中心布列洛书九宫也是五位图，东、西两缘均布有5数，象征洛书的中心数字5。太一天神反复依次运行四宫后返回中央数字5，其序数先是1、2、3、4，然后是6、7、8、9，此即玉板周缘数字的由来。

上述观念与黄河中下游和山东海岱地区流行的以北斗斗魁作为太一神以确定时间季节的观念相一致。古代这些地区北斗星终年可见，斗杓围绕北天极周年旋转，先民观察斗杓方位便可知四季变化，由此建立最早的观象授时系统。河南濮阳西水坡仰韶文化遗址45号墓（墓主疑为颛顼），其北侧脚端摆放由蚌壳堆成三角形和人的两根胫骨组成的“北斗图像”：前者表示斗魁，后者表示斗杓。它所展示的就是距今约6000年的以北斗为中心、天圆地方、四季代序、二分二至以及太阳的周日与周年的远古宇宙天体图。它的含义显然：“春分黄昏时斗杓东指”，“秋分黄昏时斗杓西指”。由此确定了二分（春分、秋分），通过平分二分日确定二至（夏至和冬至）；通过平分四时确定立春、立夏、立秋和立冬，加上二分二至便是八节；再把八节之间的距离平分为三，确定二十四节气。而四时八节与方位是结合的：春分、夏至、秋分、冬至，分主东、南、西、北。分主四方方位之间再二分，便形成立春主东北、立夏主东南、立秋主西南、立冬主西北。

传说伏羲氏发明了八卦，原始八卦图屡见不鲜：“西安半坡仰韶文化遗址出土的不少彩陶盘上，内壁无论是画鱼、鹿还是龟，都是四个，代表四正；在口沿上则刻有个等距离的符号，正好代表四正、四隅八方。”青海乐都柳湾马厂文化的彩陶和红山文化的玉祖的“米”字形图案，山东龙山文化遗址出土的扁平琮形器，都有表示四正、四隅八方的符号。因此，汉代日光铜镜的八角星纹样，其造型与远古时期的八星纹样相对比，虽经历了时代有所变化，但还是蕴含丰富的远古华夏天体天文知识在内。八星形是几何性手法的图像纹样符号，传达了“四隅八方”的符号意义。

3.2 指示性符号传达

指示性符号有功能性指示符号和意念性指示符号，是利用符号形式与表达意义之间存在的“必然

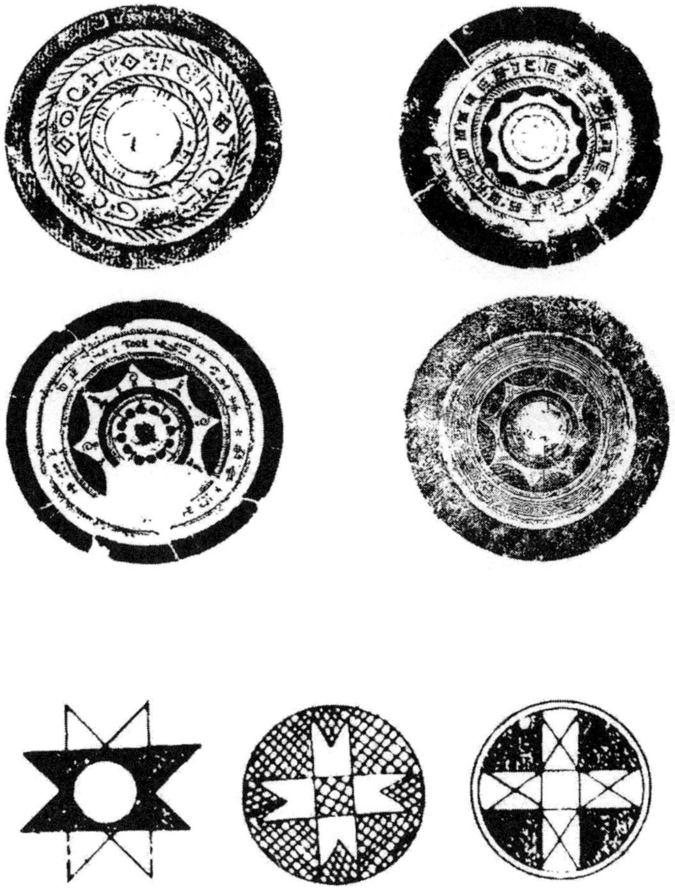

图4-13　合浦出土的铜镜纹样与新石器时代八星纹之对比

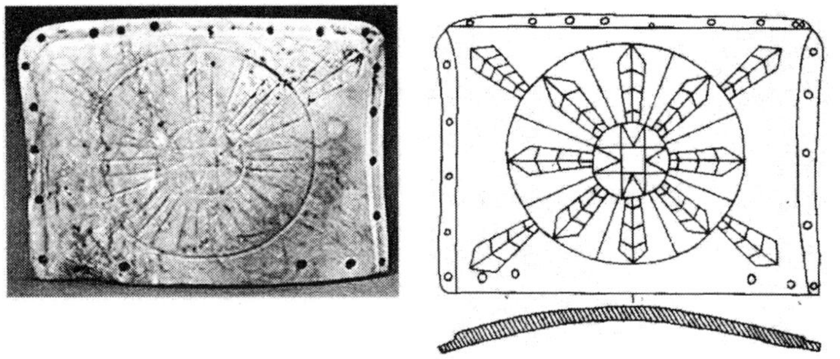

图4-14　安徽省凌家滩村出土的新石器时期的玉板

实质”的因果逻辑关系构成指涉作用，让人了解其意义。指示性符号的意义如果不能明确表达，则会造成混乱。现代社会的交通信号灯就是明确的指示性符号，红灯停，绿灯行，绝无二义，信号的传达混乱则会造成交通事故。装饰造型与纹样意在传达艺术意象，因而基本不具备功能性指示符号的特征。

但是造型的组合具备指示性符号传达的特征。在中国传统文化中不乏意念性指示符号，走进北京故宫，人们处处可以看到龙的图案，柱上、门上、梁上、御道上、石栏杆上，处处提示人们这是帝王之地，权力的中心。建筑的对称结构，中轴线的使用，更是加深了这一权威庄严的意念。在汉代阴阳五行思想下的二元对称构图格局中，常常看到这种对称线、中轴线的使用，也是为了营造一种肃穆的气氛。

汉代倡导的传统儒家的“礼”是封建社会极为严格的制度。“礼”衍生出来的“礼制”社会制度主宰中国社会达几千年。周代就记有依礼法规定各种等级的建筑尺度、色彩，以符合不同社会阶层、政治地位的人使用居住。《礼记》云：“天子丹，诸侯黝，大夫苍土黄”。至清代屋顶色彩规定“黄色位居中央最尊贵，只有帝王殿宇能用，皇太子殿因居东门，相当于春故用青色，王府则用绿色。其他黑、紫、蓝、红则用于离馆别宫”。由于中国封建社会一直无重大变化，这套制度从周沿至清，观念深入民心，以至人们一看到什么样的形式、尺度、色彩的建筑马上就联想到是什么用途的建筑或是使用者的身份地位。埃及的金字塔底部呈方形，逐渐呈锥形向上延伸，成为一个棱锥体，棱锥的四个斜边直指苍穹，意指法老的不死和永恒的统治。这些意念性的色彩，在传统图像中可以说是很常见的。

造像往往是传递某一意象的符号，广西汉代造像艺术很清晰地表达出汉代民间神灵崇拜信仰意念，但与现代交通信号灯般清晰传达意义的指示性符号相对比，是一种相对模糊的、意象性的意义传达。建筑方面，从现有的资料看，广西汉墓的地下建筑构造则清晰传递了封建阶级等级观念。

3.3 象征符号传达

象征符号是用隐喻等间接手法表达其内在意义的符号，荣格（Carl Gustav Jung）在研究人类的心灵时，发现每个民族、每个时代都有无数的象征符号，这是人类心灵的需求。人类借用这些象征符号表达那些无法用语言诉说的心灵内容。这些象征符号的形成是基于社会观念的约定作用，人们公认它们具有的内涵意义，并相沿使用。按其分类，有惯用性的象征符号和借用隐喻等手法的非惯用性的象征符号。

惯用性象征符号一般是约定俗成比较固定的，但并不是不可变化的。广西出土的汉代青铜器中的鼎，原是一种实用品，是烹饪器的一种，到了商代，鼎已经成为权力的象征，有着严格的等级规定。例如天子用九鼎，公卿用七鼎，大夫用五鼎，士用一或三鼎，而普通人则不能用。如果超出规定，就是“僭越”，是犯罪的行为。商周鼎，其实用品的意义已经弱化。到了汉代，其象征意义弱化而实用意义又增强。因此，惯用性象征符号随着历史的变化会产生一定的变化。

广义的惯用性象征符号，无论是在古代还是现代，在生活中都非常常见，基本上是约定俗成的

图4-15 合浦黄泥岗1号汉墓出土的金带钩，现藏于合浦汉代文化博物馆（黄洛华拍摄）

结果。如人们用“囍”字代表婚姻，就是约定俗成的结果。古时官员官帽为乌纱制成，就有了“乌纱帽”这一表示当官的说法。到清代时官员的帽子已经不再是乌纱制成的，但这一说法仍沿用下来，直到今天，仍为人们口头沿用。也有的惯用性象征符号原始的符号本身隐含着象征的意义，经约定俗成的使用后，其原始意义逐渐减弱，取而代之的是其象征意义。因此，有的符号是人们有意地创造出来的，并经由在历史上沿用与约定俗成的作用，其象征的效果更为强烈。1971年合浦望牛岭1号汉墓出土的制作精美的龙首羽纹铜魁、龙首铜灶和龙首方匜都用了龙的图形。龙形纹样是类比性的图像符号，同时也是人们主观创造出来的，在历史上沿用为帝王、皇权的象征，一般除了帝王之外，是不允许其他人使用的，在合浦出现说明其惯用性含义有了变化。

广西汉代造物常有蛙的形象，是一种原始神灵崇拜的隐喻符号。非惯用性象征符号没有惯用性象征符号那样强烈的历史沿用意义，更多的是采用多种意义的联结，通过隐喻、比喻、联想等达到另一种新的意义，或者更进一步地先以比喻性象征手法产生意义，再由这些意义联结，产生新的意义。由蛙可联想到生殖繁衍、天、雷、雨等。

广西汉代造物中，常用神仙等形象隐喻得到庇佑，吉祥如意。汉代初见萌芽的吉祥图案，发展到明清为高峰，直到现在仍在流行，就是隐喻性象征的例子。吉祥装饰图案，大部分是“图必有意，意必吉祥”，采用了多种多样的象征手法表现图形的意义。如今人们以松鹤表示延年长寿；喜鹊上梅梢，以喜鹊之喜同音，与梅眉近音，即为喜上眉梢；用鱼表示有余；用铜钱表示富有；用石榴表示多子；等等。这些图案用意象、谐音、比拟等手法，表现了人们对幸福和美好生活的憧憬和希望。

象征符号在广西汉代艺术图像中有对形象的直接运用，造像本身是器具造型形式的体现方式，也有以造型符号为基本元素，为具有既定含义的图形组合出现的形式。其中符号性的元素，不是直接的显示，而是以含蓄的方式象征表现，这时符号的意象为一种态度、一种行为、一种文化立场、一种对神灵的崇拜等等。

龙形纹是源自远古华夏的象征符号。1971年合浦望牛岭1号汉墓出土龙首羽纹铜魁、龙首铜灶和龙首铜方匜，制作精美。铜魁高10.6厘米、口径24.2厘米，铜灶高18厘米、长72厘米。风门岭26号汉墓出土龙首陶魁和龙首铜刷把，出土的铜池塘前、后挡板各刻一龙和“二龙戏珠”。此外，合浦其他地方汉墓出土的不少随葬品呈龙首形或刻有龙形纹样，如黄泥岗东汉1号墓出土有龙首金带钩、北插江盐堆西汉墓出土有龙首玉带钩、县城东郊罐头厂21号汉墓出土有龙首陶魁、县城机械厂1号汉墓出土有刻纹龙首三孔陶灶，等等。

原始社会各氏族部落由于信仰某种自然或有血缘关系的亲属、祖先、保护神等，都有象征本氏族部落信仰的图腾符号。在古代神话传说中，炎帝人身牛首，黄帝号轩辕氏（轩辕即大龟），北方犬戎以白犬为祖先。各单一氏族的图腾符号大多是单一的鸟兽鱼虫图形纹样，随着各氏族部落之间的兼并、联合，发展为部落联盟，通过部落联盟内部各部族之间的协调，把原来各单一部族的鸟兽鱼虫图形的头部、肢体等各部分解组合，各方有所取舍，重组为新的部落联盟图腾图纹，于是出现了如《山海经》所描述的种种现实中并不存在的“怪物”。它们是各个部落“合众归一”的结果。

《山海经·南山经》中记载：“其中多玄龟，其状如龟而鸟首虺尾，其名曰旋龟，其音如判木，佩之不聋……有鱼焉，其状如牛，陵居，蛇尾，有翼，其羽在魼下，其音如留牛，其名曰鯥……有兽焉，其状如狸而有髦，其名曰类，自为牝牡……有鸟焉，其状如鸡而三首、六目、六足、三翼，其名曰鵸鵌……”最复杂的图腾是有三首三翼六目六足的鵸鵌。三首三翼可能表示这一部落群体包含3个部族；而六目六足则可能指每个部族各自拥有一足一目，也可能代表12个部族。龙的图纹是由马头、鹿角、蛇的躯干，加上鱼的鳞、猪的尾、鸟的爪（趾）、兽类的毛等组合而成，包含了代表众多部落图腾纹样中的各部分造型，是代表最高级政权的图腾。《山海经》称，人类始祖神祇伏羲、女娲“皆蛇身人首”，或“龙身二人面”。春秋战国时期的史书《竹书纪年》称属于伏羲氏系统的有长龙氏、潜龙氏、居龙氏、降龙氏、上龙氏、水龙氏、青龙氏、赤龙氏、白龙氏等诸多龙种。西晋皇甫谧所著《帝王世纪》则称伏羲氏“人首蛇身”，女娲亦是“人首蛇身”。伏羲、女娲是华夏民族的始祖，在远古人们的观念中，它们是蛇首人身龙形的神祇，中华民族被称为“龙的传人”正是由此而来。红山文化出土的玉龙是典型意义的龙形玉，曾有“中华第一龙”的称誉。此外红山文化遗址还有形态不同的玉雕猪龙和熊龙及龙纹彩陶出土，陶寺文化有彩绘蟠龙陶盘出土等等，这些都是龙图腾纹样的遗留。合浦汉墓的铜魁和铜灶上的龙首与红山文化的龙造型相近，其外形源自远古中原的华夏文化。

合浦汉墓出土的许多随葬器物来源于华夏龙纹图腾文化的造型，器物或呈龙形，或刻有龙纹图纹。如黄泥岗1号墓出土有龙首金带钩、刻有龙凤对舞装饰图案的玉璧和刻有蟠螭纹的玉佩与剑，北插江盐堆1号墓出土有龙首玉带钩，凸鬼岭17号汉墓出土有首尾交缠双龙纹的玉璧，九只岭6号汉墓出土有四组双身龙纹的玉璧，红头岭3号墓出土有龙凤纹三足铜盘和龙凤博山顶盖人足铜樽等等。这些龙形器皿和龙形纹样是汉代对远古华夏龙图腾文化的继承，很有历史研究价值。

龙的纹样不仅仅是单条的龙，许多汉代玉璧两圆之间还刻有双龙纹。山东莒县出土的绿玉汉璧，璧面为一首双身互绕夔龙纹；合浦黄泥岗汉墓出土的玉璧刻有双龙纹；合浦凸鬼岭汉墓出土的玉璧刻有首尾交缠双龙纹。单条的龙和双龙互绕符号象征的意义有所不同，双龙或双身互绕有象征生殖的意义，鸟兽两尾相交俗称“交尾”，意为生殖，《尚书·尧典》称仲春时“鸟兽孳尾”，即指鸟兽仲春时节“交尾”。汉砖、石画像有不少人首蛇身的华夏始祖神伏羲女娲“交尾”像。山东嘉祥武氏祠石室的伏羲、女娲画像，人首蛇身两尾相交。四川简阳鬼头山出土的东汉石刻伏羲、女娲画像两尾相对，两人下方还有一龟，女娲背后则有一鸟，以图像象征的手法传递了繁衍人类的含义。

此外，合浦北插江盐堆1号汉墓出土有人足环耳铜樽，其博山顶盖饰凤钮，刻雕12座山峰和12条螭龙；合浦风门岭26号汉墓出土龙柄陶魁2件；合浦罐头厂21号墓出土龙首陶魁1件，这些龙的造型姿态各异，相互呼应，神态生动。在印尼也出土有我国东汉龙柄陶魁，而在合浦县城附近草鞋村发现的汉代大型窑群遗址，及与之相距一二公里的下游老哥渡汉窑遗址均在南流江出海口附近，因此有研究者据此推测印尼的龙柄陶魁和合浦汉墓的龙首陶魁均为合浦所造，说明了汉代海上丝绸之路的存在，华夏文明中的龙图腾符号已在岭南得到发扬并远播海外。

V

『瓯骆汉风』艺术意志与造物风格

广西汉代器物造型和装饰纹样与本土少数民族原生艺术或与荆楚、中原等地装饰造型艺术都不尽相同，也与国内外历史记录的装饰艺术不同，有其独特的风格。这种区别于其他艺术形式的个性特点，从本质上来看，由于精神内核决定艺术符号所传达的特定意义，内在精神所依附的艺术载体形式，可以用“艺术意志”的概念进行分析。

“艺术意志”（Kunstwollen）这一概念，是奥地利著名艺术史家、维也纳美术史学派的主要代表、现代西方艺术史的奠基人之一阿洛伊斯·李格尔（Alois Riegl，1858-1905）提出的。他认为“艺术意志”是风格发展演变的根本因素，“支配着一切，同样支配着人类任何其他创造性活动的种种基本原则”，“贯穿人类整个造物活动中的一种艺术支配规律”。“艺术意志”这一概念是李格尔艺术思想的核心，贯穿在他多年的美术史研究历程之中。

“Kunstwollen”是德语，李格尔并没有给予很明确的定义或解释，给后续的艺术史学家留下很大的理解与阐释的空间。贡布里希（E.H.Gombrich）将其英译成“will to form”，指的是非艺术作品具体内容的“形式意志”，也有美国学者将其直接解释为“artistic volition”，笔者认为是形态、意愿、意向的意思。李格尔提出“艺术意志”的背景是对德国著名建筑师和建筑理论家桑佩尔（Gottfried Semper）关于材料、技术、功能的“物质主义”决定论的批判，从艺术的内部寻找风格发展的根本动力。他认为目的、技术和材料虽然重要，但是“为了认识纯粹的‘艺术意志的指向’这一积极的决定因素，就必须将它们排除掉”。他过于强调艺术形式的自律而具有形而上主义的思维特点，这是其理论缺陷，但是，其“艺术意志”观点得到很大发展，泽德尔迈尔（Sedlmayr）、沃林格（Wilhelm Worringer）、帕诺夫斯基（Erwin. Panofsky）、贡布里希等许多理论家都对此进行阐述和完善，我国学者宗白华、滕固等也以此来对中西造型艺术进行形式上的比较研究。李格尔不仅提出了“艺术意志”这个概念，而且提出了有助于理解这一概念的一对范畴，他的“视觉的”（optical）和“触觉的”（haptisch）一对二元范畴与“艺术意志”给形式主义研究者提供了支点，一起构筑形成他的艺术史思想体系。

这对二元范畴脱离了其本来的词义，分别指涉人类视知觉过程中两个不同阶段的风格形态，描述从古代到现代的艺术风格及其演变，以视知觉范畴以及风格形态双重视角来确立精神主体与艺术客体之间的统一，以突破“简单、狭隘”的形式主义艺术观，担当了阐述“艺术意志”具体表征的释义对象。李格尔在《罗马晚期的工艺美术》一书中说：“古代艺术寻求的是单一平面上各个形状之间的联系。而我们则希望投影在空间中建立个体形状之间的联系。为了达到这一目的，就必须将个体形状与平面分离开来，这种分离以及其他因素导致了投影这一联系媒介的取消。这种分离确实是由罗马晚期艺术所实现的，该时期的艺术以立体的三维方式来感知种种个体形状。因此，在知觉方面它更接近现代艺术而远离古典艺术、希腊化艺术和罗马早期艺术，后面这几种艺术仍被束缚在与平面的联系之中。”“触觉的”和“视觉的”二元范畴，就是在这种关于“平面”和“空间”的形态对比中被引入艺术史，作为决定造型艺术发展的动因，并呈现于造型艺术作品之中，成为推动造型艺术发展和演变的“艺术意志”的具体表征。

西瓯和骆越是周至秦汉时期岭南百越群族中的两大主要支系，主要分布在今天的广西和越南北部，合称瓯骆，其主体繁衍发展为今天的壮族。古瓯骆地区大致为今天的广西地区，秦汉时期中央政府设置郡县后汉文化加速传入，现今有壮、汉、瑶、侗等多个民族杂居。2014年7月15日，“瓯骆汉风——广西古代陶制明器展”在香港历史博物馆开展，展出了广西汉代墓葬出土的陶屋、陶仓、陶井、陶船、陶乐坊、陶城堡等建筑明器。2018年11月，蒋廷瑜先生编著的《瓯骆汉风——管窥广西汉陶文化》一书由广西美术出版社出版发行。2018年12月8日，南宁市瓯骆汉风陶瓷博物馆在南宁市的历史文化街兴宁路西二里金狮巷举行开馆仪式。用“瓯骆汉风”一词描述汉文化传入广西，形成了以汉文化为主体的具有瓯骆地域特点的造物与装饰文化，比较贴切也比较富有浪漫的人文情怀，是目前所见的最佳称谓，此词可能是广西著名考古学者蒋廷瑜先生所创造。在本章节中借用此词表达对以蒋廷瑜先生为代表的考古学者们在广西汉代文物考古研究方面成就的敬意，他们的田野调查和研究成果为其他学科的研究提供了便利。

1. 艺术意志的决定因素

在艺术史上，康德开启了现代形式主义艺术史学观，对“美的形式问题”提出美的两个原则，一是认为美具有独立普遍的可传达性，二是认为美的有效性只与形式有关。两汉时期的艺术是中国古典主义艺术的典范，被认为是中国古典艺术纯粹原生状态的孕育成熟。广西汉代器物造型、装饰纹样等造型艺术，同样可以被视为广西地域古典主义造型艺术形式的典范，是广西汉文化和本土文化的结合，奠定了造物艺术的基本范本，由于其骆越地域所体现的艺术意志有其内在性，因此，可以从美的可传达性角度和美的有效性角度，即与普遍的视知觉心理相关的观看方式和与内在心理需求相关的表达方式两个角度，认识决定广西汉代造物艺术意志的因素。

1.1 视知觉方式

视知觉包括了视觉注意、视觉记忆、图形区辨和视觉想象，是人类对作用于视觉感官的事物产生整体的反映和认知，人类视知觉的认知方式体现了人类艺术意志的特点。19世纪德国著名的雕塑家和艺术理论家阿道夫·希尔德勃兰特（Adolf Hildebrand）提出了以古典时代遵循的艺术规则为基础的审美体系，从“视觉与运动”“形式与形相”“空间观念与视觉表现”“平面观念与深度观念”“浮雕观念”等角度探讨了绘画和雕塑中的形式问题。他在《造型艺术中的形式问题》一书中对知觉方式进行深入的分析，从观者的角度出发，他注意到主体和审美对象的不同距离能够形成不同的视觉效果。远距离地观看物象呈现出来的是连续而统一的画面，而近距离观看时则形成一个个分开的画面，需由眼睛的运动将这些画面联系起来，如果要在二维中的“知觉形式”中营造“实际形式”的效果就必须在一定距离之外观看。在希尔德勃兰特的基础上，李格尔在《罗马晚期的工艺美术》中进一步提出了人类视知觉方式发展的变化趋向，认为人类的艺术意志是以观看的知觉方式为主导的，人类最早的知觉方式是近距离（Nahsicht/view from nearby）观看的触觉的（hapisch/tactile）方式。而人类视觉艺术历史是逐步向远距离（Fernsicht/view from distance）的视觉的（optisch/optical）知

图5-1　合浦汉代文化博物馆馆藏展出的人足环耳铜樽局部，其造型与纹样相统一，具有2.5维、触觉-近距离的视觉特征（黄洛华拍摄）

觉方式不断前进的。李格尔提出，触觉性要求物象具有界划清晰的不可入性（即清晰的轮廓），有可触的实体感。触觉是知觉过程的基础，人们最先必须依赖具有触觉感的视知觉来把握物象（即浮雕式的2.5维-平面特征）。

从人类造型艺术的发展特征看，近距离-触觉的2.5维-平面特征是统一出现的人类早期造型艺术意志的表现。当远古人类在面临未知的世界，竭力赋予所表现的对象秩序感时，便力求以触觉方式将对象表现得尽可能地清晰具有实体感，尽可能地清晰表现物象的轮廓。李格尔认为，古埃及艺术是一种非常典型的触觉-近距离的表达。古埃及人为了让物象清晰呈现，竭力地排除空间要素，因为空间会破坏对象的触觉的实体性与统一性，他们在艺术中尽量将空间关系转变为平面关系。而古希腊、罗马则是立体造像的远距离-视觉方式。

在此要注意的是，评价艺术品的价值不能用进化论观点。以进化论观点判定越是远离人类早期艺术形式的艺术品就越高级的观点是荒谬的，或者反之，认为原始人类艺术是最高级的艺术形式也是可笑的。艺术的价值与社会进化的阶段无关，人类社会每个阶段都有其文明价值，因此都会产生高级的艺术品并存留于世，同时也会存在大量的低俗艺术品被淹没在历史的浪潮中。

古代东方造型艺术具有其独特的价值，它具有2.5维-平面特征，是触觉-近距离的表达。越人铜鼓纹饰是较具有典型特征的形式，在铜鼓表面，其主体的纹饰凸出于底纹，纹样外轮廓封闭而且清晰，是明显的触觉方式，太阳纹、凤鸟纹、云雷纹等纹饰在每个局部都是封闭可触的独立的面，完全是近距离的知觉结果。汉人的日用品錾刻花纹铜器是平面的錾刻纹样，纹样轮廓清晰具有不可入性，呈现程式化、对称、个体分明的特点，视觉感知的各个面与触觉相联系。凤鸟灯等器具虽具立体的形态，但这种立体形态是建立在平面的投影造像审美的基础上的，它的空间形态并不是审美重点，其注重的是立面投影与外形轮廓的形式美。铜鼓的空间形态也不是审美重点，而是其平面特征的太阳纹、凤鸟纹、云雷纹等装饰纹样。以线为主的造型是广西汉代造物装饰纹样普遍流行的主要表现方法，这些线条在器物表面划刻出各种平面的纹理，具有平面、触觉特征的纯朴天然艺术个性。

1.2 形式表达

各种造型艺术，其基于艺术意志的心理需求形成的表现形式基本可分为两种类型：一是追求再现所描绘的客观对象的自然形态表达，以写实再现作为特征；另一种则从变幻的自然形态中脱离出来，寻求精神的价值，视觉形态具有抽象特性，是与自然主义、现实主义相对应的表现主义形式。各种艺术形式往往处于写实-抽象或者再现-表现两极之间不同程度的位置中，超写实主义和抽象艺术分别是其两极点。触觉-近距离是古代东方艺术意志的本质，但不是唯一的特质，古代东方心理需求形成的艺术意志还是表现主义的，即触觉-近距离的表现主义，是深层的心理需求驱使东方人类在视觉艺术形式方面的创造。

我们可以看到古代中华文化和其他文明古国艺术形式的截然不同。在古埃及造型艺术中，人物形象的类型化虽然体现着与东方艺术共同具有的浓厚神灵崇拜特征，但是其自然主义方式的呈现仍十分明显。古埃及造型艺术存在着大量的对客体的再现性描述，如石雕、木雕、金属浮雕以及绘画等，从绘画来看，其整体显示出视角平移的组合图样，与古代中国传统绘画具有相似之处，但是其艺术意志的基点仍是依赖于表现形象的自然特征，带有自然主义的色彩，即便是描绘想象中的神物也是再现所想象之客体的艺术思维。以中国传统文化为代表的东方造型艺术特征是意象的，是表现主义的。中国文字与物象有着紧密的关系，是对所要表述的某类事物特质与状态的直觉与意象把握，而不是自然主义的描摹。中国传统纹样中各类动物纹虽然是动物的形象，但往往与自然形态相差较远，是一种从物象中抽象出视觉符号的表现主义，在表现各种想象中的神兽形象时尤其明显的类型化局部组合方式更是强化了这种表现特质。

东方艺术具有意象的特征，古代东方艺术意志呈现出的是这种客观的意象抽绎，是主观的神秘和浪漫，它是在社会生产力发展，社会分工更为明细中发展完善的，也是汉代人崇鬼尚巫的内心反映，其与自然主义的再现表达方式相异，这种特质一直深植在中国民族艺术意志发展之中，也深植在西南地区的民族造物艺术之中。

2. “瓯骆汉风”艺术意志

以知觉方式和表达方式作为判定标准，广西汉代的艺术意志继承了荆楚等地先秦以来的触觉-近距离和象征表现主义的特征，为形式审美拓展了新的空间，在意象表现主义中也增添了一些自然主义的因素。

2.1 “瓯骆汉风”艺术意志定位

中国古代认知思维强调“悟”的重要性，往往依靠直觉来感悟外在世界的本质，其艺术意志在形态上是非自然主义的，直觉形成对描绘的客观形体的抽象冲动，并在形式上逐渐成为一种程式，或逐渐固化为符号，以达到稳定的对所描述对象的写照。学习中国画必备的基本功是临摹《芥子园画传》，是典型的艺术程式化。广西汉代造物装饰是这种程式化、平面化艺术表现形式的反映。古人意识到空间深度表达会使造像艺术更加复杂，破坏既定程式的稳定性，影响表意的效果，因此中国传统艺术是二维平面形态的艺术。另一方面，无论是传入广西的荆楚等地的汉文化，还是瓯骆本土原始文化的艺术意志都是触觉-近距离的知觉方式，同样也是强调二维平面表达而拒绝深度空间。汉文化与瓯骆本土文化在某种程度上达成了一种较为一致的易于交融的稳定关系。因此，广西汉代造型艺术是以触觉的表现主义为主导。

中原等地的汉代画像石的刻画形象多用剪影法的侧面处理艺术手法，是典型的触觉-近距离的知觉方式。广西梧州望步2号汉墓出土的望步案（图3-3），“案内纹饰分内外两区。内区正中刻一鼎，鼎内有鱼，鼎口溢出水花，左右各有一条面向鼎而舞的龙，龙的上下又各有一条鱼。外区刻龙、凤、异兽，四角各有一枝花树。围绕这些图案的是水波纹、菱形回纹、勾连S纹构成的纹带”，鱼、龙、凤、异兽、花树等造型无一不是采用侧影式的平面处理手法，轮廓清晰可见具有“不可入”的特征。荆楚等地的汉代艺术在形象表达方式上虽然比先秦时期有了更大的自由度，对动植物、人物等自然形象的表现更加生动真实，但是在“观物取象”的造像原则下，仍不是再现客体的自然主义的描摹。

广西汉代造物艺术与荆楚等地有着明显的渊源关系，壮族铜鼓鼓身的丰富形象是春秋战国时期青铜器上铸刻的攻战、乐舞、射猎、行舟等各种场面描绘的本土化，汉文化艺术中普遍采用“雕文刻画，罗列成行”的分层安排画面的表现图式，也为广西汉代青铜器工艺所直接传承。广西汉代造物艺术的“象征表现主义”的特质还体现在形象中大量的程式化，如上述梧州望步案的鱼、龙、凤、异兽、花树等造像图式，植物装饰纹样的程式化等等，只有形成程式化的表现主义，才能将所表现的形象与精神内核稳定地对应起来。

此后，与中原等地的汉文化不同，广西汉文化由于历史的原因与地理位置的相对隔离，中原等地的汉文化在海上丝绸之路之后未能持续地强力输入，因而这种触觉-近距离的表现主义艺术意志持久保持，相对稳定而没有太大的发展变化。中原等地的艺术意志不断地发展和完善，在触觉-近距离的表现主义基础上有了新的变化，汉代中原、荆楚等地的艺术已经并非完全是触觉的，已经在一定程度上有了纯视觉知觉方式的造型艺术形态。从汉代中原等发达地区的漆器纹样已经明显能看出凤鸟纹和龙纹的解体变化，这种图形的解构使得外形轮廓的重要性下降，而图形内部结构的线条形态就有着重要的视觉表现效果，色彩表现也具有一定的立体感，形成了一种纯视觉的效果，原先的触觉的艺术意志中出现了纯视觉形式的萌动，而广西汉代造型、造像艺术仍是平面二维的触觉方式，其演化发展较平缓而少变化。在汉代之后，中原等地这种触觉与视觉的艺术意志的分野表现也愈发明显，如许多山水画论都是围绕远距离-视觉审美为中心，而壁画、雕像仍保持触觉-近距离的视觉方式。

2.2 历时性的平面空间特征

广西汉代艺术的形式语言最为典型的特点就是平面空间特征。平面形式是最为普遍的艺术形态之一，具有与空间艺术形式不同的时态差异表述。平面艺术往往表现出一种延续的历时性效果，立体的空间艺术则多呈现为一种时空的瞬间定格。平面上的历时性往往产生运动的感觉，楚地造型艺术总是充溢着不停流动和变幻的面貌，连贯延续的运动无处不在，画面形象以不同时序的延接而产生历时性。长沙马王堆汉墓出土的纺织品上的云气纹，在舒卷起伏的空间内，各种飞禽走兽则随着云气运动做出不同的动态表情，让人感觉是一个飞动缭绕富于运动感的仙图环境，是不同情节的延接推演而产生的历时性效果。广西錾刻花纹铜器的飞禽走兽纹样体现了对延续的运动状态的描绘，同样表现了一个飞动缭绕的仙境，在纹样中表现出对生生不息的运动的崇尚之情，通过流畅的线条表现出动感十足的造像，体现了对运动感的推崇。抽象纹样则在形成延续的视觉形式构成上，或以波形曲线或以蛇形线自由延续地运动，或以折线起伏引导眼睛追逐，带来强烈的流动感。

无论是抽象的几何纹，还是具有明确形象的写实纹样，都通过“不可入”的手段，在平面上表现对运动美感的追求。这些视觉运动的节律构成了视觉空间的历时性效果。这种历时性的运动感也带来空间表现的拓展，呈现全景式多重空间的组合。铜镜上的四神兽、云气纹、卷叶纹等组织在一个空间画面中，展现了汉代人的世界观。

2.3 构图关系与细节特征

构图、形象和主题之间的关系是艺术表达形式的另一个重要内容。中国古典艺术的主题表达遵循独立自足的目标追求，造像形象看起来往往似乎具有一种内在意志凝聚于其中，与观者没有情感的交流。合浦黄泥岗汉墓出土的铜仓錾刻图像表现的是仙界和人界的观念系统，图像内部各种形象的关系相互协调而稳定，前后左右各画幅形成相互和谐而独立的画像，强调出一种自我存在的事实而无意于与观者形成交流。

中国古代艺术存在着一种自成为独立世界的表现态度。中原等地的砖、石图像中各种视觉形象内在关系独立自足，通常在构图中呈现一种“平等关系”，造型要素呈垂直或水平排列或是左右对称的布局，在构图上并不形成西方绘画透视性的视觉引导中心，而是各造型全面状态的呈现，并不强调营造观者的情感观照，而以水平或垂直的二维平面构图来组织独立的叙事。

图5-2　合浦出土的陶制熏炉（图片来源：广西文物保护与考古研究所，合浦县文物管理局. 2009~2013年合浦汉晋墓发掘报告［M］.北京：文物出版社，2016）

图5-3　合浦文昌塔汉墓出土的铜承盘纹样（图片来源：广西文物保护与考古研究所.广西合浦文昌塔汉墓［M］.北京：文物出版社，2017）

造型艺术形式除了构图、色彩、比例等，相对更小、更不明显的某种细节的形式特征往往同样能够揭示个性特点。广西汉代铜器装饰纹样的马、虎、龙、鹿、羊、朱雀、凤鸟等各种动物造像，动物形象头部与身体连接的颈脖前胸的外廓往往是曲弧线，整体造型呈动态的“S”形，这是荆楚等地汉文化喜动恶静审美观念的反映，也是汉代动物纹样非常重要的细节之一。但是到了立体空间的造型，广西出土的器物动物前胸和颈部的外廓曲线就趋向于平缓。

马的造型在汉代纹样、雕塑、器物造型和画像中十分常见。甘肃省武威市雷台出土的被称为“马踏飞燕”的东汉铜奔马“马头瘦长，颈部颀长，胸部结实而不臃肿，尾高，四肢细长，筋腱发达”，马头与马身等部位“比例匀称，造型准确”，造型具有较强运动感。合浦风门岭26号汉墓出土的铜马造型与之有较多相像，但是合浦铜马四腿相对较短，呈竖立状，无张开腿奔跑的动态，整个头部、四肢与身体比例也较大，整体身材比例有广西巴马山区出产的一种十分适于在崎岖山区翻山越岭的矮马的特点。

汉代广西造型艺术形式与中原、荆楚等地的具体表现还有着诸多差异，这些不同都可以最终归因于地域文化形成的艺术意志的不同。溯其根源，两者的艺术意志同根同源而在地域性上有所区别。

3. “瓯骆汉风”审美风格

艺术学的“风格”是指“艺术所恒定的某种样式”，是美学重要的分类概念，是对于审美特征比较分析的方法与结果。阿诺德·豪塞尔（Arnold Hauser）说：“历史的诸结构，例如传统、习俗、技术水平、流行的艺术效应……确立了客观的、理性的、超个人的目标，对心理功能的非理性的自发性确立了界限，并与后者一起形成了我们称之为风格的东西。”造物艺术风格具有两方面的内容：一是造物风格可以界定为外在形式表现与其技术处理和结构组织方式的统一，另一方面是造物风格具有历史文化的内涵，是体现所在时代精神的形貌特征。李泽厚认为个体的、感性的、直观的东西正是在社会、理性和历史累积沉淀下形成的。造物风格是在文化动因和自身规律的不断运动和变化中呈现的。李格尔的“艺术意志”凸显了形式风格的内在自律性，强调了审美形式自身变化的依据。对造物的外在形式与内在结构特征进行客观化判定，形成客体的“风格描述”，通过思维和情感的作用对造物活动进行主观化的概括，可形成主观的“风格评价”，对造物风格发展演化脉络的考察等等，这些都是风格研究的切入点。

对于广西汉代造物与装饰风格的研究也可以从以上角度出发，从风格形成过程切入，分析其风格成形阶段和特点，阐述风格演化和演进的主要原因和发展轨迹；在“风格描述”中重点阐述风格的客观特征；在“风格评价”中，对风格的评述做出梳理和概括，深入探究其内在的社会审美心理。

3.1 “瓯骆汉风”的形成

较为稳定的文化结构才形成了造物活动较为清晰的风格特征。汉代造物风格的形成来源于其造物活动规范化体系的确立。这与大一统的社会制度的统一与完善息息相关，是在大一统文化格局下的物质文化面貌。大一统政治、经济和文化格局促成了汉代造物风格的形成。

汉初社会由于百废待兴和黄老道学影响，造物活动遵循的是“因袭循旧”和“尚俭恶奢”两种思路，各种门类的造物与装饰中有着明显先秦楚、赵、齐等不同文化因素及秦代的影响，“汉承秦制”奠定了汉代造物体系的完善与规模浩大的气派。另一方面，楚地充满浪漫幻想的巫鬼之风、齐地的奇妙的神仙之说等各地域文化，对汉文化的影响都较为深远。这些不同的文化因子，融入汉代造物风格的血脉之中。汉武帝确立儒家礼教之后，阴阳五行思想、天人合一思想、谶纬神学的兴起，使汉代造物体现出五行秩序、政治教化以及神秘观念等汉儒思想的外化。汉代造物风格中浓郁的求神升仙的浪漫气质也得到很大的发展。中原等地的画像砖、石就是这个时代的标志性造物。广西虽极少有画像石、砖出土，但居住在此地的汉人也盛行厚葬之风，也有大量的随葬器物。而少数民族的装饰造型艺术，则包含了大量原始多神崇拜的内容。

汉代政权建立带来的自上而下的统一与规范是各地造物风格必须参照的内容，造物风格是政治核心地域文化的投射，中原等发达地区的风格主导了整个帝国造物的风格。汉代同时也是一个民族同化融合的时代，造物风格同时也与地域政治的关系较为密切。汉代造物风格是在当时的时代背景下孕育而成的，当历史进入到下一个王朝时期，汉代造物风格也就融入新的时代而形成新的时代风格。

3.2“瓯骆汉风”的特点

要了解广西汉代造物与装饰风格，就要把它置于整个汉代范围内进行观照。汉代的造物风格，具有华夏文化最为纯净状态下的原生性，其奠定了之后中国造物风格演变的基调，两汉时期汉文化加速传入广西并和地域本土原始文化相结合，奠定了以后广西少数民族造物风格和装饰艺术发展和演变的基础因子。

首先，汉代造物观念注重将材质技术作为一种外在的形式特征直接显现出来。《考工记》有“材美”“工巧”的论断。“材美”“工巧”的观念在汉代造物中反映出材质和装饰是一种相互依存的关系，不同的造物材料有着不同的装饰，装饰表现结合着材质的特征。《淮南子》有“天者为美”的观点，注重自然材质的美。中原地区青铜器的金银错工艺，将纹饰通过金、银、玉等材质表现出来，相互映衬出材质的美。中国玉雕工艺往往结合玉质本身的形态、色泽、纹理进行处理加工，最大限度发挥玉的材质美。

其次，汉代艺术以符号象征作为形式法则，追求表达一种符号的完美律动程式。在上一章已经详细分析了汉代符号的属性，汉代造物的形式来源就是利用其意象形态与表现客体的相似或内在关联来实现符号的所指。

再次，中国艺术包括两汉时代的造型艺术，即使是圆雕，在进行眼睛、眉毛等细节处理时也往往采用线的深入刻画方法，中国传统造型艺术是线的造型的艺术，表现出明显不同于西方的艺术特质，这些特质也同样体现在广西汉代造物与装饰艺术中。

汉代造型艺术还具有平面形式的特点，这种平面形式是具有开放性的。平面上线条的流动、造型之间的相互穿插使其具有很大的开放性，一些纹样和基底互换互衬的效果，也是开放性的明显体现，但是这种图形的开放性特征在广西本土文化中表现并不明显。

汉代造物与装饰还具有模块化的特点。汉代的官营手工业是造物生产中技术和工艺的主导。政府组织领导大规模的生产，由专门的官员负责运作资金，征调原材料、工具以及工匠，监督生产。生产过程细致地分割为各个独立又相互联系的工序，每个工序由专门的工匠掌握，生产效率大大提高。并在分工基础上，出现了同这种生产方式相适应的一种模件化风格。汉代的模件化体现在范制技术上，有具体的规范和标准。范制技术使汉代造物可以大量复制，并在一定规范下组合配置而进行更多形态的开发。组织结构的模件化使器物的外在造型有着更多的对称性和秩序感，器物多呈现前后对称或是左右对称形态，有庄重沉稳之感。广西出土的凤鸟灯胎体为分段模制，龙头方匜、博山炉等造型复杂的器物，仍是以对称为主要形态。青铜铸造的人物或动物造型也呈现沉着稳定之态。陶俑姿态比较丰富，但是其整个动态集中在四肢和头部的动作上，躯干部分扭曲的幅度较小。汉代的建筑群落结构对称体现某种秩序感。这种沉着稳定的造物风格特征，为瓯骆汉越民众所继承，并增加了地域性的文化内容，因此学者们称之为“瓯骆汉风”。

3.3“瓯骆汉风”的评价

西方“风格评价”的理论基础奠基自19世纪中晚期，19世纪德国艺术哲学家恩格尔（August Endell）等人从主观体验对风格进行过划分。“风格评价”是“在于主体从客体本身的可能性出发的对自我内涵的展示”，是评价主体从自身的情感体验和价值观而做出的主观性的风格概括。“风格评价”在中国古代早已有之，南朝文学理论家刘勰著《文心雕龙》对风格和风骨进行了深入的研讨和论述。在《体性》篇中，刘勰继承曹丕关于风格的意见并做了进一步的发挥，将各类文章分为四组八体，其所阐述的“八体”说，就是典型的“风格评价”。

东西方学者对汉代风格有着诸多评价。古代文献中对汉代造物风格的直接评述虽不多，但与汉代风格评价相关的内容却相当丰富。班固《汉书》记载，萧何有“非令壮丽亡以重威，且亡令后世有以加也”的评论，杨雄有“闳侈钜衍，竞于使人不能加也”之说。《淮南子》的“横八极，致崇高”，是对汉代风格壮丽宏大的概括。《淮南子》“天者为美”的观点，对造物提出了质真、朴素的审美原则。儒家思想将社会思想内涵进行视觉形式的外化，制器要求符合“礼”和道德的要求，使汉代风格呈现一种“善”的风格。近现代许多学者对汉代造型艺术风格进行了诸多的概括和评价。宗白华认为：“在汉代，不但舞蹈、杂技等艺术十分发达，就是绘画、雕刻，也无一不呈现一种飞舞的状态。图案画常常用云彩、雷纹和翻腾的龙构成，雕刻也常常是雄壮的动物，还要加上两个能飞的翅膀。充分反映了汉民族在当时的前进的活力。”鲁迅先生评价汉代风格“气魄深沉雄大”。李泽厚认为汉代风格“运动、力量和气势”。田自秉对汉代装饰风格的评价为“质、动、紧、味”。

这些古今学者的评价，都有着对汉代风格“崇高感”的推崇。崇高感是美学的一个重要概念，古希腊作家朗吉努斯在《论崇高》一书中认为，崇高感是“一种激荡人的心灵，使人昂扬慷慨，快乐与自豪的愉悦”。汉代的造物中这种阳刚的崇高感是由汉代的时代精神所决定的，是社会大一统的物质文化的反映，同时也与北方地貌的雄浑大气的特征是分不开的。

但是广西地理面貌为秀丽的山水，风景秀丽绝无雄浑大气的感觉。到桂林的外省人感觉像是到了放大的盆景山水中，精致美丽而秀气，在此山水地域产生的文化生态不可能与北方一样雄浑大气。因此汉代中原等地造型艺术的“崇高感”在广西并不强烈。而汉代造物艺术注重意象之美的特点在广西得到很好的继承。

汉代的造物艺术采用符号象征的法则，符号象征的特点就是含有多层含义。蛙崇拜纹样是比较常见的壮族纹样，其含义丰富，与求雨、祈平安、生子等多重含义相关。此外，汉代造物追求天然材料的美，《淮南子》有“天者为美”的观点，庄子则有“以天和天”的观点，反映在广西汉代造物风格上呈现出简约质朴的美。

4.“瓯骆汉风”审美心理

造物是人的实践活动，是在特定文化生态下的改造自然、利用自然的实践活动。因此，造物风格不仅仅是被创造的客体的形貌特征，也是特定的人类文明与造物客体的统一。18世纪法国作家布封说“风格即人”，即认为风格是作者思想品德、性格特征在文章中的表现。造物风格是特定时代与地域的人与造物客体之间的稳定意义和价值关联，是主体对造物可感知的形态的一种观照，是造物主体的技术与审美观念的结合。主体审美意识凝结形成造物风格的外在特征，因此可以在一定程度上说，造物风格的差异也就是审美意识的差异，亦即艺术意志决定艺术作品。

审美意识最先产生于感性直觉。在人类早期造物实践中，人类还不具有“美感的形式”的主动意识，大多是在直觉的状态下完成美的创造。这种创造经历史沉淀为一定的形式规范。人类进入文明时代，或者儿童随着年龄的增长具有主动思维的意识后，审美意识又成为一种带有理性的判断，其来源于人对精神内涵的表达。精神内涵表达得越充分完善，审美的被认可度越高。汉代造型用艺术形象化的语言进行神仙观念的传达，是艺术符号形式对于内在的观念的表达。卡西尔（Ernst Cassirer）和苏珊·朗格的符号学说是对这种认识的深入阐述。

因此，人类在进行造物活动，在大脑调动审美意识的时候，投射的是内心的直觉认知和情感体验，传达的是人类大脑中形成的观念，直觉与理性构成了审美意识的两个方面。李泽厚认为：“在文化传统长期塑造下的人们心理中情理结构的特定状态，它主要表现为自然情欲和社会理性的不同比例、配置和关系的组合人们的心理”，这就涉及一个“文化心理结构”的概念，文化心理结构决定在特定文化生态中的造物主体的审美意识。某一件或者一系列的艺术品可以说是个人意志的创造，但某个地区一个时代的造物风格只能是群体实践的结果，溯其根源只能深入这一地域特定时期的社会文化心理结构中。

社会文化心理结构具有稳定性和延续性，对其内在结构东西方学术界都有深入的研究。康德将人类主体的心理结构分为判断力、纯粹理性和实践理性，构筑成其著名的三大批判论点。李泽厚在此基础上认为人类“文化”心理结构是由审美结构、智力结构、意志结构三个方面的相互联系和区别构成。我们从审美心理定势、审美思维、审美价值观三个方面对广西汉代造物活动的感性直观的心理机制、内化理性的思维逻辑、实践规范的认知价值观念进行审美观照和比较分析。

4.1 审美心理定势

民族文化的审美心理倾向潜在于文化主体心理中，是民族群体对事物进行感性认知和情感体验的社会化的稳定倾向。民族文化的审美心理来源于荣格所谈到的祖先在特定环境下世世代代的实践和经验积淀而形成的“集体潜意识”，是文化心理结构中较为感性而外在的层次，其有深层的文化心理机制内核。汉代的审美心理定势有两个比较明显的特征，一是内倾性的文化心理，二是以“气”“象”为依据的审美观照。

a. 内倾性的文化心理

荣格最先提出了内倾和外倾的概念，他在《心理类型》中对人格类型做出了基本划分，认为如果一个人的兴趣和注意一般指向内部，指向自己的思想和感觉，他的行为由主观的、个人的、内部的东西所决定，人格类型就属于内倾的，反之为外倾。人是这两种人格类型的综合。这个概念被许多学者借用到对文化心理的研究中。著名文化史学家钱穆认为中国文化是以道德精神为主体的内倾性文化。因此，可以从认知体验、欲求体验和情感体验几个方面分析广西汉代社会的内倾性文化心理。

①主客体不分的认知体验

欧洲早期哲学思想经历了“自然主义”和“人本主义”两大阶段。古希腊哲学家注重对客体的本体认知，柏拉图建立的唯心体系其理论基础仍来自对外部客体的认知，形成的西方认知方式基础是天人相分、主客相分。中国人的认知方式相异于西方，是内倾的认知方式，通过自觉体验沟通和认知自然客体。孟子说：“尽其心者，知其性也。知其性，则知天矣”，把心、性、天视作同一体，认为通过“心”即可知“天”，是天人合一、主客不分的思想体现，认为人对天地的认知即是自我认知。《礼记》“人者天地之心”的观点也是天人合一的主客体不分的认知方式。这种源自远古图腾崇拜、巫术礼仪等原始神秘思维到周代“以德配天命”的中国基本哲学观念几千年没有变化。张岱年先生认为中国传统哲学的天人合一观最基本的含义是肯定自然界和精神的统一。

两汉时期这种认知方式得到更大的强化。一方面，汉代民间神灵崇拜思想在社会意识中占据重要地位，巫祀之风盛行，道家思想的发展和对西王母的崇拜，使人们倾向于感性体悟的追求；另一方面，董仲舒的“天人合一”儒家思想这种主客体之间的“互渗”认知方式通过国家政策成为社会规范，根植于人们内心深处。

汉代的造物活动反映了人们“天人合一”思想的主客体不分的认知方式。造物中自觉使用“象天法地”的“天圆地方”观念，体现的是人主观上对宇宙规律之“象”的把握。“象”是汉代造物的依据，即“制器尚象”的造物思想。“象”不仅是象征客体的符号，还是人的主观意志和精神内容的反映。广西少数民族造物则显示了更多的原始人类社会思维特点的“互渗”特征，同样是主客体不分的认知方式。

余英时认为内倾文化注重人文领域内的问题，外倾文化注重人文领域以外的问题。西方医学在外科取得较多成就，中国医学的《黄帝内经》、西汉时的《难经》以及药学的《神农本草经》等诸多医学论著都将阴阳五行等宇宙哲学思想引入医学中，象天法地之精神覆盖了对人体机能的了解。西方造物思想更追求务实，更重视解决具体使用的问题，更强调物质产品外在的实际功用。汉代造物更注重其承载的精神内容，陶器、青铜器、漆器、建筑等都表现出与此观念相应的形态。

②知足守常的欲求心理

马斯洛提出人的需求层次理论，欲求是人类进行造物活动的动力，不同层次的欲求也就带来不同的造物表现。欲求包括了物质方面和精神方面，反映了人的本性，推动着人类社会文明的发展。在不同时代及文化环境下，人们对物质和精神的欲求都有着很大差异。在不同的经济形态和文化生态环境下，人们不同的欲求度，形成了造物活动的差异性。

古代中国的大部，中原、江南、荆楚、南越等地都是以农耕为主的生产方式，人们的生产方式是伴随四季复始更替而进行耕作、播种、灌溉、收获等的重复劳作，如有旱涝等气候异常变更往往带来生活灾难，人们的基本欲求是稳定，因此表现出循故蹈常的心理惯性，滋生的内在心理是好常而恶变。这种欲求心理在中国古代哲学观念中大量体现出来，《老子》说“深根固蒂，长生久视之道”，《中庸》言“不息则久，久则征，征则悠远，悠远则博厚，博厚则高明。博厚，所以载物也；高明，所以覆物也；悠久，所以成物也。博厚配地，高明配天，悠久无疆”，是这种渴求恒久、保持稳定持常观念的反映。董仲舒在前代的学派基础上构建了恒久不变的五行循环系统，形成了追求恒久不变的社会心理。反映在汉代造物方面，造物中有大量反映儒家礼教背景和神仙世界的内容。可以保持“恒久”的石材在墓葬艺术中被大量使用。人们喜爱玉，因为玉的华美和坚硬寄托了人们追求“恒久”的欲求心理。汉代器物往往体现出一种古朴恒久的美。

当然，这种知足守常的“寡欲”心理，只是盛行于控制了意识形态的文人士大夫，对东汉后期普遍出现的豪强地主贵族没有吸引力。但是对于迁徙到处于偏远地区、物质匮乏的广西的汉人，以及当地居民来说，无论是有一定地位的官员还是普通民众，知足守常的“寡欲”心理恐怕只能是当时唯一的选择。

汉人追求“恒久”的欲求心理还包含了对物质欲望的控制，有“小国寡民”“养心莫善于寡欲”等观点，董仲舒的儒学体现并继承发展了寡欲说，认为无论是帝王还是普通老百姓，都应该节制对物质的欲望，用人的善性、道德来控制对物质欲望的恶，“损其欲而辍其情以应天”，因为“天”是恒久的，所以要节欲。反映在造物观念上是注重材质的原始美，形成追求“质朴浑然”的审美趋向。

广西出土的建筑明器反映了汉代建筑风格的岭南地域化，有存储财物的楼阁，家常使用的主楼，登高望远的警戒用的门楼，有些还设置有小院、回廊，这反映出汉代私有观念下的家庭观念，其围合的空间体现了知足守常的欲求心理。

③含蓄深沉的情感体验

中国文化在情感体验上表现出的是内倾性的社会文化心理。文化情感与人的情绪表达不同，是社会文化层面的人们对于宇宙等认知客体的评价和心理态度。古代中国人的情感体验注重内在感受，相对于欧洲人的外倾性格，表现为含蓄深沉的特征，这种性格特征也表现在社会文化心理中。

图5-4　合浦文昌塔汉墓出土的陶屋（图片来源：广西文物保护与考古研究所.广西合浦文昌塔汉墓［M］.北京：文物出版社，2017）

楚国文化对汉代文化的形成具有显要的作用。《离骚》等楚辞开拓了与《诗经》不同的文学风格并影响到汉代以后。屈原以死明志的行为具有真挚深沉的特点，对这种真挚深沉情怀的颂唱可以在大量的汉代文献中看到。《淮南子》包含了大量关于情感理论的叙述，体现了先秦重志轻情向汉代情感为重这一转向的分水岭，其中说"凡人情，说其所苦即乐，失其所乐则哀。故知生之乐，必知死之哀"，"人之性，心有忧丧则悲，悲则哀，哀斯愤，愤斯怒，怒斯动，动则手足不静"表现出汉人对细腻情感的体会。汉代文学的汉大赋铺张绚丽，气势宏阔，采用了借景寄情、以物寓情的文学手法，传递出汉人含蓄深沉的浪漫情怀和细致感触。

汉代人含蓄深沉的情感体验反映在造物和装饰上，器具造型与装饰体现出充满奇异幻想和对自由飘逸的追求，反映了汉代人丰富的情感，程式化的造型与装饰又表现出恒定的秩序，透露出其稳定深沉的情感取向。

b."气"与"象"的审美观照

认知、欲求和情感体验会以一定方式进行心理投射，形成造物中的审美表达。这是造物活动中的"移情"，是造物主体将自己"情"的体验转移或投射到造物客体，使其产生与主体审美相符合的观照，最终外化到所创造物的造型形态中并形成风格。中国传统哲学重要的审美标准是将"气"与"象"作为参照。

①"气"的意境

汉代"气"的概念承自先秦以来的《周易》等诸子百家学说。《淮南子·天文训》称："宇宙生气，气有涯垠”，董仲舒在《春秋繁露》中说：“天地之间，有阴阳之气……”汉代思想家都认为气是客观的实体，是万物生成变化之根基，构成宇宙的基础，认为“天地相承，气感相应而成者”，认为人对外部事物的认知来自对“气”的感知。

这种关于“气”的概念形成审美意识中“虚”的内涵，这对汉代审美意识产生深刻的影响，在审美观照中没有明确界定实体与空间的区别，对于物与物之间的关系侧重于“场境”的表达，是汉人主客不分的认知方式，追求恒久稳定、感情含蓄深沉等内倾性体验的心理投射。在造型艺术中注重于实体和实体之间的“虚白”的审美体察，“计白当黑”虚白部分常常是实体组织的中心。关于“气”的重要性论述，在中国传统学说中可以说是汗牛充栋。

“气”是充满弥散性和贯通性的，“气”具有功能性和运化性，“气”的流动作用形成纷呈变化的形态，形象与形象之间相互作用，形成“气场”的效果。汉代造型艺术充满了这种运动不止、生生不息的“气”的流动感。

②“象”的意境

“象”是中国古代非常重要的审美范畴，它不是指表现于外的形象，而是事物功能性质与特征的呈现，是中国传统思维对世界客观规律的抽象提炼，具有前面所述的主客体不分的特征。汉代造物遵循“观物取象”的原则，造物要悉心体味物象所蕴含的内在本质，但这种对“象”的审美观照，又不是从直观中获得的，需要用心去体会和领悟。这就形成了对物象的主观情感性的抽象，造型艺术是对内在精神特征表达的“意象”艺术。造型艺术的形态与体块不是再现自然，而是从自然形态抽象出来，引发人们情感的感受与共鸣。

“气”与“象”是中国古代学术的基础观点，论述的文献非常多，在此不再过多分析。

4.2 审美思维的内在逻辑

审美心理定势决定审美的趋向，但不是一成不变的。认知和情感总是在不断地互动深化，理性来源于感性，也反过来不断推动感性的认识与审美。在理性的层面上，如何对审美客体的信息内容进行概念归纳、判断推理，也就形成了不同文化生态下的审美观，这种如何进行概念归纳、判断推理的方式，就是审美逻辑。汉代造物的审美逻辑凸显的是直觉经验下的类推类比思维和混沌的整体综合思维方式。

a. 直觉类推思维

古希腊人的严密演绎推理的数理逻辑思维一直是西方人思维结构的核心，而中国古代缺乏像古希腊那样以逻辑思维为核心的理性主义，与此相对应的是直觉类推思维。

尽管在先秦时期就出现许多思辨性言论和思想，但这些思想都不是像古希腊人那样建立在严密的数理分析基础上的，其推演和表述方式有着很强的经验性和论辩色彩，是类比类推的“非逻辑演绎”，是通过事物“相似”或“类似”关系的推绎而达到认识世界的目的。中国文学中常见的“比兴”就是类比类推思维在文学手法上的反映。先秦最富有逻辑思想的《墨经》，对“辩”的解说可说明其关键："夫辩者，将以明是非之分，审治乱之纪，明同异之处，察名实之理，处利害，决嫌疑。"墨家逻辑推理的论证辩论是为了"明是非""审治乱""察名实""处利害"等，而非为了探索科学规律和改进生产力。

类比类推的逻辑思维同样架构了汉代的思想观念。董仲舒的"天人合一"思想是典型的类比类推的逻辑思维。他说："以类合之，天人一也"，以人与天之间的类比关系推绎出"天人合一"的思想。他以物类感应、同类相动之现象，进而推绎出"天人感应"，构架起汉代的整个天人宇宙观念模式，是主观想象的而非实证逻辑的结果。

东汉桓谭、王充、仲长统等人具有朴素的唯物主义思想，王充的《论衡》鲜明批判了"天人感应"的宇宙观，但其论证的方法仍是类推。胡适评价说："这种方法，从个体推知个体，从这物推知那物，从名学上看来，是很容易错过的。但是有时这种类推法也很有功效。王充的长处在此，他的短处也正在此"，说出了王充等朴素唯物主义者的思想局限性。

中国传统的类比类推的思维同样注重直觉与经验，依赖于感觉与具象，因此可以说是直觉类推的逻辑思维。在这种思维方式下，汉代造物全面遵循汉代天人观念的各种演绎。五行配色、阴阳五行的二元构图，选用的物质材料、建筑的方向选择与"德"相配相符，等等，无一不是宇宙观念和认识世界的逻辑方法的体现。

b. 整体综合的思维

喜欢中医的人认为，中医是对整个身体机能的诊疗，不像西医头疼治头脚疼治脚的局部治疗。这涉及东西方不同的思维模式。季羡林说："东方的思维方式，东方文化的特点是综合；西方的思维方式，西方文化的特点是分析"，"西方的哲学思维是，只见树木，不见森林；只从个别细节上穷极分析，而对这些细节之间的联系则缺乏宏观的概括……中国的东方的思维方式从整体着眼，从事物之间的联系着眼，更合乎辩证法的精神"。

汉代的思想观念并不见得更符合辩证法，但是鲜明地体现出这种整体思维特征，"天人合一"观念把人与自然看为一个整体。汉代造物活动是这种思维方式的反映，强调造物的统一结构和运行法则。汉代造物注重配套模件化、系列化，组合的家具、配套的炊具、成套的漆器仓盒、成组的乐器等，建筑明器都配套有水井、粮仓，这都是整体思维方式的反映。整体综合思维方式注重事物各部分的关系，但精细程度不足，带有一定的模糊性，容易与南方少数民族原始的互渗性思维相融合而易为少数民族先民所接受。

中国原始先民不乏整体与混沌的思维，认为盘古开天辟地之前自然世界是天地混沌不分，是一个整体的。这种注重整体模糊局部的思维潜在影响了造物审美，汉代器物的器型没有精确的几何化制作规范，往往是用意象的天圆地方宇宙宏观大理念，表现器物方圆浑成的整体趋态。汉陶、石雕等立体造型艺术并不像西方那样强调体积感和细节，形面比例与交接往往比较含糊，体面结构的立体感不强，雕刻的细节不是很精细，强调的是整体组合的浑然气势。

4.3 审美价值观

价值观决定审美趋向，也决定了造物风格。价值观体现了人们内心的“意”，是造物活动的先决因素，其包含了社会价值观和对世界认识的世界观，是造物主体始终遵循的意志动机和文化观念。

a. 群体伦理价值观

中国自古以来是以小农经济为主的农业社会，血缘联系的宗法伦理和社会政治联系密切。在农业生产活动中，人工灌溉、水利工程的兴建，都需要发挥集体协作的力量，形成宗族的小社会群体，社会政治制度以血亲宗法的伦理道德为基础，因而普遍重视群体的价值而不着重于个体的差异来思考问题。无论是社会生产实践、社会组织制度，还是社会心理体验，都体现为群体性的社会伦理观，强调社会群体中的伦理价值。

群体伦理观念外化到造物活动中，汉代造物有着浓厚的礼教色彩，造物的形制、色彩、材料有着严格的规范。群体伦理观念对造物的审美意识也有着重大影响，外在视觉形式的“美”要与伦理内容的“善”形成同构，造物要体现“成教化，助人伦”的美学高度。这种伦理观念的限定，在造物范式方面体现出造物往往有着严格的程序和规范，大规模的生产采用模件化方法，美的形式经过不断取舍，最后形成最具概括力的表现和完善的工艺程式，体现了强烈的群体意识。

群体伦理观念在造型艺术上还表现为不局限于细节与个体，强调整体的组合效果。

b. 辩证二元世界观

汉代的思想观念体现出主客体不分的思维特征，其“天人合一”观念把人与自然看为一个整体，这种观念在造物上的反映是世界观必定要融合进审美价值观之中，指导和支配造物活动。

中国传统的“阴阳”即为“阴”和“阳”辩证二极，其相关学说是中华文化的根源，是传统中国“解释宇宙间诸现象”的理论依据。董仲舒的宇宙构成说把儒家的基本理论与战国以来风行不衰的阴阳家的五行宇宙论具体地配置安排起来，形成儒家理论的基础。《论语》认为研究问题和认识事物都要“叩其两端”，老子的《道德经》则说：“故物或损之而益，或益之而损”，“祸兮福所倚，福兮祸所伏”，班固也在《汉书・艺文志》中提出“相反而皆相成也”的观念，辩证地强调事物正反两方面的相互转化。辩证二元说是中国文化的基本思想，它强调辩证的二元统一。

统一的辩证二元世界观体现在装饰构图的格局是对称式的组织，造物也是成双成对方才认为完美。阴阳辩证统一于整体，形成的还有“中和”之美。漆画等汉代装饰绘画纹样变化回旋繁复，但造型因素的变形与夸张适度平稳，相互制约，画面富有流动感，但最后视觉效果中和形成整体的不偏不倚之美。

5. 型制来源与风格演化

广西汉代器物造型、装饰纹样等造型艺术，是广西地域古典主义造型艺术形式的典范，是广西造型艺术原生状态的孕育成熟。它是历史的产物，随着历史的进程显示出不同的面貌。造物风格是一个比较宽泛的内容，其包括材料工艺、造型结构、器物型制等各方面的内容，由于前面介绍器物和装饰的时候已经涉及材料工艺和装饰等方面的内容，在此仅结合造型结构考察其器具型制。

5.1 器具型制来源

风格是一个不断发展变化的概念，其有具体的内容。“瓯骆汉风”造物和装饰风格主要体现在器物的型制和装饰风格两个方面。型制是造物艺术的基本要素之一，它不同于造型。造型指的是艺术、设计作品被人为呈现出具体的平面或空间形态，具有较大的自由度，虽通用于型制但并没有相对严格的规范。从设计学的角度来说，造物规范与艺术造型两者是有较大区别的，器具的型制是建立在文化规范和材料技术条件的前提之下的，而装饰是依附于具体的器具型制与造型形态，起到丰富和加强其功能与艺术风格的作用。

a. 饮食器具型制

长沙马王堆等中原、荆楚等地出土汉代器物众多，虽然广西以合浦为主出土的汉代器物也有较多数量，但与上述地区相对比，无论是数量规模还是工艺技术、艺术水平都有较大差距。中原等地最先进的汉文化并没有流传到广西，但广西还是能够继承汉文化的主要精神。这些数量众多的广西出土汉代器物，能够比较明显体现风貌特征的是陶器与青铜器。

以陶制为主的饮食器具自原始社会晚期人类进入农耕时代以来就进入了人类的生活，是早期人类造物活动发展的重要见证，具有重要的人类文化价值。各个地域、时代和民族的饮食器具都体现出各自不同的型制特点。汉代中原等地宴饮成风并遵循一定礼法，而广西以喀斯特山区地形为主，水质偏寒，因此本土少数民族亦乐饮酒，汉越民众各类功能的饮食器具琳琅满目、一应俱全。

型制包含了功能与形态结构。按使用功能分，饮食器物大致为六类：用于储存、贮藏食物和物品的贮存器皿；用于承托器皿和盛放食物的端盛器皿；贮存水、酒、油等液体的贮液器皿；用于汲水和注水的取液器皿；直接与口接触的饮用器和餐具为饮食器具；另外还有炊具。按形态结构来划分，器物具体可分为器体部、器盖部、器口部、管嘴部、器颈部、器柄部、器足部几个部分。构成器皿基本形状的是器颈部和器体部，器口部和器足部则是器颈的衍生和器体的支撑部位，是造型发生变化的部分。器柄部、管嘴部和器盖的造型和位置灵活多变，可形成更加丰富的形态。

汉代器物的主要渊源来自商周先秦时代。鼎是春秋以前用于祭祀时烹煮和盛放牲肉的器皿，在商周时代成为重要的礼器，到汉代其礼器作用已大为减弱，更多的是作为一般食器。汉鼎较于商周时代的鼎器，器壁较薄，器体线条流畅，造型大为简素而具有浓郁的生活气息。鼎腹亦按容纳物品功能需要变圆，口部内敛使贮存的液体更不易溢出，足部由底部外移，并变粗矮而具有更好的支撑作用，更具实用性。

孙机认为汉中晚期墓中出土的陶鼎足部大都极矮。广西出土的汉代陶鼎器具尺寸较小，多为口径15厘米，通高17-18厘米，足部并不“极矮”而有点长度，显细长。鼎的礼器作用逐渐减弱，至东汉

2.铜鐎壶（风门岭M26：101）　2.铜鐎壶（寮尾M16：21）　3.陶鐎壶（二炮厂M8：24）

图5-5　合浦出土的铜、陶鐎壶（图片来源：熊昭明，富霞.合浦汉墓［M］.南宁：广西科学技术出版社，2019）

晚期，考古学者们称鼎已不再出现，逐渐被其他器物所替代。但鼎的型制仍对汉代其他器皿的制造有很大影响，许多器皿都是三足器。合浦出土的三足饮食器有铜制的壶、盉、盘、樽、格盒等，陶器也有三足陶壶、三足陶盘、三足陶盒、三足陶罐、三足陶樽等。汉鼎腹部多有突起的弧线，在广西出土的三足壶、樽、釜、锅、杯的腹部也都可以看到。

汉代中原等地有严格的造物型制规定，由于地域物质条件与生产工艺的原因，在南方地区出现了具有地域特色的造物风格变化。联罐是南方特有的器皿，罐是广西合浦汉墓中最为常见的随葬器物，合浦汉墓出土有双联罐、三联罐、四联罐、五联罐。

汉代的贮液器皿种类较多，有鼎、壶、瓮、罂等器物。汉代的壶多为酒器，有的用来盛食物，盉、钫等酒器在广西都有出土，也有铜扁壶出土。广西出土的器物壶口、腹形状成一定规整定式，体态稳定，腹径上移，足圈抬高，型式变化较小，凸显了以存贮使用功能为先的造物理念。壶体多呈椭球状，上小下大，溜肩造型，外形曲线由颈部略收后向外扩张到腹径，然后内收至足圈。陶壶在腹径部装有钮耳，铜壶则是活环耳。中原等地一些汉壶在圈足和器耳相对处有孔，便于穿绳提携，广西未见此类穿孔。

钫和鼎、盒、壶为中原常见的礼器组合，是卿大夫所用之器，西汉晚期后不再有出土，广西少量出土的钫与楚地型制一致。

汉代平坦状承托盛放食物的器皿有盘、格盘等，体现了汉人对礼仪规范的重视，平盘是其中的代表器皿，有微向外的口沿，以平底为多。陶盘有腹深浅之分，铜制三足平盘又称为“承旋”。

汉代的取水器具主要有匜、勺、斗、瓢等。匜在先秦时期为贵族洗手时用来注水，汉代时匜又用于注酒。合浦望牛岭出土的铜龙首方匜，为平底方形，柄较粗短为龙头形，与魁相似。汉代的勺用于尊中酌酒，勺为圆底，没有小型勺。广西汉代杯的出土数量不多，造型也比较简单，饮用器皿的种类也没有中原、荆楚等地丰富。

以上这些器物型制，从器物的高宽比例和视觉重心分析，广西出土的汉代器物基本形态与中原等地一致，则显得低矮和敦厚，器具重心偏下，器物造型上具有庄重古朴、稳定厚沉的气质；从器物轮廓的个性特征来分析，器具外形起伏平缓，曲线流畅，造型浑圆沉稳，具有质朴浑然、内敛含蓄、简洁单纯的气质。汉代器具的脚线处理，各种附件和局部亦加强了这种方圆有度、古朴典雅、整体浑然的视觉感觉。

b. 灯具型制

造物范式之间会有相互转移的关系，一些比较成熟的造物范式会转移应用到其他适用的造物活动中。这一表现在中西方灯具原型中体现得非常明显。新石器时期产生饮食器后，在工艺技术与造型装饰等方面不断地发展进步，其造物范式也就在一定程度上移植到灯具制造。灯具在新石器时代晚期开始出现，盛于商周时期并作为礼器，后用于盛放食物或者调味料，基本形制似高足盘的“豆”。《尔雅》说：“木豆谓之豆，竹豆谓之笾，瓦豆谓之登”。“瓦豆谓之登”说法在《仪礼・公食大夫礼》以及郑玄的注、贾公彦的疏中都有记述，在《诗经》中也有明确的记载和注释。约在春秋战国时期人们在祭祀时增加了“瓦豆”，也就是“登”的功能，成为照明的器具，并且沿用原来的称呼“登”。青铜器出现后“登”成了“镫”，后文字产生变化，出现了形声字“燈”，简化为“灯”。在战国的墓葬中可以看到最早的灯，是一种盘底中央突起可插灯芯的细把陶质豆，名为“烛豆”。到汉代豆作为盛食器的功能已经全部消失，转变为灯具。在“豆”的型制基础上，汉代灯具又发展出各种形制，上有敞开的灯盘，灯盘内盛放燃料燃烧照明，中间有柱状支撑灯盘，下有底座固定重心。在型制的基础上，汉代灯具又发展出各种造型，支撑柱、握把和底座都可以变成各种仿生形态，如凤鸟灯、雁足灯、人形灯等。

燃灯方式和燃烧材料也决定了造物范式。汉代燃灯方式有两种，一是在圆形灯盘正中有一细尖柱，人们将剥去麻皮的麻秸缠缚成束，穿在烛扦上浸在盛有动物或植物油脂的盘内点燃照明，称为“麻烛”；另一种是把油脂等可燃物质做成柱状，中间穿有较细的烛芯放在灯盘上燃烧照明，称为“膏烛”。无论是“麻烛”还是“膏烛”其燃烧体都是硬质的，需要有一个敞口造型的圆盘来盛放燃料，防止燃油溅出，或是配备一个管状结构用来放置灯灶。由于汉代照明使用的燃料以动物油脂为主，在室内燃烧时易产生烟雾污染，因此不少还设计有导烟管，凤鸟灯是这一设计的典范。

在基本型制范式的基础上，灯具规模化生产和广泛应用使其造型进一步发生了演进，出现了许多更为大型更富有复杂变化的灯具，出现了复杂造型的多枝高灯。这些多枝灯一般高度在1米左右，体型较大，错落分层装有三枝到十几枝灯盏，呈现树状造型，点燃后灯火点点相辉相映，气派不凡，一般为贵族所用。合浦风门岭26号汉墓出土有通高30.8厘米的四枝灯，27号汉墓出土有通高46.8厘米的五枝灯，形态婀娜多姿，尺寸高度比中原等地一般1米左右的高度要矮小。

由一个单元造型进行重复组合变化而构建了复杂造型的多枝灯，这个单元就是基本的豆形灯。中原、荆楚等地的多枝灯造型更为丰富，支数更多，灯盘下的支柱部分常呈S形曲度造型。在这个基本造型上，再添加蕴含宗教内容的各式人物，龙、凤等动物造型的装饰，构成了汉代许多复杂的多枝灯造型。

图5-6　合浦风门岭出土铜灯

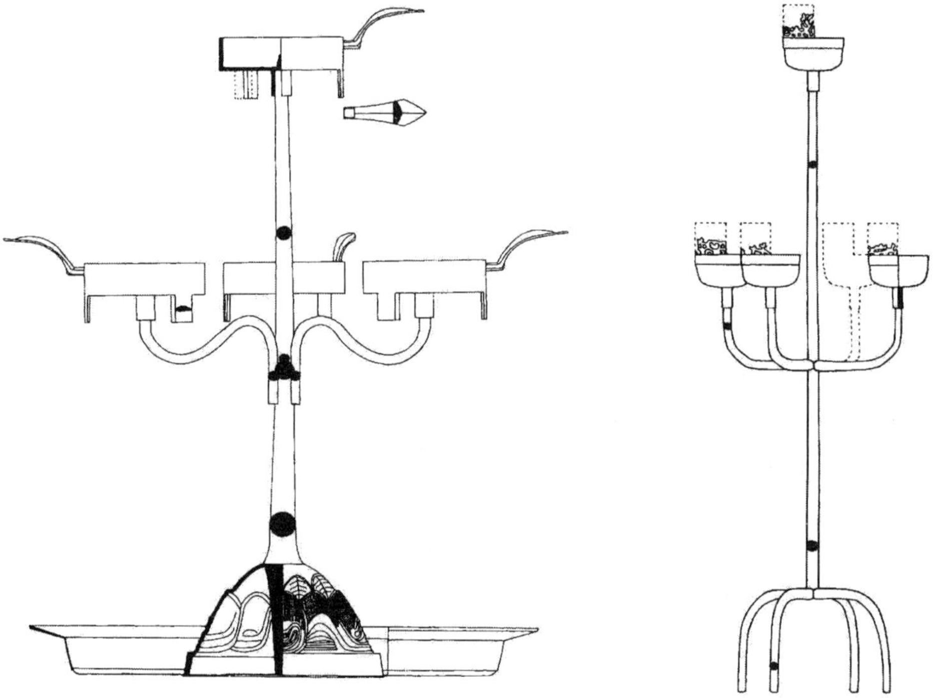

1.四枝灯（风门岭M26：38）　　2.五枝灯（风门岭M27：9）

图5-7　合浦风门岭出土的铜灯

（图片来源：熊昭明，富霞.合浦汉墓［M］.南宁：广西科学技术出版社，2019年）

c. 肖形器物形态

肖形器物是指对动物、人物或植物等自然形象进行模仿的器物造型。肖形器物的造型采用拟形手法，但不是纯艺术创作的雕塑，它的形态必须结合器物的功能。出土陶器中的牛、羊、马等塑像没有使用功能的要求，不属于肖形器物。多枝灯等器具上的各种人物、仙人、神兽等装饰塑像，在器物中起的是装饰作用而不是使用功能，也不属于肖形器物的范围。肖形器物主要是指对器物本体进行仿生造型。

汉代各种器具有着大量的仿生造型，形态各异，造型生动活泼。饮食器具的环耳、手柄、器足、器钮等器物局部有大量起到防滑、加固等加强使用功能作用的仿生造型。整体造型进行仿生造型的以灯具为多，常见有羊灯、雁足灯、凤鸟灯、人像灯等。广西以合浦出土的錾刻花纹凤鸟等为代表器具。

自然形象与中国艺术的关系紧密，中国文字的产生即来源于象形文字。器物的仿生造型和一定的精神观念相关。汉代肖形器物的题材类型丰富，各类题材以动物造型相对为多，有牛、羊、马、猪、兔、象等，盛行象征祥瑞的龙凤雁雀、熊虎麒麟等造型。植物仿生造型比动物仿生造型要少，但也有九枝灯等模仿植物的肖形器物。汉代的人物肖形器物比较少见，在广西没有出现，中原等地有神人羽人的肖形器物，体现汉代的升仙思想，也有长信宫灯之类的经典之作出现。

汉代肖形器物在满足使用功能的前提下，在原器物的主体形态上进行造型仿生处理，多在整体轮廓形状内利用造型的起伏表现形象特征，意象特征比较明显。广西合浦出土的凤鸟灯是意象表现与使用功能相统一的造物。出土方匜的龙头形象栩栩如生，前伸且龙口中空，注水时起到了较好的倒流作用。出土铜魁斗龙首把柄的起伏统一在简单的基本轮廓内，没有尖锐的凸起，易于握持。龙首的眼部、耳部等五官形态是在基本造型内以浮雕形式表现，龙首的嘴部虽是张开的，但并没有将口内多余的造型部分剔出，而是合理地呈现口含的形态，起到保留材料加固把柄的作用，呈现浑然敦实之态。

5.2 风格的演化

艺术风格形成后会随着时代的发展而产生变化。从艺术的角度来看，造物风格的演化并非一定就是更为高级，艺术角度的风格比较只有差异与多元，没有高低之分。造物技术的发展具有进步特征，技术的发展也开拓了风格的发展空间。但是，造物艺术的变化是不能用是否“进步”来评价的。造型艺术风格变化的原因是十分复杂的，很难说汉俑的生动与审美价值超越秦俑，或者说汉代的青铜器比商周时期的更美。不同的风格类型表现了不同的美，美是没有高低贵贱之分的。能够判断的是两者之间的风格关联，是否有继承的关系，是否还有其他因素的介入等等。风格是各种因素相互影响形成的一种综合性的动态结构，风格内部和风格之间的界线是模糊的，并非一定与科技或历史完全一致。

鲁道夫·阿恩海姆认为风格的动态结构往往不是基由某一开始和终结为规定的链式连接，而有着连续性和复杂性。风格的演化是一个过程，事实上，“瓯骆汉风”的艺术风格没有因汉代政权的崩解而在广西完全结束，其风格在广西地域延续到魏晋时期乃至近代仍有余绪。

世界现代主义建筑理论的开拓者，金兹堡（Ginzburg）对艺术风格的演变提出了观点：“是传统的延续还是崭新而完全独立的原则推动一种风格向另一种风格的转化？”“是一部分基本因素保持着延续性，而另一部分比较敏感……常常在风格演进史中前所未见的原则采取了新的形式”。因此，造物风格的演变归结为对传统的延展和变化、风格自我改造产生变化的内因和外在因素介入而导致发生变化的外因。风格的演变是内外两种因素共同作用的动态结果，一般表现为两种方式：一种是在整体特征明晰的风格下，在内部阶段性或局部的演进；另一种是突破原来格局，由整体上的风貌特征向另一种风貌特征的演化变迁。秦汉时期汉文化传入广西，与地域文化的结合产生形式上的变化，是一种汉文化地域性、局部性的演变。汉文化经魏晋南北朝发展到唐宋，是突破原来格局的发展演变。

刘邦建立西汉王朝，经“文景之治”至汉武帝时期，国家富庶强盛，并进行全面的文化整合与改革，奠定了汉代造物风格的基本特征，经“昭宣之治”，社会生产恢复发展，政治环境安定，风格也延续发展。而西汉后期社会秩序混乱，刘秀建立东汉，造物风格上也有着相应的演变，墓葬艺术、升仙内容等多个方面都在原来基础上发展兴盛和完善。两汉时期的汉文化传入广西，表现出鲜明和独特的个性。

两汉时期的造物，凸显了人们的精神信仰观念。王莽和汉光武帝刘秀都利用谶纬为自己称帝提供了神学理由，东汉的谶经为“内学”，成为朝野皆习的学问。方士和儒生合流形成的谶纬之风日益兴盛使汉代造物有着浓厚的奇诡色彩，巫风气息、黄老道学、西王母崇拜等都在造像艺术中有明显的体现，这种神灵信仰观念在广西地域与少数民族原始神灵崇拜交汇在一起，形成了以神灵崇拜为主导的造物艺术风格。

汉代造物风格的演进还表现为造物技术上的进步，东汉技术体系的完备和改进使汉代风格日趋完善。青铜铸造工艺在南方得到了改进，船舶技术得到进一步发展，推动了海上丝绸之路的贸易往来。东汉造物风格演进使得原先的传统风格发生了突变，东汉造物已经没有西汉时期那种仍保留着的先秦礼仪性的凝重、神秘庄严的气息，更多的是汉代世俗社会的写照。世俗因素的进一步介入，使汉代造物风格的演化总体表现出从西汉的雄浑统一逐渐走向了东汉后期的疏朗开放。

汉代造型艺术具有线造型的意象特征，绘刻形象的线条造型往往经整体思维概括提炼为某种表意的程式，这种表意象征的手法造就了汉初艺术的雄浑之风。处理手法上的经验积累和技巧上的精炼纯熟，使得两汉后期的线条造型逐渐发生了变化。南方地区的錾刻花纹铜器，是汉代线造型艺术发展的成果。

东汉时期与西汉时期相对比，虽然精神观念发生了变化，但成熟宏大的帝国气魄在东汉初期仍然保持不变。到东汉末期，社会朝纲崩溃，豪强军阀林立，统一之势衰微，到晋朝建立时期，社会的时代精神特征已经完全不同。西晋时期的社会审美观念出现了分化，以豪强贵族为代表的上层统治者，盛行奢靡之风，追求没有节制的物质享受。以文人士大夫为代表的社会精英，或口谈玄理，崇尚虚无，或与高官合流，求奢靡享受。恢宏气魄的汉代造物风格由此消失，全面转向对个人趣味与个性品格的审美的追求。

东汉末期王朝的崩析和社会动乱，一方面给经济生产带来深重的灾难；另一方面，统一强大而抑商重农的中央集权政府解体，使工商业有了更大的自由发展空间，给造物生产带来更多新鲜的创造气

图5-8　合浦出土的龙兽灯具（图片来源：广西文物保护与考古研究所.广西合浦文昌塔汉墓［M］.北京：文物出版社，2017）

息。原来由政府统一控制的官营手工业由于不断地解体重组而削弱，工艺匠人脱离了旧的人身依附关系而被允许在一定范围内进行生产和经营。文人士大夫对政治失望转而追求艺术个性的解放也给造物风格的演化注入新的活力因素，从而更具有艺术的精神内涵。这是帝国中心地区造物与艺术风格的一种打破原来格局的积极的自我演化。

广西处于西南边陲，北部有南岭与荆楚相隔，交通不便，到中原地区更是路途遥远，混战中的北方军阀无暇顾及。因此，东汉末期至魏晋南北朝的社会动荡没有对古代广西造成严重的破坏。但是，社会的动荡也中断了先进的汉文化的大规模传入，瓯骆本土原始文化与原先传入的汉文化继续成为地域文化的主体，形成了与动乱的中原等地相对应的，比较封闭的地域文化。统一时期的晋代形成的推动社会文化产生小高峰的文人艺术气息，也缺乏在广西流传的社会条件。直至中国历史再度出现社会统一稳定的唐宋，广西的经济和文化建设才再度得到发展。

东汉末期社会的动荡，推动了本土道教的发展及佛教的加速传入，汉代的神仙观念产生了变化，宗教成为造型艺术的主要题材。在西南边疆少数民族地区，则是更易于形成少数民族民众所接受的道教与民族原始神灵崇拜结合的文化体。而晋代文人气质的艺术风格，在边远的广西地区没有可以接受的文化基础。

造物与艺术风格都有其形成的基础因子，有其发展演变的趋势。汉代文化成就发展到后世体现出截然不同的风貌，但不能因此认为汉代风格与汉王朝政权一样消亡了。汉代艺术成就奠定了后世古典艺术的基础，在新的时期与新的历史因素相结合，融进了新的时代风格中，很难从中剥离。“瓯骆汉风”的造物风格，也与历史发展和地域因素相结合，为广西地区后世的造物艺术发展打下了基础。

Ⅵ

造物艺术价值和设计学意义

荆楚、中原等地相对于广西本土先进的汉文化造物范式和审美观念影响下产生的造物文化，把汉风造物技术与审美价值观传播到古代广西，为古代广西地区的汉越居民提供了物质和精神生活的服务，在地域造物史上发挥了其应有的作用。其余绪不仅影响了广西本土少数民族装饰艺术发展的基调，使现存许多少数民族传统及民间美术中仍有浓郁的汉文化余韵，同时，其造物和装饰观念对于探索民族特色的设计具有一定的参考价值。

1．文化遗产的价值

出土器物是特定历史时期的文化样本，其承载的造物观念和艺术审美观都反映了特定社会文化生态价值观，有其个性优点也有其局限性。几乎任何一种思想与观念有其优点的同时也存在某种局限。古希腊哲学注重对人的思考，但这种理性、思辨的态度走向极端容易把概念过于理性地抽象化，忽视人的个性和个体价值。现代艺术注重人的个体特征和个人体验，但容易滑向无理性。汉代广西造物观念和装饰艺术，在具有其独特文化价值的同时也不可避免地有其自身的局限性。

1.1 历史情境的局限

广西造物以丰富的内涵包含了汉代广西各族先民对于宇宙、自然和社会的认知，形成了具有瓯骆地域特征的造物、造像风格。在华夏古代文明的影响下，其造像方式往往追求完美，讲究中正对称、饱满而飘逸的构图和恰当合理的布局。采用或圆或方的构型布局结构模式体现出对立统一的美学法则，具有韵律之美。纹样的布局和谐统一，传达出圆满、完整的审美思想。合浦黄泥岗1号汉墓出土的铜仓，仓门及板壁錾刻精致的图案纹饰。仓门上刻飞凤、饕餮纹、鼠，左右板画武士，左右山墙刻禽头兽身动物对舞，龟驮九枝灯，后墙纵分三格，中心刻一只回头张口的虎，左右两格各刻云山上的一枝花树，树顶各刻一飞凤。左右板錾刻佩剑、执戈的武士，“禽头兽身动物对舞，龟驮九枝灯”，后墙中心刻虎，这种造型和构图模式在有限的空间内可以展现出形式规则的和谐美。

这些造物、造像艺术还凸显对神灵的崇拜思想，这是在华夏文明发展的历史过程中形成的，其中包含的智慧是不可否认的。然而，从另一个角度来看，是对视觉经验的直觉性描述，是以感性的造像为基础的构形方式，并把主体的感性、直接性思维凌驾于客观世界的理性之上。注重整体性、形象性与感性思维的朦胧性的掌握，强调对大同性、神秘性和求同性的追求，对具体化、精细化的理性表达尚不够重视，更无从谈起严谨的科学分析与思辨精神。这是由中华古代文化的特征决定的，是古代文化与生俱来的、无法改变的特征。

广西汉代造物是在特定的历史情境和文化地域情境中形成的，这使它成为那个时代的思想和文化的凝固符号，并因此超越其所模拟的造型之原本意义而具有更为丰富的内在含义。然而，传统造型的局限性也在于此，符号一旦离开了原有的文化生态语境，往往只留下空洞、虚浮的外在视觉形式。由于其赖以生存的时代语境早已变化，缺乏由古代思维向当代思维转换的前提，缺乏与当代社会生活的交流平台，这些图像很难融入时代的文化语境，往往只能被保留在博物馆的陈列柜里面作为记载历史的样本而不能为现今人们的生活所用。

此外，中西方的审美思维存在巨大的差异。中国传统文化符号注重感性的意识，注重整体造型的把握和对文化意蕴的追求，在造型设计中讲求从自然中提取造型元素，追求意象的表现。讲究气韵生动、造化自然，造型图像中往往蕴含丰富的寓意。西方的审美思维与之则有巨大的差异。如果说中华文化以感性为特征，西方审美思维则以理性为特征。西方艺术来源于古代希腊艺术，讲求对客观微妙对比关系的捕捉，刻画对象力求客观而明白准确，追求形式的变化和视觉感受。因而，对文化和历史语境的依赖性相对较弱，即使缺乏对其文化环境和历史背景的认知，也不会对西方艺术品的审美感受产生很大的影响。西方这种以演绎推理见长的科学理性思辨精神，直截了当的审美思维与现代科学技术相结合，形成了其独特的发展路径，成为当代艺术设计的主流。这两种不同的文化背景下产生的艺术审美差异，本身不会造成冲突和对抗。然而，西方社会经济的发达，其文化必然借助其强大的经济实力形成世界通行的强势文化，这种强势文化也必然会有意或无意地对其他相对弱势的文化形成挤压。因而，传统文化符号在当代设计走向世界的过程中会面临一些问题。

民族的固然是世界的，但此仅仅是从文化保护的角度表述，并非只要具有民族性就一定被世界所欢迎。设计艺术要走向世界，就需要在保留民族特色的前提下，从“民族的”之中提取出能为人类其他民族所普遍接受的元素，才能真正走向世界。随着中国经济的发展和在世界格局中日益重要的地位，中国作为大国其文化必然对世界造成重要的影响，走民族特色的设计之路是国内设计界的共识，需把传统文化与现代设计有机结合，在保留自己民族特色的同时善于学习其他民族设计的优点，“不断开拓探索的创新精神，才是中国设计走向大国之路所最需要的。”

1.2 传统艺术符号的重生

20世纪初期起，世界设计发生了许多革命性的变化，从俄国的构成主义到荷兰的风格派，再到德国的包豪斯，在这些设计运动的推动下，西方形成了日后席卷全球的现代主义风格。设计主义摈弃一切历史和传统的元素，追求简洁明了的几何结构风格。在现代主义的冲击下，传统意义的设计被边缘化，传统文化符号被视为陈旧、落后的东西。

传统造型艺术体现中华民族特有的思想和文化品位，与中华传统文化、人与自然的观念、处世哲学观相吻合，追求含蓄、朴实、和谐、自然，体现出中国人的含蓄之美。相比之下，西方现代视觉设计更为注重表现冲突的力量，更注重实用、纯粹和直接的功能，讲求视觉的张力和冲击力，讲求理性、科技的造像方法，充分体现以商业为中心的设计模式，造就了其在商业社会中的成功，成为全世界通用的设计方法。相比之下，传统文化由于各种原因似乎显得有点不合时宜。

徐复观在《中国艺术精神》中认为：“道德、艺术、科学是人类文化中的三大支柱。”设计是艺术与科学结合的产物。它身上无时不体现着社会最新的科学应用成果。另一方面，设计还肩负着传播人类文化、精神和促进经济交流与发展的责任。设计是为社会经济和文化服务的，社会经济和文化的发展必然要求其具有一定人文思想和文化精神的内涵，才能够实现传播特定内容、推动经济发展的目的。

以平面设计为例，新中国成立以来中国平面设计发展，经历了一个从纯绘画逐渐脱离并独立发展的过程。设计思想从绘画思想中逐渐脱离出来并相对成熟，逐渐上升为对自我价值和精神文化反思的过程。由于同是东方文化并且具有较多的相似，我们往往把日本作为一个参考。文化传统与中国文化较为接近的日本在平面设计的发展中也经历过民族化与国际化的困惑、思考和探索。二战以后，日本全国上下致力于发展经济，加上从明治时期就开始的全盘西化思想，以及美国等西方国家战后对社会政治经济文化的实际控制，因此对文化尤其是本土传统文化没有足够的重视，“导致不少日本设计师把欧美的现代主义原样照搬过来，但这些在具有浓郁日本文化的土地上发育不良，这就促使他们开始思考什么样的东西才是‘日本的’”。于是，“日本设计师努力地将日本的传统文化、思想、观念融入他们的设计中”。现在，日本的设计以其独特的面貌、具有传统文化气质的风格享誉世界。这种“日本风格”的设计也极大地推动了日本在制造业、商业、品牌推广等领域的全面腾飞。

图6-1　用现代设计视角拍摄的合浦出土的海上丝绸之路文物（梁新建拍摄）

现代平面设计在我国得到迅速发展归功于改革开放和发展经济。初期由于国门的猛然打开，西方思想潮流的突然涌入，国际主义的构成观念在平面设计中一度起到了主导作用。随着经济和文化的发展，中国向大国地位的迈进，逐渐重视传统文化的价值。把传统文化思想与现代设计有机结合，树立本民族的设计风格和设计理念，已经越来越深入人心，成为设计发展的主流观点。与主流相对应的同时，多元文化时代下的多元设计倾向具有不可忽视的市场地位。

较之于日本的成功经验，也可以看到曾经一段时期内我国平面设计在市场中所表现出来的认识偏差和急功近利，如何把传统文化与现代设计真正地有机融合在现今仍是个问题，无论是客户还是设计师都存在这一问题。中国传统文化纹样符号被大量地套用到设计中，似乎这就是民族元素与现代平面设计的融合方法，似乎这就是具有民族文化语言特色的设计。不少设计师乃至客户都认为：中国文化就是水墨、图纹等一些图形符号，在设计中多用传统元素，多用民族特色的图纹，就是民族特色的设计。这就在不自觉中走入一个误区，把一些简单符号化了的图案、图形等表面的符号等同于博大精深的中华文化，认为元素就是传统。实际上这只是一种生硬的嫁接，是一种简单的套用，初看似乎挺有民族特色，实质上却没有和民族文化与精神相融合。这种形式上的简单复制不是文化符号的重生。

20世纪60年代起西方设计界发生了后现代主义的变革，这是对国际主义的一种修正。后现代主义丰富了设计层面的内容，强调设计的个性差异，重视对各地域民族传统文化的继承和弘扬，强调在传承基础上的创新和开拓新的设计语言，推动了设计的后续发展，这种设计观念一直影响到现在。在后现代主义的语境下，历史的沉淀和文脉的传承不但不再是设计的负担，而且在很大程度上推动了设计领域的个性化发展，为传统艺术元素的重新应用提供了广阔的空间。

后现代主义的设计成就是非常丰硕的，因此不少人认为这是一场设计革命。但是，一方面后现代主义是建立在之前设计历史的成果基础之上的，其中包括现代主义、装饰艺术等各种设计思想，是一种对历史的重新吸收；另一方面，后现代主义出现时信息技术等尚未足够发达，尚未能给予其革命性以技术上的支持，因而它是一种相对现代主义的历史修正。而且，现在学界对后现代主义的定义和理解不尽相同，其概念定义还不是很明确，其多元和反形式其实是对现代主义的对抗式的承认，是一种叛逆式的继承。后现代主义有着一股结构式的冲动与欲求，还有一种内聚力隐含其中，它并非为了反叛现代主义而反叛，其反叛只是一个过程，建立新的设计规则才是它的目的，因而它也为传统艺术符号的重生提供了空间。

历史证明了人类社会文明不一定非要经历一般的进化过程，在特殊的情况下可以跳跃发展。中国当代设计虽没有完全经历现代主义的过程，但是可以在时代环境条件下直接进入后现代主义或后现代主义之后的环节，实现“弯道超车”。但是真正实现这种超越必须是建立在对包含现代主义设计在内的各种历史设计成果的尊重之上。这种弯道超越，面临的考题只会更多而不会更少。

从传统文化元素在设计领域的复兴来看，后现代主义功不可没。“国际主义设计的进步意义在现代社会是彻底幻灭了。单调的几何造型，缺乏人情味的设计，使人们开始质疑现代主义的价值，排斥与否定现代主义设计风格，自然导向对传统的追求，对历史的寻求，使人们产生寻根意识，渴望重新发现旧的价值，重新肯定过去，重新肯定被现代主义打翻在地的传统文化艺术价值。”后现代主义主张重新解读传统，强调传统文化符号中所包含的历史价值和民族文化价值，倡导设计的丰富性和多元性而出现向传统古典回归的迹象，但是这种回归不是简单的复古重抄，其精神含义上包含了对古典精神的重新审视和吸收，其外在形式是利用设计语言的丰富性和多维性实现对民族风格、传统文化的再创造。后现代之后的信息技术革命，则给设计的未来，包括传统艺术符号的重生，提供了更多的未知和可能。

1.3 地域造物史地位的评价

汉代海上丝绸之路的开辟促进了广西地区的文化发展，留下了数量可观的“瓯骆汉风”造物。随着历史的发展，这些器物，一方面成为历史文化发展的两汉时代的造物样本；另一方面，其余绪影响了广西古代少数民族造物艺术发展的基调。

希腊风格与罗马风格是文艺复兴时期西方近代艺术的参考样本，直至今天欧美各地普遍存在罗马风格的建筑供人们日常使用。汉代风格没有像希腊、罗马风格那样成为后世的范本，除了篆刻、玉雕工艺等少数造物文化成为后世反复使用的经典样式，能够典型代表汉代风格的漆画、砖石画像、青铜器工艺、汉陶俑等造像和造物风格在后世不再出现。“汉代造物风格始终指的是体现两汉时代特征的一种历史风格，其风格特征是在当时的时代背景下孕育而成的，对后世而言有着不可再生性。这一差异性当然是与中西方各自不同的历史进程有着重要关系，中国文化从宏观上始终是一个线性发展趋势，没有过大的文化断层。而西方社会则经过文化的起落和断裂，中世纪前期的几百年的时间就被称为‘黑暗期’，因此，西方将重新发现的古罗马风格作为古典传统，在此基础上赋予新的内容并创造新的形式。中国文化发展是一个不断融合的不可逆的过程，每个时代文化本身就沉淀着前代的内容，汉代造物风格也融入整个新风格的形成之中。”

东汉末期到魏晋南北朝，社会动荡中断了中原文化在广西的大规模传入。唐代以后，由于造船技术的发展，远航船舶不再依赖于紧靠陆地的航线以及江南地区经济和港口的繁荣，北部湾沿岸的广西港口的重要性下降，古代广西地区失去了对外贸易重要口岸的作用，对外交流减少和经济地位下降，对于先进的汉文化的传入也失去了强力的支持，两汉时期在广西地域形成的“瓯骆汉风”失去其动力而成为历史样本，存留的汉代造物成为历史文化标本，其风格对后世而言同样不再现。

汉代造物风格在后世的广西虽然消失了，但正如朱文涛所言，“融入整个新风格的形成之中”，成为后世造物风格不可分离的部分。“瓯骆汉风”的造物观念、审美价值观已经融入整个广西地域的造物观念，成为地域民族艺术的一部分。

少数民族文化的发展从宏观上看始终也是一个线性发展趋势。尽管古代封建统治者没有重视少数民族的发展，以歧视的眼光把少数民族看为蛮族，少数民族地区的经济文化在封建时代发展缓慢，但西南地区少数民族艺术始终具有中华民族的共同特色，艺术个性是线性的发展而从来没有过断层。

民族文化发展具有一定的自律性，虽然农耕社会的特点是普遍相对封闭，但是地域相近的民族文化总是存在相互影响的因子。南方汉越居民的杂居也形成了汉文化在少数民族地区长期的渗透。汉王朝虽然消亡，但是汉代造物风格已融入整个时代新风格的形成之中。“瓯骆汉风”造物风格虽只存在于广西两汉时期，但是其造物观念、工艺技术为地域少数民族造物提供了较好的参考样本，对后世本土少数民族造物艺术的基调的形成有较多的影响。

2. 对本土民族造像艺术的影响

如果说瓯骆地域原始文化对传入本地区的汉文化改造和影响是部分的、外在的、形式的，那么中原、荆楚等地的汉文化对南方少数民族的影响则是内在、深远的，其深入影响到少数民族传统文化的内核。中原本土原始神祇崇拜及在此基础上发展而来的道教等汉文化因素使当时处于半原始蒙昧时期的广西及西南地区的少数民族原生态文化面貌发生了深刻的变革，使其进入了农耕文明时代。

人类文化学方面取得的许多研究成果都是建立在对原始社会阶段的研究基础上的，因此有观点认为，汉文化改变了少数民族地区的原始生态文化，特别是汉文化中的道教因素带有许多消极、迷信的成分，使得少数民族原生文化失去了其宝贵的原始、稚拙、纯朴的美，因而降低了其艺术价值。从艺术的纯真价值看，这种看法固然有一定道理，原始艺术是人类最为纯真的艺术，具有不可再生性。但是也应该看到另外一方面，世界上除了在极少数与世隔绝、从未开发的地区还存在原始、稚拙、纯朴的原始生态文化，这些地区以外任何地域的土著居民一旦与外部民族相联系，相对先进的民族带来的文化往往深刻影响到该地域的原始文化，推动改变了其原始文化发展史。一个民族的文明往往是向前发展的，不会永远停留在原始社会，这是人类文明进步的共同规律，因此西南边陲地区少数民族的文明也同样不可能永远停留在原始社会阶段。另一方面，上述观点所指的迷信等负面效果也是值得商榷的。道教给少数民族原始宗教信仰带来了许多在当时看起来比较合理的解释，汉代学道者往往先学医，道教的方术、法术虽以迷信成分为主体，但也在客观上有一定的医疗作用，这是它得以在西南少数民族地区广受欢迎的原因之一。

本土少数民族造物艺术在思想意识上是原始神灵崇拜与在相对先进的封建农业社会宗教观念的结合，具有社会文明进步的特点，体现在装饰方面是原始图腾图形与装饰化纹样的结合。原始社会由于思想意识、技术条件等限制，器具制造粗糙，绘制图形往往具有抽象、几何形的特点。这种抽象几何图形在原始岩画、陶器装饰中十分常见。随着生产力的发展，社会出现了富余的生活资料，也就出现了阶层和社会分工。社会生产力越发达，剩余生活资料越多，分工越细。封建农业社会的工艺匠人尽管社会地位低下，但生产、创作的时间有了保证，因此也就逐渐出现了繁复的造物装饰，古今中外莫不如此。欧洲封建君主制社会末期的洛可可风格极为繁复，中国封建社会从盛唐到末期的明清时期的装饰同样具有繁复的风格特征。因此繁复的装饰可以说是封建农耕社会行业精细分工的反映，代表了工艺匠人的手工技术发展到了顶峰。西南少数民族地区在中央政府的开发下，没有像中原地区那样经历漫长的充满血与火的奴隶社会，自汉代前后从原始社会晚期直接进入封建社会，因此，它的装饰风格主要是原始元素和农业社会装饰元素的结合。

民族原始蒙昧时期的造物无疑是独特而具有个性、富有艺术价值的，但是我们不能简单把民族历史上原始社会阶段的文化成果定性为具有最高艺术价值的成果，否定民族进步的价值。原始社会阶段的研究对民族、种族的研究有重要的意义，但社会人类学、艺术人类学等学科从未把视角局限在原始社会阶段。

2.1 壮族传统造像艺术

人类学家认为，一个民族的创世神话是该民族内在精神的反映。壮族《布洛陀经诗》是壮族巫教经文，它是颂唱壮族祖神布洛陀创造天地万物、规范人间伦理，祈愿幸福美好生活的诗篇。因其相当多的内容是创造天地万物的，所以被视为壮族的创世史诗。有关研究者考证，认为其可能起源于壮族的母系氏族社会向父系氏族社会转变的时期；其至今还流传于广西的红水河流域、右江流域、龙江流域、左江流域及云贵南、北盘江流域的广大壮族、布依族地区。广西少数民族古籍整理出版者用田野调查的方法，自20世纪50年代起，从桂西各县收集到流传于各地的原始散文体文本、手抄本、原生吟唱记录等资料中整理出文本，壮族的原生态文化得到很好的记录保持。

被视为原生态的壮族创世史诗《布洛陀经诗》中，“太上老君”“三王”“四王”等许多道教因素在其中有着深深的烙印。壮族民间布洛陀形象也日渐汉化，由最初的鸟头人形象逐渐演变为武士形象。广西本土早期人类文化，在汉文化传入前处于原始社会晚期阶段，汉文化的传入使其逐渐脱离了原始蒙昧状态，并保留了自己的特色，成为中华文化共同体的一部分。

《布洛陀经诗》源于古代壮族的祖先神崇拜，壮族流传至今的原始神灵崇拜，还有雷崇拜，蛙崇拜，日-鸟-鸡-凤崇拜，蛇-龙（鳄）-潭（水神）崇拜，牛、羊、犬、鹿崇拜，花、树、竹、石崇拜等等，与古代汉族动物崇拜内容十分相似。

造物艺术包括了器具造型与装饰纹样两方面的形式表现，相对于器具造型有着更多的功能与技术要求，纹样往往体现更大的自由度，精神内涵更为丰富直观。因此在此侧重从纹样装饰方面分析汉文化造物艺术对壮族造像的影响。

a. 雷 - 蛙崇拜图像

汉、壮民族都有崇拜雷的历史。雷与电、风、云、雨同属气象中的自然现象。原始先民由于无法认识这些发生在天上的自然现象的原因，于是对它们充满神秘感和畏惧感，将它们想象神化，认为是天上神灵施威的结果。闪电之后是隆隆雷声，因此，雷与闪电在汉民族神灵崇拜中一般都是联结起来的。在宗教观念产生之前，雷电崇拜是南方吴越民族乃至整个中华民族最早的自然崇拜之一。壮民族与汉民族不同，壮族的雷崇拜是和蛙崇拜关联在一起的。

雷与蛙，一个在天上，一个在地上，本是互不相关的两个事物，但是在壮族先民眼里，它们却有着密切的联系。这是因为，它们都会发出声音，天上地面相互呼应，而且时节相同，雷鸣蛙叫后会下雨。母系氏族时期，壮族先民认为雷和蛙是女性，后称蛙为“蛙婆”或者“蚂蜗天女”，称雷为“雷婆”。

与雷和蛙相关联的器物是铜鼓。壮族先民认为把蛙的形象铸到铜鼓上，天旱蛙不叫时一敲打，就像蛙叫，雷婆听到了便降雨。把众多的铜鼓集中在一起敲打更是地动山摇如隆隆雷声。屈大均说：

“雷人耶击以享雷神，亦号之为雷鼓云。雷，天鼓也。霹雳以历万物也。以鼓象其声，以金发其气，故以铜鼓为雷鼓也。”铜鼓又称“蛙鼓”或“雷鼓”，鼓身上铸有蛙的造型，纹饰有云纹、雷纹表示雷的形象。

中原文化中的云纹、雷纹有较长的历史。云纹最早可上溯到新石器时代晚期彩陶上的原始旋纹，是十分典型的抽象几何纹。它在形态上与楚汉云气纹、先秦卷云纹、商周云雷纹有着一种比较明显的承继关系。比较成熟的是商周青铜器装饰的云雷纹，有多种形态，主要由两部分构成：基础样式为圆弧旋形的称为云纹，方折菱形的称为雷纹，两者统称为云雷纹。云纹在2008年北京奥运会视觉形象设计中得到广泛的应用。

铜鼓是壮民族的代表器物，广西出土的汉代北流型铜鼓上的云纹种类有勾连云纹、半边云纹、三角云纹、单卷云纹、双卷云纹、心形云纹、波连式云纹、填线云纹等等，基础样式也是螺旋式图案，与商周青铜器装饰上的云纹十分相像，形态上与华夏地区新石器时代晚期彩陶上的原始旋纹同样有承继关系；雷纹有菱形雷纹、椭圆形雷纹、填线雷纹等，基础样式也是由方折线构成的菱形，与古代华夏地区商周时期青铜器上的云雷纹有较多的相似之处，甚至可能是商周青铜纹饰的直接应用。古代华夏地区青铜器艺术成就以商周时期为代表并逐渐由中原流传到南方，瓯骆地区的青铜器以春秋晚期到战国时期为典型代表，在文化流传时间上晚一个时期。这些青铜器具纹饰证明了壮、汉两民族传统文化的同源同根。

壮族的雷崇拜始于自然崇拜，自然崇拜是各个民族原始神灵崇拜的共同阶段特征。南方地区气候炎热，潮湿多雨，屈大均说岭南“无日不雷”，说明雷暴之多。生活在岭南瓯骆地区的古越人——壮族的先民，时常看到电闪听到雷鸣，雷声过后山林着火烧死飞禽走兽，或电闪雷鸣后暴雨倾盆，山洪暴发人畜遭殃，于是产生了对雷的恐惧，认为雷是高踞在天上的“天神”，以为它主宰大地上的一切。在人类早期时代，混沌思维使他们分不清各种事物之间的界限，“把一切超过他们的狭义见解的事物都叫作天神”。在原始先民看来，各种事物之间有超自然的力量在主宰，动物可以变为人，人也可以变为动物，雷、云、天、火等都是来自天上，伴随出现，是同一类的东西。在雷、云、天、火四者中，雷最为诡异，威力最为巨大，于是把它看为最崇高伟大的天神并予以崇拜。

《山海经·海内东经》说雷的形象：“雷泽中有雷神，龙身而人头，鼓其腹”，《山海经·大荒东经》则说雷是一足的夔：“东海中有流波山，入海七千里。其上有兽，状如牛，苍身而无角，一足，出入水则必风雨。其光如日月，其声如雷，其名曰夔。”《淮南子·地形训》则说：“雷泽有神，龙身人头，鼓其腹而熙。”这是一个半人半兽或完全是兽类的形象，《山海经》称之为“雷兽”。在壮族先民的心目中，雷神则是长着鸟喙，青蓝色的脸，一对灯笼样的凸出的双眼，身长双翅，左手招风，右手降雨的形象，有的还说雷神手拿一把大斧。母系氏族社会时期把雷认作女性神灵，这时蛙是雷婆的女儿，雷婆则是蟾蜍身形。父系氏族社会后又把雷婆改为男性，称“雷公”“雷王”，这时蛙婆也变成了男性，成为雷公的儿子，但各地仍流传有许多“雷婆”的传说。

在经历了对自然普遍崇拜的阶段，思维观念日趋成熟，形成初期生殖观念后，壮族先民把具有强大神力的雷看作自己部族的创造者。《布洛陀经诗》之《造天地》说：“……（混沌时期）/天和地

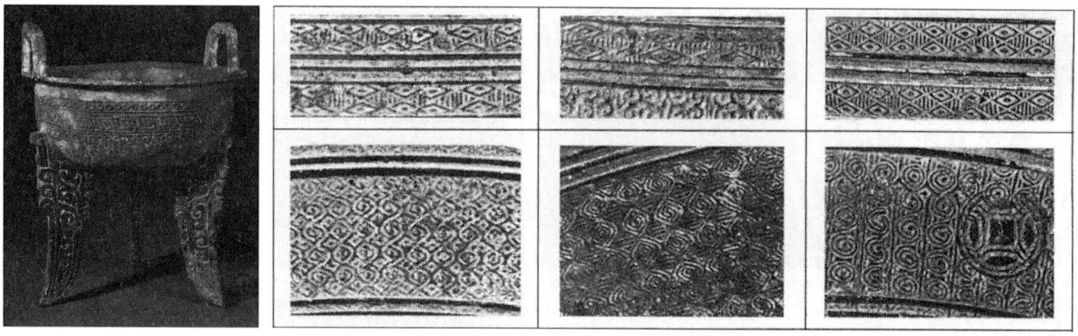

图6-2　商周青铜器上的云雷纹与广西铜鼓上的云雷纹相对比（云雷纹图片来源：富霞.北海地区所见“汉代”铜鼓：汉代海上丝绸之路与汉文化［C］.北京：科学技术出版社，2019年8月第1期.）

相盖/大蛙与小蛙相交配/家公与媳妇同床/伯父和弟媳同睡……”是雷公抓起大石头，捏成大磐石，“大石块稳定了大地，大磐石稳定了天下。”这种“天和地相盖”的混沌时期与汉族神灵盘古开天辟地的观念何其相似。雷公稳定了天地，使人类有了生存的环境。后来一场洪水淹死了所有人，只剩下伏依两兄妹，他们奉雷王之命结婚，生育了壮族先民。“伏依”与“伏羲”一字之差，实为伏羲。这时的雷神逐渐向人形过渡。有的壮族神话把雷神描绘成老人形象，在道教因素介入较多的师公唱本中雷王则变为判官形象，着汉族官服。这在壮族一些地方傩面具中表现得最为清楚，河池、贵港、环江的雷王傩面具，已经完全是汉族官员的形象。

汉文化因素对瓯骆本土越人原始文化的改变主要是在汉武帝开发岭南以后，左江崖壁画由于不在海上丝绸之路内陆水路沿线，保存了比较纯粹的原始风貌。崖壁画绘在临江面的悬崖峭壁处，横跨龙州、宁明、江州、扶绥等县（区），共38个地点109处，可辨认的画像约为4050幅，造型一律是蛙的姿态。

在壮族神话传说中，“蛙神是雷神和水神（蛟龙）交媾所生的孩子；雷神是上界之主宰，掌握着雨水，与旱灾有关，水神蛟龙则是下界的主宰，掌握江河湖海之水，与涝灾有关。由此我们明白：将蛙神绘于临江（尤其是江河之拐弯处，被认为是其母蛟龙栖身之地）的崖壁上，天旱时，它可以回上界报告雷王，请求下雨；洪水泛滥成灾时，据说它又能迅速通报母亲切莫再兴风作浪，佑护两岸壮人村寨的安宁”。左江崖壁画是古代骆越人祭祀水神的遗址，因此人物造型一律是蛙的姿态，由此可以看到壮族雷崇拜、蛟龙崇拜与蛙崇拜之间的密切关系。

由于降雨量对环境的重要作用，一些对雨依赖较强的民族把这类崇拜同他们对祖先的探求相结合，便把青蛙作为图腾。汉文化中也有祭祀蟾蜍以求雨的记录。在甲骨文中见有祀虾蟆以求雨的记载。董仲舒《春秋繁露·求雨篇》记载：旱时取五虾蟆置方池中，进酒脯祝天，再拜请雨。西汉焦延寿撰《易林·大过》云：“虾蟆群坐，从天请雨，应时辄下，得其愿所。”杨知勇说：“青蛙肺小而薄，需要依靠皮肤帮助呼吸，天气阴晴引起空气中水蒸气浓度的变化，造成皮肤呼吸的顺当或困难，叫声也随之改变，可以预知雷雨是否即将来临，天气是否大旱……初民根据经验的积累，所以从直感中知道青蛙叫声的变化与天气的关系，但不知道形成这现象的自然原因，乃产生想象，认为青蛙身上具有神秘属性，把对雨水的依赖感汇集到它身上，形成蛙崇拜。”古越人是生活在多雨潮湿的岭南地区的古老民族，在人类文明史上有过许多卓越的贡献，如水稻的发明，水牛的驯育，善于舟楫，有发达的制玉、丝织和漆器手工业等等。其主要粮食作物为水稻，种植方式与中原黄河流域的旱地粟作农业有很大的差别，稻田在播种前需翻地，翻地时要有没过稻田的充足水量，并且要经常进行灌溉。约7000年以前新石器时代长江流域下游以南地区的河姆渡文化时期已经普遍使用了骨耜，这是翻地的农具，也是水利的工具，后来又发明了石犁和破土器，这是南方稻作农业和水利开发历史悠久的见证。壮族先民生活的广西地处亚热带，受海洋季风影响，雨旱两季界限十分明显。雨季降水量充足，秋冬降雨量少，全年降水量分布不均。一旦出现旱情，必然影响当年水稻的收成。人们不理解旱灾发生的原因，就祈求雷神降雨，同时崇拜青蛙。南方的蛙崇拜源于古骆越人的稻作农业，古代汉族地区虽同样有对蛙的崇拜，但其崇拜地位的重要程度远不如南方。

原始先民崇拜与祭祀蛙，还在于祈求部落人口的繁衍。普列汉诺夫说：“氏族的全部力量、全部生活能力决定于它的成员的数目。”蛙类品种众多，汉族文化中也有对蛙的崇拜，古代华夏文明中有关蛙的文化最早可追溯到原始社会时代的蛙纹彩陶。相传女娲是以蛙为图腾的母系氏族女首领，后人尊称为女娲。仰韶文化是我国新石器时代的四大文化系统之一，出土陶器上有精致的蛙纹、蟾蜍纹，都是体大头小扁圆、腿短粗的蟾蜍形。自仰韶文化不久，中原地区出土器物上的蛙形饰纹从形体上看也是蟾蜍，其地域已经从黄河流域扩展到长江流域。

中国古代汉文化中有不少蟾蜍和生殖、生命不死有关的神话。女娲的“娲”，陆思贤解释说：“娲即虾蛙即蟆，春天蛙类动物出河泥孵化小蛙，是生育神最具体的形象，故女娲有捏土造人的神话；而蛙类动物春天苏醒，也是最形象的‘死而复生’，因以蟾蜍为月精，救月之‘死而有育’。”在古人看来，月的盈亏与人的生死有关，而那是蟾蜍的神力。东汉张衡在《灵宪》中说：“嫦娥，羿妻也，窃西王后不死药服之，奔月……嫦娥遂托身于月，是为蟾蜍。”在这里，蟾蜍本身就是长生不死之药，也是嫦娥的化身，因此有“月兔捣药蛤蟆丸”之说。葛洪在《抱朴子》中说：“蟾蜍三千岁”，若活到万岁，背上会长出灵芝草，“出为世之祥瑞之物”。《云中记》则云：“蟾蜍头生角，得而食之，寿千岁，又能食山精。”原始先民把蟾蜍的图纹刻画在器物上装饰，是作为“祥瑞之物”的象征。

从我国历史上看，蛙纹图案最早以蟾蜍造型出现在黄河流域。新石器时期的仰韶文化的姜寨文化遗址出土的陶器蛙纹，稍后的河南陕州区庙底沟、甘肃马家窑、青海柳湾等文化遗址出土的陶器蛙纹，均是蟾蜍造型。

聚居在南方的百越族群与北方汉族不同的自然环境决定了蛙崇拜在其生活中具有更重要的地位。今天壮族地区仍有很明显的习俗：许多村寨还有蚂蚜节、蛙婆节等节日；红水河沿岸壮族村寨通过祭祀掌管风雨的蚂蚜女神，祈求年年风调雨顺，岁岁五谷丰登，四季人畜兴旺。农历正月初一的黎明，人们就敲着铜鼓成群结队去田里找冬眠的青蛙。第一个找到青蛙的人被誉为雷王的女婿“蚂蚜郎”，成为该年蚂蚜的首领。首领带领大家举行祭蚂蚜、游拜蚂蚜、丧蚂蚜、篝火铜鼓山歌会（草裙蒙面

图6-3　广西铜鼓上的蛙造型（图片来源：富霞.北海地区所见“汉代”铜鼓：汉代海上丝绸之路与汉文化［C］.北京：科学技术出版社，2019）

舞、蚂蚂舞表演、赛铜鼓、对山歌）等隆重的祭祀仪式。在古越人的不少铜鼓上都铸有“累蛙”，即叠踞的青蛙，少的为一大一小相背负。南宋周去非《岭外代答》记载，广西铜鼓有的鼓“面有五蟾，分踞其上，蛙皆累蹲，一大一小相负也”。多者有三叠、四叠，在大蛙背上背中蛙，中蛙背上背小蛙。这种累蛙有两种情形：一种是青蛙交媾之状，这是主要的形式；另一种是母蛙负小蛙。无论哪种形式，都是青蛙繁殖力的象征。壮族人民对青蛙生育能力的颂扬，既是祈求青蛙自身多多繁衍，有利于风调雨顺，促进农业生产，也希望人类获得同青蛙一样的生育能力，使人口发展，民族兴旺。对于壮族先民崇拜的青蛙造型，丘振声说：“这个蛙无疑也是蟾蜍，虽然现在还没有材料说明这个蟾蜍图腾是北方蟾蜍崇拜的承传，但至少可以说是历史的相似。而且，现在流行的壮族蛙图腾神话，仍然使用‘蟾蜍儿’‘蛤蟆皇帝’等称谓。”

丘振声先生称现在还没有材料说明这个蟾蜍图腾是北方蟾蜍崇拜的传承。值得商榷的是：一方面，蛙崇拜是壮族先民所生活地区的地理、气候等自然条件形成的自然原始崇拜，的确并非传承于中原；另一方面，古壮族文字是借助汉字六书的构字方法进行再创造，将两个汉字组合的造字方法，从唐代初才开始形成，由于历史的原因使用范围不广，仅部分壮族老人、巫师、艺人等使用，1949年后才在政府的帮助下建立了相对更易于推广的拉丁字母表音新壮文。而一直拥有先进文化的历代封建王朝中央政府对边疆的治理往往仅以维护稳定为目标，对社会发展并没有真正重视与开发，即使是汉武帝海上丝绸之路的边疆开发也仅仅是重点在沿线据点的文化与人口输入。如果试图寻找文字材料的记录证明壮族民间的蟾蜍图形是北方蟾蜍图形的传承是很困难的。历史条件下往往只留下一些文化标本，许多情况下只能是推理猜测。

文字是比原始图形高级的文明成就，仅仅以古壮族文字是借助汉字的构字方法进行再创造的事实也不足以推断或证明壮族蛙纹是传承于北方汉族地区。对广西恭城出土的春秋晚期的铜樽，丘振声先生认为其与湖北望山桥一号楚墓出土木雕上的彩绘蛙蛇图像是一脉相承。值得注意的是，春秋晚期早于左江崖壁画开始绘制的战国时期，而左江崖壁画直至东汉时期完成仍保留了较为原始的风格。左江崖壁画表现的是雷崇拜的叙事，但并无明显的云雷纹样，而同一时期的越人青铜器上的云雷纹明显传承于北方汉族地区；左江崖壁画表现的是蛙姿态的人像舞蹈，也没有明显、直接的蛙纹，而恭城出土的春秋晚期的铜樽，与湖北望山桥一号楚墓出土木雕上的彩绘蛙蛇图像是一脉相承。有雷、云、蛙纹饰的壮族器具，以铜鼓最多。

因此，是否可以假设：以左江崖壁画为证，直至东汉，在当时的社会状况下，壮族先民的造像技术与方法仍处于原始图形创造阶段。雷蛙崇拜虽在壮族先民的原始神灵崇拜中占据很重要的地位，但对于表现无形的雷与造型相对复杂的蟾蜍动物造型，壮族先民尚未完成雷与蛙的原始图形的艺术符号提取，因而在其他器具与艺术形式上雷-蛙纹样与造像的出现并不明显。而在东汉时期之前，中原等地区的先进青铜铸造工艺连同饰纹文化早已传入，于是先民们铸造铜鼓时采取了借鉴与拿来主义的态度来表现雷-蛙崇拜，壮族先民对汉文化的吸收，形成了壮族铜鼓上的雷-蛙装饰纹样与造型。

b. 壮族日—鸟—鸡—凤崇拜图像

世界上许多民族都对太阳产生过崇拜。广西合浦、北流等以汉人为主的聚居地出土的汉代铜鼓，一直以来被认为是壮族铜鼓，其鼓面中心有太阳纹，与荆楚地区出土的许多器物纹样一致。湖北鄂城楚墓出土的战国时期的陶盘顶面装饰有太阳纹，与北流汉代铜鼓上的太阳纹造型相近，从时间的顺序来看，有可能是后者借鉴吸收了前者的图像元素。湘楚地区与广西交界，各民族参差杂居，文化上相互影响，越人青铜铸造工艺是春秋时期向荆楚等地所学，因而壮族先民完全有可能借鉴吸收汉文化的许多元素，运用于本民族的器具设计与装饰。北流铜鼓上的太阳纹不仅与战国时期陶盘上的太阳纹相似，与壮族花山崖壁画的太阳纹也较相似，还与苗族铜鼓上的太阳纹相似，因此，壮族铜鼓的太阳纹的来源是值得考究的。

古代华夏族对太阳的崇拜是与鸟联系在一起的，认为太阳每天由一只叫金乌的大鸟背负着东升西落。壮族先民很早就把太阳当神崇拜，并把太阳和飞鸟联系在一起。贵港罗泊湾汉墓出土的汉代铜鼓，鼓面中心就是一个光芒四射的太阳纹，围绕太阳纹的是十只飞鸟纹。丘振声先生认为其来源于浙江河姆渡文化遗址出土的“双鸟异阳”，认为壮族日崇拜是鸟图腾的原始，鸟图腾从古老的日崇拜而来。

许多原始民族都有把鸟作为崇拜物的历史，他们常把鸟的羽毛作为具有神力的装饰物以吓退敌人或野兽。《山海经》说南方有国民身长羽毛的羽民国，《山海经·大荒南经》说：“有羽民之国，其民皆生毛羽。”《山海经·海外南经》则说：“羽民国在其东南，其为人长头，身生羽。一曰在比翼鸟东南，其为人长颊。”《吕氏春秋·慎行论·求人》则更加清楚地说明了羽人国度的地理位置：“南至交趾，孙朴续樠之国，丹粟漆树沸水漂漂九阳之山，羽人裸民之处。”交趾之北，即今

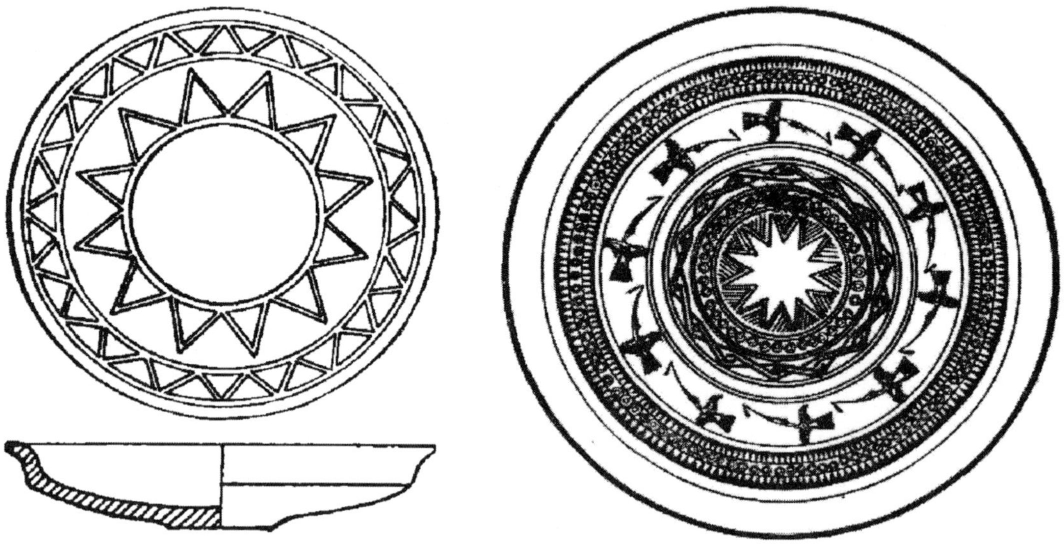

图6-4 鄂城楚墓陶盘太阳纹（左）和贵港罗泊湾M1汉墓出土铜鼓太阳纹（右）对比

天的广西、云南地区。从以上文字可以看出，当时的广西壮族先民是像印第安部落土著居民一样的“羽人裸民”，这也在壮族铜鼓纹样中充分地表现出来。罗泊湾汉墓出土的汉代铜鼓，鼓身为羽人划船纹和羽人舞蹈纹；西林20号铜鼓的鼓面为飞鸟绕日，鼓身则为羽人舞蹈纹和鹿纹。这些铜鼓上的羽人纹样，不像云雷纹能明显看出来源于北方中原，完全是像装饰羽毛的印第安部落土著居民一样的原始形象。

但这毕竟是人物的形象表现之一，壮族的鸟纹样还是受汉文化影响较多，其与浙江河姆渡文化至少有血缘上或文化上的联系。在传统的壮锦、布贴、蜡染和剪纸中，壮族鸟纹以凤纹为多，是最常见的、壮族人民较为喜欢的装饰纹样。这些鸟纹，有具象的也有抽象的，有单个鸟纹也有群鸟纹样，主题有布谷催春、双凤朝阳等等，千姿百态，丰富多彩，是壮族原始崇拜意识和农耕文化意识相结合的产物。

壮族的鸟纹样文化融入了汉文化中的凤鸟崇拜，其中楚文化在其中影响较为明显。《汉书·地理志》说：“粤（越）与楚接境，数相兼并，故民俗相同。”也就是说，在古代楚、越两地经常发生兼并战争，人口与文化多次交流，民风民俗已经十分接近。在广西平乐银山岭战国墓葬中，楚越文化遗物共存。但壮族先民并没有完全照搬汉文化中的凤鸟造型，而是有自己的理解并加以改造。汉人认为凤是“天鸡”，广西左江的壮族人民则直接把鸡看成凤。壮锦中的许多凤的造型，干脆就是一只鸡。也有许多是借鉴了汉文化中的凤的飘逸腾飞造型的，但往往以几何化图形处理，像汉文化那样具象而飘逸的凤造型有但不多见。在纹理格式上，虽融入了汉文化中的和谐圆满的特点，但仍保留具有陋骆原始特征的几何图形，如方形、菱形。

2.2 侗、瑶、苗族传统造像

侗族先民是古越人的一支，信仰多神，山神、土地神、水神、井神、树神、石神、火神、雷神均是崇拜的对象。侗族还信奉佛教和道教。明清以来侗族地区建有不少的寺庙和道观。部分地区信奉巫教。有的地方还信奉雷祖、五昌、五岳、飞山、文昌、关圣帝汉族诸神，供奉这些汉族神灵的画像。

侗族大概在隋唐时期形成单一的民族，因此侗族造型艺术不会直接受汉代风格的影响，但是汉代风格演变成为的汉文化风格无疑对侗族文化产生了深刻的影响。侗族文化受古越文化和楚文化影响非常深远。侗族居住地的北方紧邻楚文化地区，楚汉文化源源不断地向侗族地区渗透。汉文化的许多戏曲故事，如《三国演义》《梁山伯与祝英台》《说唐》等，在侗族地区相当流行。侗族人求学、经商常去汉族地区，在贵州的黎平、溶江一带，有一种酷似道家太极图的双鱼图。

瑶族是古代东方“九黎”中的一支，是中国华南地区分布最广的少数民族，传说瑶族为盘瓠和帝喾之女三公主的后裔 。瑶族人民的信仰属于多神崇拜，认为万物有灵，对自然虔诚膜拜。瑶族祭拜寨神、家神、水神、风神、雨神、雷神、树神、山神等，每逢年节都要上香。道教师公在社会生活中占据很重要的地位，生产中的每一个过程，诸如狩猎、砍山、采集、耕地、播种、插秧、收割、建谷仓、吃新米等等，都要请师公占卦选吉日，举行祭祀活动。反映天地万物起源和人类起源观念的创世神话有《盘古》《密洛陀》《伏羲兄妹》《盘瓠》等，受汉文化影响较重。

苗族也是远古华夏民族“九黎”中的一支。早在4000多年前，苗族先民生活在黄河流域到长江流域以及长江中下游以南地区。传说苗族所尊奉的始祖蚩尤与黄帝争斗，战败被杀后，其部落后裔为了避难往偏僻山区迁徙，成为后世的苗族。苗族经多次迁徙，成为中国南方少数民族中较具国际性的民族，其主要聚居地不在广西。苗族和楚人的关系密切，有史学家认为先秦楚国是苗族人民的国家。

侗、瑶、苗族和汉族都是农耕民族，具有许多共同的心理特征。各民族长期与汉族参差杂居，民族文化都与汉文化密切相关。其民族传统造像艺术，虽不一定与汉代风格直接相关，但与汉代风格发展形成的汉文化有紧密的联系，在造像中有诸多的体现。这些民族，虽都具备独自作为民族的种种特征，但无论是精神性格、文化内涵，还是可视的造型、造像艺术，都与汉代文化艺术有着较多的相似。

3. 传统符号的创新问题

汉代造物继承了商周以来的文化结晶，随着汉代中国进入大一统的封建王朝时代而有了新的时代内涵，奠定了后世中国造物观念和思想的基础。它上溯远古，可以被看作中华古代文明一个时代的缩影。在其演变发展的过程中，可以清楚地看到其在继承前代文明、延续前代的文化脉络中不断地更新。生物学上的杂交可以使不同种类的优良基因得以传承，在文化艺术领域，古代中原地区不同的文

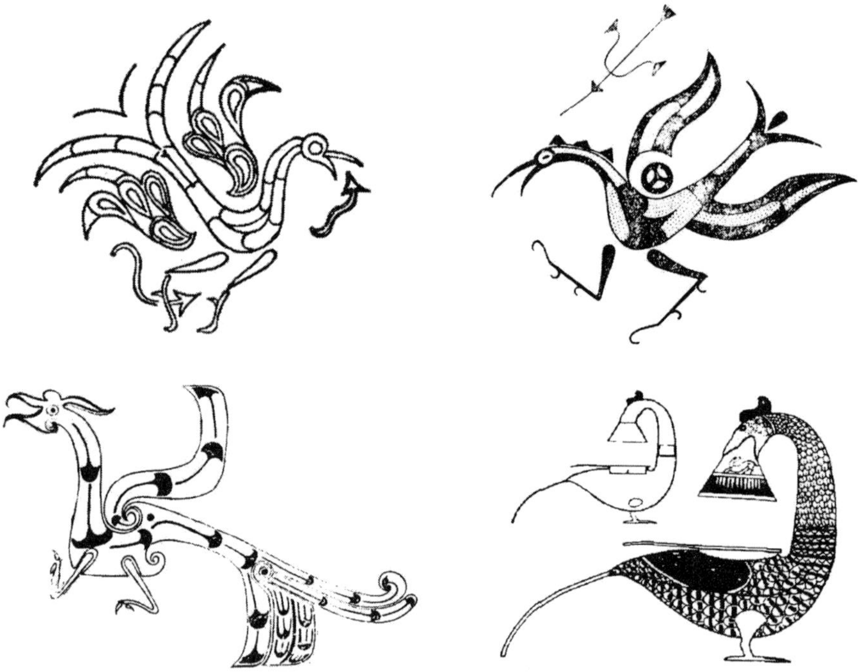

图6-5　春秋战国时期的楚国凤鸟纹（左上、右上、左下）和合浦出土的凤鸟灯造型与纹样对比（右下）

图6-6　广西壮族刺绣凤鸟纹样
（图片来源：丘振声.壮族图腾考［M］.南宁：广西教育出版社，1996）

化交融产生了优秀的中原文化。汉代造物艺术的价值，在于它是在中国第一个封建盛世时代与各地域文化艺术融合中而产生的，具有创新性和时代的先进性。传统艺术符号的生命力和价值并非只是在于某个历史时期的文化记载，还在于其蕴含了中华文化的包容精神，在于其能够努力汲取其他民族装饰艺术中的养分而保持长久的生命力。

传统并非一成不变的固定物，它是不断地吸取外部因素而产生嬗变的。这种嬗变是微妙而艰难的，如新芽的生长需要恰当的土壤、湿度、温度和光照，传统符号的重生同样需要恰当的时代语境。

后现代设计的崛起为传统符号的创新应用提供了时代语境，然而后现代设计也只是对于现代主义的一种反正，信息技术革命的到来，AI技术的迅速发展，已经对当代设计提出了新的考题。时代的趋势与潮流，我们不能盲从也不应该回避。时代前进的车轮是不可阻挡的，在今天的全球化、信息化时代，传统要面对和适应新的时代变化，不能因固守传统而被历史所抛弃，也不能在时代的风云变幻中迷失了自己。因此，应当努力探寻传统元素在当今社会中寻求文化认同的合理路径，把握时代的脉络，弘扬中华民族优秀的传统文化。

3.1 时代境域下的传统符号

后现代的设计思潮，一度形成了世界范围内的影响。尽管已经有所消退，但其价值观念、文化主张和思维方式对当前以及今后相当一段时期的艺术设计在世界范围内仍有决定性的影响。当前传统元素在设计应用中遇到的困境是，难以在新的市场时代环境中找到合适的身份定位，难以在西方现代文化的冲击下得到年轻一代的关注和认同，专家学者认同而市场认同度不高，在商业竞争中有陷入边缘化的可能。面对这些问题，选择性地忽视或者以纯粹民族主义的理由应对都不是最好的方式，而需要设计者在不断地尝试、不断地探索过程中逐渐构建出传统文化新的语言，将传统元素转换为新时代的设计符号，这才是传统文化持续发展的长期策略。

对传统符号的再设计和利用，需要构建新的设计理论。不能依赖于地域群体的主观判断，也不是简单地复制拼贴各种无关联的元素碎片，更不是对发达国家的设计方法和理论模型进行抄袭式的生搬硬套。这种构建，必须基于新时代的思想理论框架，对传统文化要有深入剖析和积极介入的态度，结合传统符号自身的特点，借鉴西方理性思辨的方法，以理性的指导唤起传统符号的内在价值。

后现代主义在很大程度上拓展了人们的视野，赋予设计以文化的内涵和意蕴，有助于激发设计者的新理念和新思维，为在新的时代重新思考传统符号的价值开辟了新的路径。从这个角度上来说，后现代主义对于构建新的设计方法和理论有着重要的指导意义。按照后现代主义的观点，传统符号与民族历史特定阶段的文化状态相联系，其艺术特征和文化内涵难以脱离这些前提而存在。因此，随着时代环境的变化，传统符号的形式和内涵也在不断地更新和变化，其中充满了许多不确定性。以此反观，汉代艺术符号无论是与前代的商周还是后世的唐宋都有所不同，其流传到当代如何在实际设计中运用更是充满了不确定性。

从这个角度来看，传统符号不是静止不变的历史沉淀，不能简单以某一时代，或汉或唐宋明清的某一段历史截片来解读整个历史文化。中国传统艺术的生命力体现在不同的历史境域和时代环境中，是与其他不同的思想文化相碰撞、交流、对话和融合的动态过程，它在历史上不断地分解、整合，再分解、再整合，是一个螺旋式上升和深化发展的过程。因此，传统符号在当代的再设计和利用，应当打破传统符号原有的惯性思维方式，以往的经验往往习惯性地认为，民族特征是固定不变、客观存在的，这种先入为主的观念对于创新是一种阻碍。实际上，对于传统元素在现代社会中的应用需要一定程度的恰当叛离，这种恰当的叛离反而有助于找回传统中蕴含的本体价值。从形式上来说，分解组合的结构主义方法，也可以赋予传统符号以新的形式。这种适度的叛离能够使设计者以一个更为多元的角度重新回溯传统，使设计者对于传统文化的立场更加客观，突破纯粹民族主义的限制和传统文化的感性思维限制，从而更为充分地发掘传统符号的内在潜质和时代价值。

后现代设计观念的出现对传统符号的再应用是有利的，然而，在中国尚未完全完成现代主义设计的过程下，后现代主义设计思潮尚未衰退便进入了人工智能时代。如今人工智能正在成为不可阻挡的力量，这在一定程度上引起了人们的担忧。人们思考在越来越智能化和自动化的未来，人类自己到底会扮演什么角色。在人类自己的角色尚未有定论的情况下，在人工智能时代，传统符号的作用还不能太早下结论。

最初的一些研究表明，人类的思辨能力、解决问题的能力、社交的能力以及创造的能力是AI无法替代的，因此这些研究认为未来需要人类从事的工作将会变得越来越人性化。但就在2018年10月，AI创作的艺术品出现在了世界拍卖舞台上。这个事件证明了人工智能不仅具备创造的能力，而且还能创作出得到人们认可的一流艺术品。这在艺术界产生了强烈反响，一些人选择接受这一事实，一些艺术团体和个人则质疑AI所制作的作品是否真的能被称为艺术。

苏珊·朗格认为，艺术是人类表达某种观念或情感的过程，再通过个人创作将它置于更广泛的文化背景之下。这个观点得到了艺术界的普遍认可，因此有人认为AI的创作者不是人类，不能称之为“艺术品”。而《科学美国人》杂志联合罗格斯大学人工智能实验室与专注于计算机视觉的AI公司GumGum，通过系列测试得出结论，认为虽然AI独立完成了所有的审美决策，但运行的参数是被人为赋予的，相当于摄影师利用PS软件来进行后期处理，得出满意的照片一样，作品的真正作者还是人类。在依靠背后人类团队的主观支持下，被编程的人工智能可以产生灵感，可以产生交流的愿望并以创造性的方式来表达某些东西，它所创造的作品即可被视为一流艺术品，尽管这种创作的灵感不是可以轻松编程到机器中的东西。

在目前机器尚需要人为编程，未具有自主意识的情况下，虽然AI技术创造艺术还不是很容易的事情，但创造力已经不是人类所独有。而一旦技术发展到机器可以自我编程进而产生了自我意识的情况，那么未来人类与机器之间的关系是未知的，未来的设计状况和传统文化的价值更是未知的。

3.2 传统符号的文脉延续

在商业实践中把一些纹样、图形等表面的符号等同于博大精深的中华文化，认为元素就是等同于传统，生硬嫁接、简单套用图形是一种急功近利的设计方法，是在市场利益的诱惑下短视的临时性方法。这种方法与后现代主义中的一些泛文化、泛艺术观一样，都是一种偏颇的观点。后现代主义注重异元文化的渗透，但在实际的商业性操作中文化基础素质不高的设计师常对理性的思考和把握不足，对文化的理解常常停留在肤浅的表面，对总体性、系统性和连贯性缺乏概念，只强调个体而忽略社会的整体价值观，这些设计的作品常常是无深度、无理由、无大众意识、个人观念至上的，以致在后现代的设计观念下，出现了一些什么都是文化、什么都是艺术的泛艺术表象。这种表象似乎是后现代主义的缺陷，但其实是一种设计者急功近利，对外来的文化、设计方法未完全消化理解的副作用，是把后现代主义的风格混乱、含义模糊、具有隐喻和象征意义的设计表现出来的浓厚兴趣当作了泛文化、泛艺术观。后现代主义风格的多样、含义的模糊混乱，其观念并非是在泛文化、泛艺术，而是意在拓宽文化艺术的领域范围，通过对传统文化的重新塑造赋予其新的生命，从而达到传承历史文化文脉的目的，而不是简单的复古。

在传统符号的应用方面，应该在把握文脉的基础上吸取后现代主义中适合中华文化语境的内容。设计必须与市场相结合，以商业为服务目标，但不可简单地理解为实用就是设计的最高境界。设计不仅仅是一种商业行为，还应当是一种积极的社会性、文化性行为，它所体现的不仅仅是有目的的商业价值追求，还能投射出一个国家整体的文化形象和美学风格，以及这个国家的创新能力。日本在这一方面有许多可以借鉴的经验。如广告语有很多，有商业性的也有公益性的，2020年年初新冠肺炎疫情在中国武汉首先暴发，日本发往中国的许多支援物品外包装上写了诸如“青山一道同云雨，明月何曾是两乡”“山川异域，风月同天”“岂曰无衣，与子同裳”“辽河雪融，富山花开；同气连枝，共盼春来”等诗句，其目的在于增强中日两国人民的文化认同感。与实用性更强更简洁的“武汉加油”等词句不同，它告诉国人中国的传统文化在日本得到了很好的发展，通过中日两国人民对中国传统文化的共同情怀拉近了两国人民之间的感情。作为公益宣传的广告语，从满足受众情感需求的角度出发，其广告语是很成功的。

传统符号的设计应用不应当仅仅把它看为图案、纹样的应用，至少应当作为图形再进行设计。人们普遍认为图形设计是一种创造性的文化语言，在促进社会生活的文明化、健康化方面有重要的作用。图形设计包含了视觉设计中的几乎所有的平面二维的设计语言，因此“平面设计”的英文为“Graphic Design”，其含义也就在于此。把传统符号的设计和再创造提升到文化的层面，不仅能够体现出设计艺术本身的深度，还体现出商业上的成熟，提升其产品和服务的审美格调。即使设计师无需承担历史和时代的责任与使命，但是从商业上的长远利益来说也是必要的。

市场是千差万别的，有时在商业市场的迫切需求面前，传统符号的文化完整性需要对市场做出某种程度的妥协，但这种妥协应该是暂时的，不能以牺牲长远的商业利益和文化内核为代价。对传统文脉的延续也不是狭隘民族主义情结，而是站在时代的高度来重新审视传统文化。后现代的设计观念反对漠视文化延续性的虚无主义，讲求在设计作品中折射出深层次的文化领域底蕴。

中国传统文化符号在改革开放之初国际主义风格开始进入国内时被许多人质疑存在的价值，这是由开放发展的阶段性所决定的。传统符号在后现代的境域下得到了重新重视，这种重视不是对传统符号的简单重复，而是对中国自身主体文化价值的再次重视，是更加客观的民族化立场。它超越了狭隘民族主义的藩篱，从一个新时期的宏观角度去重新审视和定位传统文化的价值。

3.3 传统符号的创新应用

传统符号，它在时代境域下的创新应用不仅仅是表象的图形、造像等浅层的视觉符号，还是更为深层的构形思想。这种深层的构形思想，具体到实施层面会有一定的难度，会牵涉到艺术、哲学等各个文化领域的内容，需要对包括传统、现代、后现代等各时期在内的历史文化脉络有清晰的了解和全面的把握，这就要求对传统符号的创新应用思考远远超出造像设计的范围。

现代主义之后的设计观念和传统符号的范围都是相当宽泛的概念，如何把传统文化融入现代设计的理念中，是一个庞杂的有机系统，其切入的层面和角度在具体的设计中有所不同，但是从理性的角度出发，从设计的基本操作要点切入，有装饰和结构两个基本点，在此基础上衍生发展产生了其他方法。

a. 装饰

装饰对人们来说并不陌生，现代设计产生以前的设计基本是装饰化的设计，或者可以说在视觉形式方面此前只有装饰而没有真正意义的设计。欧洲在洛可可时期装饰化的方法达到了顶峰，中国传统纹样则在明清时期达到装饰化方法的顶峰。装饰在历史上主要属于封建农业社会的设计观念，在相对封闭的封建农业社会以现在人们所称的“工匠精神”为行业精神，力求在器物上反复雕琢装饰，以求获得最佳的审美效果。英国的工艺美术运动、欧洲和美国的新艺术运动，都是在第一次工业革命前夕装饰化观念对当时设计的反思。二战后迅速重建世界的需求使得国际主义兴起，在当时的时代境域下，迅速满足社会对物质的基本需求才是迫切的，而耗费时间进行对实用要求的满足并无多大影响的器物表面装饰显然并无多大的意义。因此在国际主义的设计观念中，装饰是罪恶的，是应当予以彻底抛弃的内容。然而，物质的逐渐丰裕使人们重新得以有更多的精神追求，后现代主义的代表性设计组织——孟菲斯集团的设计师们就猛烈地批评“装饰就是罪恶”的说法，认为装饰是设计的有机组成部分，从结构的角度上说就像木材的纹理是由内部结构决定一样，装饰的设计方法是必须的，宣称“时代不同了，装饰时代又到来了”。

装饰本是设计的基础，人类学习设计是先从装饰开始的。装饰动机基于对精神内容的追求和表面的美化需要，是设计的基本形式之一。后现代主义重视装饰在设计中的作用，它重视历史传统和不同地域的艺术风格，主张设计应由国际主义、现代主义的过度理性向适度感性回归，重视体验、情感等人性化因素在设计中的积极作用，主张通过装饰化的方法来实现设计的多样性和丰富性。因此，装饰性是后现代主义的一个典型特征，它既保证了实用功能的满足，又在其中增添了文化性、丰富性和趣味性。

如果缺乏对设计史的把握，仅仅从表面上看，对于传统元素的设计应用就容易被理解为套用元素进行装饰，这种观点是对后现代主义设计的理念精神全面系统地把握的原因，没有对后现代主义所强调的精神内核予以应有重视的体现。当代设计中运用传统元素装饰已经不是浮于表面美化的形式主义，也不是简单纯粹的复古，而是以此来体现设计中的人文关怀和文化属性。在设计应用中可以把元素作为一种具有历史文脉传承特点的，具有隐喻或暗喻象征的装饰艺术符号，用恰当的处理方式在具

图6-7　生硬复古、堆砌传统元素的合浦汉代文化博物馆（陈扬拍摄）

图6-8　把传统元素进行再设计的苏州博物馆（苏州博物馆官网之苏博美图）

体设计中予以应用，探索设计应用的新阶段。这种探索不仅仅是满足了物质丰裕时代的商业需要，还具有发掘传统元素的艺术价值和人文精神、增强民族文化自信的重要作用。

后现代主义以来的设计突破了功能主义的束缚，主张设计要满足人们的心理需求，而不能只限于满足功能的需要；高度强调设计的装饰性，提倡以装饰手法实现视觉上的丰富；倡导从历史文化中提取素材，汲取装饰的养分。这种装饰的方法不是仿古或复古，而是立足于结构设计的角度，用现代设计的观念对元素进行混合、拼接、组合、重构，从文化的立场把元素进行重新整合，由此衍生出许多意想不到的效果。

对于当代设计，装饰和结构是一个铜币的两个面，相互支持，缺一不可。

b. 结构

结构是设计要把握住的另一个基本要点。建筑有基本的结构，形成基本的框架后才能进行砌墙、建筑装饰等后续工作。没有基本的结构支撑建筑不能成为实体，更无从成为艺术品。音乐有节奏、旋律，没有节奏、旋律的声音只是噪音。绘画有构图、图形、线条、色彩等相互关联的视觉要素，这些要素之间的关系形成了画面的结构，最终形成了视觉上的审美效果。结构是一切艺术作品的基本要素，创造艺术品首先要建立作品的内在结构。传统图像等元素的视觉结构是它的纹理、样式、色彩等诸元素之间的关系。

中国是一个具有悠久文明史的国家，中华文明延续至今，是世界历史上唯一从未中断的文明。中国自汉代建立了完整、系统的大一统民族文化，后来虽曾遭遇过匈奴、鲜卑、契丹、女真、蒙古等民族的军事入侵或政治统治，但在文化上从未被征服过。对文化的系统性、完整性和规范性的重视始终是中国民族文化的特质。另一方面，中国具有历史悠久的农耕文化传统，人们重视氏族血缘关系，以土地为中心的宗族聚居方式对人们的生活和思维造成很大的影响，圆满和谐、父母双全、子孙满堂被中国人视为幸福的生活。这些传统形成的观念体现在传统图形中，其结构和样式同样显现出追求和谐圆满的特征，其从内容到表现形式，无不体现出文化的系统性、完整性和规范性，其价值和意义与传统文化情境紧密关联。

但是，传统农耕文化与现代生活之间毕竟存在巨大的鸿沟，脱离了传统文化的情境，传统符号的系统性、完整性和规范性反而成为影响其推广和传播的重要因素。传统符号停留在叙事性设计的阶段已经不能满足现代精神文化生活的需要，传统元素的设计应用需要突破这种文化上的困境，有必要将传统图形纹样置于多元开放的体系中予以分析研究，通过批评、吸收、打散、重构的方式来重塑传统。

解构重组是从结构样式上予以重新分解重组，其中有较多的不确定和非理性的后现代特征。但是“后现代主义的解构并不反对文脉，但要在熟悉的文脉中寻找不熟悉，而不是把文脉当成一种托词，为平庸、常见的笨拙辩解”。解构重组的渊源可上溯到包豪斯前后时期对结构的理性研究，后现代主义特征的解构主张通过分解事物的元叙事方式和习惯性的合理化解析，重新建立新的艺术、设计体系，这种新建立的体系呈现出多元化的特征。解构化的设计方法，符合当前时代下人们系统中求差异、完整中求欠缺、规范中求叛逆的审美价值观。

传统符号经历了数千年的发展演变，其原有的结构已经十分完美。它所蕴含的博大精深、意蕴深厚的中国传统文化令人着迷。辩证唯物主义认为，事物都有正反两方面的特征。在中国近代史上，中国传统文化的博大精深在给予国人文化自信的同时，也形成了一个能量巨大的黑洞，吞没迷失在传统中的一切而使中华民族落后于西方世界。从民族文化的更高层面上来说，中华民族需要的是文化自信而不是狭隘的民族主义，因此，对于传统符号与传统文化，应该站在一个更为宽泛的角度，才能不迷失于传统之中而落后于时代。传统符号数千年形成的完美结构是华夏先人的成就，今人不能只靠吃老祖宗积累下的老本而沾沾自喜。结构设计上的突破，不仅仅是外在视觉结构上的结构重组，还应当是思想观念和文化层面的重构，而不是视觉层面上的无规则、无意义的解构滥用。

对于传统结构的重新设计，是设计创新的一个方法。它不是对传统的破坏，而是构建一个新的作品，破坏的是原有的外在形式，重新构建的是具有传统文脉传承的体现新时代精神的作品。

c. 寓意、情感和商业化娱乐化设计

寓意化不仅是汉代纹样的常见的表现方法，还是现代主义之后艺术创新的一个常用方法。后现代主义以来的设计观念倡导多元化的设计思维，注重视觉美学的创新，提倡与时俱进的视觉文化构建。“寓意化是视觉上构成文脉的一种重要手段”。现代设计师可师法古人，通过显性的参照或隐性的暗示，赋予设计作品传统文化的内涵，以传达凝聚在作品中的精神和文化参照。“对历史传统文化的参照和暗示，不仅可以使平面作品获得历史的延续，增添作品的文化内涵，而且，无论是显性或隐性的寄寓，一旦与历史文化相关联，就会引起人们不同的看法，从而使作品与受众进行多层次的交流，受众对新作品的解读也就很容易变得更为熟悉和亲切了。”

寓意化的方法在设计中引入历史元素和符号，清晰地传达了传统符号中所蕴含的文化象征意义。它的显性寄寓，是在设计中根据主题和创意的需要，引用某传统元素作为表现的主体，让观众能够看图识意，自觉建立起图形与历史和文化的关联，直接传达设计理念；较为含蓄的寓意，是以符号的象征来暗示作品主题和设计内容，能够在视觉上实现设计语言的丰富性和多样性，能够引起观众心灵深处的历史情感共鸣，唤起人们内心潜藏的文化想象，因此设计作品也更具艺术表现力。

寓意的目的是表现特定的情感，在功能已经不是人们唯一消费追求的时代，情感的意义无疑是重要的。现代主义之后的设计比较关注人性，关注人的精神世界，从文化层面上看，是对人文的重视。它所要解决的不仅仅是作品的功能，还牵涉到人类更深处的情感领域。从更宽的视角看，现代主义之后的设计对情感的重视并不是对功能的否定，而是从现代主义物理层面的功能延伸到精神层面的功能，其包含的范围也更加广阔。

中国传统图像的美是恢宏抽象的，其历史悠久、依据不同的历史时期与不同地域有着变化万千的形态，其视觉语言或简约或繁复、或纯朴或华丽、或具象或抽象，凝聚了中华民族特有的审美观念和文化情感，这些都是前人给现代人留下的宝贵的设计资源。中国传统图形普遍体现出崇高或典雅、含蓄的特点，这些特点与汉代以来确立的以儒学为主体文化的思想有关，与东方民族特有的性格特征有关，这些特点共同构成了传统造像中的艺术魅力和审美情感取向。

然而，任何事物都有两面性。在儒家君权神授，帝王权力与形象神圣不可侵犯的社会语境下形成的崇高、典雅与含蓄的民族文化特质，在包括社会主义民主在内的当代民主社会中多少会显得有点跟不上时代。在商业、娱乐文化在人们生活中占据了相当比例的社会语境中，传统符号要避免沦为非活态的文化标本，应该放下精英主义的包袱，以一种更为温和的姿态融入现代生活。

后现代主义的观点怀疑一切经典和权威，抛弃精英主义的教条，主张以轻松、开放、戏谑的态度来重新评价传统。它提倡同中求异、特立独行的艺术态度，认为好的设计不应该是严肃冷漠的，而应该充满自由的快乐，能够让人从机械枯燥、矫揉造作、繁杂冗乱的生活状态中解脱出来。这种观点在如何对待传统元素方面是有参考价值的，对传统元素的创新设计完全可以放下以往的敬畏、严谨、拘束的态度而展开更为积极的探索，不轻易否定任何矛盾性、含混性的内容，而更多地关注传统文化中的生动性和趣味性，让设计更具有时代的娱乐精神。

4. 对现代设计的启示

两汉时期形成的伦理和观念，是以封建礼制为核心的意识形态模式，体现在造物艺术上的表现是强化物质文化维系社会伦理道德的功能，通过上层建筑的礼法制度来对造物活动进行规范和调控。“礼制”是维系社会正常运作的前提，同时对造物活动形成了一定的规范。儒家思想的精神内容深刻影响着造物的品种、形式等各方面。在广西等边疆地区，造物的儒家思想核心模式虽然受到一定程度的削弱，但仍占据主导地位，同时地域文化生态因素补充了技术与生产条件的不足，这是中原等地的造物传统在广西具有延续性的表现。

中国古代造物观念在汉代发展成熟，它以“取象-模件”的观照为主要特征。“象”是汉代造物与装饰的主要依据，是对客观对象的内在多重意义的符号象征，其根源于古人的主观意志之中，是主体与客体实现相互统一的符号。模件制作的造物范式，则是承于秦。秦兵马俑气势宏大，脸部造像神态各异，每个兵俑却是由头、身、四肢等各个模件构成的。汉代造物的造型、装饰、材质、结构与工艺都渗透着从“取象”到“模件”制造的观念，合模制造的凤鸟灯是这种造物模式的典范。中原汉族完成了华夏文化的整体体系构筑，它具有自成一统的原生性，在两汉时期因尚未有过多的外来文化因素影响，保持了相对纯净的原生状态，其造物与装饰规范都有着漫长的本土演化历程，也保持了技术和形式的延续与移植，这种上下传承的原生性是汉代造物艺术的基本特征，形成了中国文化的古典形式，这种古典的艺术范式由于汉越民族的融合，在广西地区和本土少数民族原始文化紧密地结合在一起。

汉代建立了完善规范的造物体系，汉代造物艺术一定程度上从商周礼制中解放出来，形成了为生活服务的、功能与种类比前代更为完善齐全的物质文化，造物艺术中的南方錾刻花纹铜器、南方陶器都具有独特的典型意义。中原等地的汉代造物艺术可以说是纯净的中国原生态造物文化的掩卷之作，同时又是外来文化影响造物的开篇。汉晋以后中国古代造物活动受佛教等外来文化因素影响逐渐增多。但与西北、中原等地不一样的是，佛教等外来文化因素在广西等西南少数民族地区始终不如本土宗教道教受欢迎。

应该说，汉代造物艺术还是具有一定的局限性，它的规范体系制约了创造活力，上层官营作坊对下层民间工艺匠人的压制而使创新活力不足，外来文化的物品往往只是为了满足统治阶级上层贵族的奢侈享受，无法形成社会规模的产业，这些也是汉代社会的原有造物活力未能转移到所开发的西南等少数民族地区的原因之一。而汉晋社会以后，统一社会格局的崩溃和外来文化的冲击一定程度上破坏了原有的文化生态，创新活力不足的少数民族地区造物创造更是进入了一段长期的止步不前的状态。

但是汉代尚方等官营作坊制定的全国统一规范对技术落后的边疆地区的造物艺术起到了极大的促进作用，直至今天，国家标准仍然对全国各行各业起到了重要的规范作用，尤其对边疆少数民族地区的生产科技水平的提高起到了很好的指导作用。广西汉代的造物艺术毕竟有其独特的风格，其无论是在造型还是在装饰方面都具有浪漫主义的魅力，尤其装饰纹样的人物、植物、动物纹、几何纹或云气纹，都具有流动性，具有浓郁的地域特征和浪漫情怀，体现了特定的秩序感，给人以一定神秘感的审美感受。在现代设计中，这些独特的装饰艺术是可以巧妙地融合到设计作品当中的，能让人感受到一种古典而又具有地域特色的视觉装饰效果。它的线刻装饰手法，也能够给人一种清新的较有个性的感觉。广西汉代造物艺术观对现代设计思想是有参考价值的，简要归纳为以下几个方面：

一、人本设计观。广西地处边陲，是封建统治者流放犯人之处，经济、技术条件和物质文化与中原等发达地区有较大差距，在这种经济、技术和物质的限制下，没有过多的物资可以满足重大宗教或奢侈的生活追求，只能以满足人们的基本物资需求为主。尽管属于客观原因导致的主观被动的选择，但汉代广西造物的目的主要是服务于人们的生活而并非宗教或“礼”的要求，因而体现出朴素的以人为本的设计观。

二、自然设计观。《考工记》“材美”“工巧”的造物思想，将天、地、材、人诸因素有机地结合在一起，强调材美和工匠精湛的技艺要合理利用自然材料的材质之美，是古代自然设计观的反映。英国著名环境设计师麦克哈格（Ian Lennox McHarg）的代表作《设计结合自然》是设计史上一本具有里程碑意义的专著，其论述的观点与《考工记》有较多的共通之处。麦克哈格阐述了人与自然环境之间不可分割的依赖关系、大自然演进的规律和人类认识的深化，提出以生态原理进行规划操作和分析的设计方法。与西方理性分析相对的东方意象思维，缺乏思辨与实证的方法。《考工记》从东方整体思维的特点出发，提出需要根据气候、地理环境条件和自然材料之美造物，是自然生态设计观的纯朴反映，体现了千年以前古代中国人的智慧。广西汉代造物艺术延续了中原等地的基本设计价值观，重视自然与生态的设计。

三、装饰设计观。对于装饰主义设计，在前面已经论述到，装饰本是设计的基础，人类学习设计是先从装饰开始的，在农业社会全盛时期发展到顶峰，随着后现代主义的兴起，装饰主义重新得到人们的重视。

四、意象设计观。日本学者认为，在其文化传统与现代设计对应的本土词汇应该是“意匠”，中国传统造型艺术的特征则是意象表现，艺术符号存在的意义就是传达一定的意象。意象设计观不但符合东方人的精神和性格特征，也可以在西方文化中找到共鸣，对当前设计仍具有实际参考意义。

五、创新文化观。广西汉代造物虽传承了荆楚、吴越、中原等地的汉文化，但是其社会落后，技术与经济条件不足是其无法解决的客观缺陷，只能因地制宜，兼收并蓄，融合本土造物艺术进行新的造物创造。其文化来源是多元的，在文化观念上舍弃了许多中原等地的习惯约束而进行符合地域文化生态的创新造物，具有自觉创新的文化态度。

后　记

古代广西的汉文化成果虽然与发展较早的中原、楚地、吴越等地有较大差距，但在当时岭南地区普遍落后的社会条件下，其成果的取得实属不易。自国家提出“一带一路”倡议以来，与汉代海上丝绸之路相关的研究逐步得到相应重视。

汉代的造物艺术具有相对的纯洁性，承自商周礼制漫长演化而来的中原等地汉代造物艺术，可以说是纯净的中国原生态造物文化的掩卷之作，同时又是外来文化影响造物的开篇。汉代完成了华夏文化的整体体系构筑，在两汉时期因尚未有过多的外来文化因素影响，保持了相对纯净的本土原生状态，形成了中国文化的古典形式。这种古典的艺术范式体现在南方地区是由于汉越民族的融合，汉文化和南方本土少数民族原始文化紧密地结合在一起。

在国家提出“一带一路”倡议之前，广西许多学者强调对本土越人的研究，甚至有学者把海上丝绸之路内陆沿线包括合浦在内的汉文化城址与器物样本当作证明古代越人经济文化方面成果的材料在学术刊物上发表。广西是多民族聚居的自治区，该地域的民族传统文化不是孤立的存在，是随着广西地区的社会历史发展进程而来的。因此，对民族传统文化脉络的梳理，离不开对地域历史的考察。至于造物艺术与地域文化之间的关系，则要围绕造物活动的发生和发展所呈现出的地域文化生态进行动态的考察，揭示造物活动所蕴含的各种文化特色和文化精神。

夏燕靖说：“文化与人类的造物活动的相伴从来没有停歇，从远古石器时代起，直到现代文明的建立，人类从来没有停止过对于造物的思考，但凡思考都与文化接近，都需要以文化的观念来解释造物活动的一切。换言之，人类通过这种有意识的文化活动改造了自然，也改造了自己，从而使自然赋予了人类精神意义，出现了反映人类意向活动的大千世界，文化也就始终保持不可止歇的运动生气。”

应当看到，广西作为以壮族为主的少数民族自治区，弘扬本地域民族文化是理所当然的，从设计学角度上成功设计的范例不少，但是设计失败的案例也并不少见。民族元素在设计中常被简单地理解，生硬地拼贴，脱离实用，为特色而特色的设计范例并不少见。其原因是，一方面，设计者对民族元素并无深入的理解和调研，另一方面，应用民族元素到设计中并没有与时代的审美价值观相融合，出现了不少比较生硬的民族特色设计。

汉代海上丝绸之路沿线的出土器物以广西合浦为最多，由于合浦博物馆建馆较晚，许多早期出土的器物收藏在自治区博物馆或其他地方。收藏展示其余器物的合浦汉代文化博物馆建在县城定海南路的风门岭汉墓所在地，那一片地方本地人也叫“番塔脚”（意即塔脚下的那片地方），是因为那里的小山岭上有一座始建于明朝万历年间，距今已有四百多年历史的文昌塔。合浦廉州镇本地居民除把塔称为“番塔”，把红薯称为“番薯”，还把外国人称为“番鬼佬”，合浦的先民们很清楚这些都是从国外来的。合浦县城廉州土话发音有点奇特，听起来挺有意思。许多字的发音在普通话里没有可以代替的字音。据20世纪80年代当地一所中学的语文教师说，廉州土话其实是汉代的中原官话发言，其提出的证据是，许多唐宋之前的诗、词、赋用普通话来念是不押韵的，但是用廉州土话念就押韵得很好。此说法有待考证。

广西远离中原腹地，南端沿海的合浦说是天涯海角也不为过，县城至今还有一座始建于北宋时代的海角亭。大海对于内陆的人们来说是极具浪漫色彩的，但在渔民眼里既不浪漫也不有趣，甚至是曾经充满了艰辛和血泪。下海捕鱼是一种生死未卜的谋生。晚上黑黝黝的，开船出去，抛下拖带灯撒网捕鱼，遇上较强的海风时船发生晃动，人如果不小心掉到海里，哪怕是被发现了也往往由于海面太黑无法营救。如果遇上更大的风浪则整艘船根本回不来，一船人漂在海上生死未卜。在以前技术不发达的时代，大海对于要谋生的人们来说确实是个风险，远没有陆地上的几亩地保险。在数十年前的出近海捕鱼尚如此，由此可见汉代在南方开拓海上贸易远洋航线远比北方陆路要艰险。

尽管如此，合浦乃至钦州、北海沿海一带自古以来一直是广西经济、文化状况较好的地区。改革开放后，海产品让渔民很快富裕了起来，渔船技术也改进了很多，出海捕鱼不再像以前那么危险。然而，在许多人的眼里，热起来的海洋文化就是海船、海浪、红树林、沙虫、鱿鱼、海鸭蛋之类的表层图像符号，汉文化也就是几个铜灯和一些陶罐等考古文物加上一些汉服，文化精神被生硬地物化理解了。合浦作为一个历史上一直是广西地区经济、文化状况较好的县，这种现象在广西具有一定的代表性。苏州博物馆也是一个运用了传统元素进行建筑设计的案例，在贝聿铭手里却成为当代设计的典范之作。因此，学习国内发达地区乃至世界各地先进的文化，不仅仅是古代的需要，在改革开放的当代广西更加需要。

设计是一种综合性的文化，各方面的文化素质提高了，设计标准才能提高。如果只是像渔民理解海洋那样理解身边的民族传统文化，只能说民俗性是具备了，但海上丝绸之路的内涵恐怕远不止于此。如果说苏州的经济文化底蕴太深厚，合浦乃至北海无法与之相比，华为等世界一流企业也只能产生于深圳等沿海经济发达的开放城市，广西无法和经济发达的广东等省份相比，和广西一样偏僻落后的邻省贵州，却成为各大云厂商竞相布局的热门选址。阿里、华为、苹果、中国移动、腾讯先后把服务器建在贵州，贵州的大数据产业规模得到了快速增长，2017年贵州数字经济增速及其就业吸纳能力增速两项位居全国第一，是值得广西学习借鉴的。

设计是社会文明的综合反映，从一些细节可以看出人们观念的差距。笔者曾到过美国，对美国的普通公路每隔一段里程就在路边扩宽一个车位的位置，设一个小小的停车区赞赏不已，觉得发达国家人性化的便民设计真是随处可见，司机开车累了可以靠边休息，还可以下车观赏北美的风景，安全、方便、投入成本不高且十分便民。然而，驾车到原以为偏僻落后的贵州，同样看到普通公路上有这样人性化设计。和广西同样偏僻落后的贵州近几年发展很快，这和观念的更新是分不开的。

设计是为人而进行的设计，人性化的设计要充分地考虑到许多满足人的需求的细节，我们在这一方面还有很多需要学习的。民族文化博大而精深，需要深钻细研才能体会其精神内核，才能更好地传承民族传统文化。我们研究设计，是以民族特色设计为本，但不能满足于地域特点，以为有地域特色就是一切。要把对当代设计的研究放在历时性的纵向角度、共时性的横向角度来看待。在“地域文化”这个概念内，也要注意与国内外先进的设计文化相对比，要研究在时代的动态变化中的设计多样性与地域文化的平衡关系，切不可简单以地域划分审美，这是一种设计和审美心态不成熟的表现。

广西临海而期盼海洋能给社会发展带来更多的动力，但是壮、汉民族在长期的农耕文化影响下对海洋文化的研究仍有不足。在保持民族个性的同时，具有海纳百川的胸怀，具有面向世界的勇气，敢于开拓创新的精神恐怕才是海洋文化真正的内核，才是汉代海上丝绸之路的开辟给后人留下的精神财富内核。大力发展广西的设计事业，设计工作者任重而道远。

对于汉代海上丝绸之路开辟在广西留下的丰富文化遗产从设计学角度进行研究的论著目前为止尚未见出版，出于对古城故乡历史文化遗产的感情，本书借鉴了国内外设计理论的一些研究成果，将其应用到汉代文化遗产的研究，以期起到抛砖引玉、弘扬传统文化，推动本地区设计创新发展的作用。

在此对相关行业的研究先行者致以崇高的敬意和衷心的感谢！对学校学术委员会及科研创作处致以感谢！衷心感谢广西美术出版社的吴雅主任，她不但工笔人物画得十分传神、细心，在审稿、校稿过程中认真、细心的工作态度令人钦佩，并衷心感谢广西美术出版社的其他工作人员。

陈建勋

2020年夏于南宁

参考文献

专著

1. 广西文物保护与考古研究所，合浦县文物管理局. 2009~2013年合浦汉晋墓发掘报告［M］. 北京：文物出版社，2016.
2. 广西文物保护与考古研究所. 广西合浦文昌塔汉墓［M］. 北京：文物出版社，2017.
3. 广西壮族自治区文物工作队，合浦县博物馆. 合浦风门岭汉墓——2003~2005年发掘报告［M］. 北京：科学出版社，2006.
4. 熊昭明，富霞. 合浦汉墓［M］. 南宁：广西科学技术出版社，2019.
5. 韩湖初. 合浦汉代文物谈［M］. 桂林：广西师范大学出版社，2011.
6. 熊昭明，李青会. 广西出土汉代玻璃器的考古学与科技研究［M］. 北京：文物出版社，2011.
7. 广西壮族自治区博物馆. 广西铜镜［M］. 北京：文物出版社，2004年，
8. 丘振声. 壮族图腾考［M］. 南宁：广西教育出版社，1996.
9. 钟文典. 广西通史（第一卷）［M］. 南宁：广西人民出版社，1999.
10. 黄现璠，黄增庆，张一民. 壮族通史［M］. 南宁：广西民族学院出版社，1988.
11. 欧阳若修，周作秋，黄绍清，曾庆生. 壮族文学史（第一册）［M］. 南宁：广西人民出版社，1986.
12. 梁庭望. 壮族风俗志［M］. 北京：中央民族出版社，1987.
13. 黄展岳. 南越国考古学研究［M］. 北京：中国社会科学出版社，2015.
14. 田自秉. 中国工艺美术史（修订本）［M］. 上海：东方出版中心，2010.
15. 邵琦等. 中国古代设计思想史略［M］. 上海：上海书店出版社，2009.
16. 李立新. 中国设计艺术史论［M］. 天津：天津人民出版社，2004.
17. 王朝闻总主编，顾森主编. 中国美术史・秦汉卷［M］. 济南：齐鲁书社，明天出版社，2000.
18. 张坚. 视觉形式的生命［M］. 杭州：中国美术学院出版社，2004.
19. 陈平. 李格尔与艺术科学［M］. 杭州：中国美术学院出版社，2002.
20. 汉斯・泽德尔迈尔. 李格尔思想的精华［M］. 魏久志，译. 陈平，校. 北京：北京大学出版社，2013.
21.［奥］施洛塞尔. 维也纳美术史学派［M］. 陈平，选编. 张平等译. 北京：北京大学出版社，2013.
22. 张坚. 视觉形式的生命［M］. 杭州：中国美术学院出版社，2004.
23. 邬烈炎. 解构主义设计［M］. 南京：江苏美术出版社，2001.
24. 詹和平. 后现代主义主义设计［M］. 南京：江苏美术出版社，2001.
25.［德］阿道夫・希尔德勃兰特. 造型艺术中的形式问题［M］. 潘耀昌，译. 北京：商务印书馆，2019.
26.［美］鲁・阿恩海姆. 艺术心理学新论［M］. 北京：商务印书馆，1994.
27.［俄］金兹堡. 风格与时代［M］. 陈志华，译. 西安：陕西师范大学出版社，2004.
28.［英］查尔斯・詹克斯. 后现代建筑语言［M］. 李大夏，摘译. 北京：中国建筑工业出版社，1986.
29. 方李莉，李修建. 艺术人类学［M］. 北京：生活・读书・新知三联书店，2013.
30. 夏建中. 文化人类学理论学派——文化研究的历史［M］. 北京：中国人民大学出版社，1997.
31. 易中天. 艺术人类学［M］. 上海：上海文艺出版社，1992.

32. 李心峰. 艺术类型学［M］. 北京：文化艺术出版社，1998.
33. 吴秋林. 图像文化人类学［M］. 北京：民族出版社，2010.
34.［美］克利福德·格尔茨. 文化的解释［M］. 韩莉，译. 南京：译林出版社，2014.
35.［英］阿尔弗雷德·C. 哈登. 艺术的进化——图案的生命史解析［M］. 桂林：广西师范大学出版社，2010.
36.［法］列维-布留尔. 原始思维［M］. 北京：商务印书馆，2014.
37. 徐复观. 两汉思想史（第二卷）［M］. 上海：华东师范大学出版社，2004.
38. 杨树增. 汉代文化特色及形成［M］. 北京：人民出版社，2008.
39. 余英时. 士与中国文化［M］. 上海：上海人民出版社，1987.
40. 蒋庆. 公羊学引论——儒家的政治智慧与历史信仰（修订本）［M］. 福州：福建教育出版社，2014.
41. 周星. 民俗学的历史、理论与方法［M］. 北京：商务印书馆，2006.
42.［英］鲁惟一. 汉代的信仰、神话和理性［M］. 王浩，译. 北京：北京大学出版社，2009.
43. 吕洪年. 万物之灵——中国崇拜文化全览［M］. 杭州：浙江文艺出版社，2018.
44. 赵国华. 生殖崇拜文化论［M］. 北京：中国社会科学出版社，1990.
45. 宋兆麟，冯莉编著. 中国远古文化［M］. 宁波：宁波出版社，2004.
46. 陆思贤. 神话考古［M］. 北京：文物出版社，1995.
47. 童恩正. 南方文明［M］. 重庆：重庆出版社，2004.
48. 陈梦家. 中国铜器综述［M］. 北京：中华书局，2019.

论文集和论文

1. 中国社会科学院考古研究所等. 汉代海上丝绸之路考古与汉文化［C］. 北京：科学出版社，2019.
2. 广西文物考古研究所，合浦县博物馆等. 广西合浦寮尾东汉三国墓发掘报告［J］. 北京：考古学报，2012，（4）.
3. 廖国一，黄启善，等. 广西北部湾地区出土汉代文物与海上丝绸之路研究［C］. 北京：科学出版社，2017.
4. 蓝日勇. 汉初广西漆器初探：广西北部湾地区出土汉代文物与海上丝绸之路研究［C］. 北京：科学出版社，2017.
5. 蒋廷瑜. 汉代錾刻花纹铜器研究［J］. 北京：考古学报，2002，（3）.
6. 李乃贤. 广西梧州富民坊汉代印纹陶窑址发掘［C］. 北京：文物出版社，1984.
7. 熊昭明，富霞，等. 广西合浦县双坟墩土墩墓发掘简报［J］. 北京：考古，2016，（4）.
8. 熊昭明，富霞，陈启流，等. 广西合浦县草鞋村汉代遗址发掘简报［J］. 北京：考古，2016，（8）.
9. 郑超雄. 中国考古学年鉴：平南县六陈汉代冶铁遗址［C］. 北京：文物出版社，1989.

10. 吴传钧. 海上丝绸之路研究：中国·北海合浦海上丝绸之路始发港理论研讨会论文集［C］. 北京：科学出版社，2006.
11. 熊昭明. 广西汉代考古的回顾与展望［M］//广西壮族自治区文物工作队. 广西考古文集（第二辑）——纪念广西考古七十周年专集. 北京：科学出版社，2006.
12. 广西文物考古研究所等编. 百越研究（第一辑）［C］. 南宁：广西科技出版社，2007.
13. 李珍，蓝日勇. 秦汉时期桂东北地区的交通开发与城市建设[J]. 南宁：广西民族研究，2001，(4).
14. 李乃贤. 秦汉时期汉文化的南传及其对瓯骆文化的影响［J］. 南宁：广西民族研究，1996，（2）.
15. 杨知勇. 从青蛙骑手的诞生谈图腾艺术的演变［J］. 北京：民间文学，1986，（6）.
16. 陈远璋. 广西考古的世纪回顾与展望［J］. 北京：考古，2003，（10）.
17. 杨建芳. 云雷纹的起源、演变与传播——兼论中国古代南方的蛇崇拜[J]. 北京：文物，2012，(3).
18. 吴俊. 秦汉时期广西地区汉文化研究——以考古资料为中心的考察［J］. 武汉：武汉大学，2010.
19. 方晓风主编. 设计研究新范式［C］. 上海：上海人民美术出版社，2001.
20. 李清华. 设计人类学学科基础与研究范式［J］. 北京：中央民族大学学报（哲学社会科学版），2018，（2）.
21.［美］欧文·潘诺夫斯基. 艺术意志的概念［J］. 陈平译. 北京：世界美术，2000，（1）.
22. 夏燕靖. 传统设计思想与文化研究［J］. 重庆：工业工程设计，2020，（2）.
23. 宿白. 中国古代金银器和玻璃器［J］. 北京：中国文物报，1992.
24. 贺西林. 东汉钱树的图像及意义——兼论秦汉神仙思想的发展、流变［J］. 北京：故宫博物院院刊，1998，（3）.
25. 赵敏俐. “魏晋文学自觉说”反思［J］. 北京：中国社会科学，2005，（2）.
26. 李秋香. 文化认同与文化控制：秦汉民间信仰研究［D］. 郑州：河南大学，2010.
27. 杨显. 汉代神话研究［D］. 成都：四川师范大学，2012.
28. 贾艳红. 汉代民间信仰研究［D］. 济南：山东大学，2004.
29. 田桂民. 早期中国神仙信仰的形成与演化［J］. 天津：南开学报（哲学社会科学版），2003，（6）.
30. 贾艳红. 略论汉代民间的西王母信仰［J］. 济南：山东师范大学学报（人文社会科学版），2003，（3）.
31. 张文安. 周秦两汉神仙信仰研究［D］. 郑州：郑州大学，2005.
32. 姜欣玥，贾艳红. 略论汉代民间信仰对道教的影响［J］. 德州：德州学院学报，2019.
33. 张庆. 楚国纹样研究［D］. 苏州：苏州大学，2015.
34. 朱文涛. 古罗马与汉代造物艺术比较研究［D］. 苏州：苏州大学，2010.
35. 陆思贤. 半坡“人面鱼纹”为月相图说［J］. 上海：文艺理论研究，1990，（5）.